酒井紀美 著

応仁の乱と在地社会

同成社 中世史選書 12

目　次

応仁の乱と在地社会

序章　応仁の乱をめぐって

一、日本の歴史を二分する画期

開化のあゆみ

応仁の乱は、ずいぶん古くから、日本の歴史を語るうえで大きく息継ぎをする場、区切りの時間帯として認識されてきた。

文明の進歩という観点をものさしにして日本の開化のあゆみを系統的に把握することをめざし、「日本開闢ノ始ヨリ戊辰ノ変ニ至ルマテ、政治社会及人心上ニ顕ハレタル事件ヲ記載」する田口卯吉の『日本開化小史』[1]が出版されたのは、一八七七〜八二年（明治十〜十五）のことであった。

そこに描かれている各章の内容をみてみると、「第一章、神道からはじまって、時代の流れを述べて第六章で応仁戦国まで書いて一旦筆をとどめて、第七章、第八章で日本文学の変遷を起原に遡って叙述している」[2]。そして第九章で「戦国乱離の有様」を、第十章で「徳川氏による禍乱の裁定」を時間の流れにそって描き、第十一章では「徳川氏治世の間に世に顕はれた開化の現象」を飲食・家屋・夜著・婚式・女の髪・帯・浄瑠璃・芝居・酒屋・飲食屋など、具体的な生活のなかにみられるいくつかの項目ごとに変化していくさまを表示している。

このように、『日本開化小史』は時間軸にそって日本の歴史を叙述したものではなく、その流れに一区切りがつく時期で一旦筆を止め、文学史や民俗史といったテーマ別の章をはさみこみながら、「維新に至るまでの日本の歴史を、経済・政治・文化・宗教・風俗の変化をダイナミックに関連させながら描ききった(3)」のである。

『日本開化小史』は、応仁の乱について次のように記す。

海内の人民（中略）限りなき潰爛の内に沈没せんとぞしたりける。其淵源を尋ぬるに、足利氏の御所中に於て最も威力ある豪族二人が、嫉妬の心より互に兵を執て相ひ争ひしかば、勇気ある諸大名ハ、各々其好む所に従ひ靡然として之に応じ、摂津・丹波・土佐・讃岐・阿波・三河・備中・淡路・和泉・紀伊・河内・越中・隠岐・出雲・飛騨・近江・播磨・備前・美作・加賀、凡て二十州十六万人の武夫ハ、夫々の守護に従ひて京師の東に陣し、但馬・播磨・備後・伯耆・備前・因幡・美作・石見・越前・尾張・遠江・大和・河内・紀伊・能登・丹波・伊勢・土佐・美濃・周防・長門・豊前・筑前・安芸・伊予、凡て二十五州十一万六千余人の武夫ハ、夫々の守護に従ひて京師の西に陣し、互に獅子の如く怒り虎の如く叫びて日頃の武勇を現せり。此時に至りて、足利氏も亦た王室の如く京洛文弱の気に薫染せられしかば、彼が始め王室を擁して戦ひたるが如く、亦た此二軍の為めに擁せられて、唯だ僅か旗鼓に光栄を添ふるの一具となれるのみ。此戦の闌なるに当て、両陣の主長共に俄に死去せしかども、無数の将卒猶ほ相対して日々夜々戦争止む時なく、殆ど十一年間京中に相対峙せり。斯く洛中に於て戦争するの時に当て、諸国に於ても亦た其党に従ひ互に相闘争せり。就中、関東ハ早く乱れて足利氏の威力及ぼさざりしかば、此戦に関係なきが如くなれども、其豪族等又各々相軋りて自己の戦止む時あるなし。されば人民の家屋は概ね兵火に懸り、夫の豪族等の翫具たりし奇貨珍宝も、互に取り合ひの目的となりて全く消滅し、京洛の内に伝はりたる古来の記事文章等も、多く焼け尽たり。

ここには、豪族二人を軸にした東西両軍の勢力圏と兵力、将軍足利氏のあり方、戦乱が終結するまでの混乱ぶり、さらに関東の状況、人民のありさまに至るまで、以後の応仁の乱をめぐる議論の主要な論点がほとんどすべて登場している。長い時間にわたって京洛に伝えられてきた文物のすべてを焼き尽くし、日本各地を戦乱の中に投げ込んだ応仁の乱、田口卯吉はそこに日本の歴史を区切る大きな画期があることを強く意識したからこそ、一旦そこで筆を止めたのである。

日本全体の身代の入れ替わり

応仁の乱や山城国一揆が注目されるのは、大正デモクラシーの時代である。一九二一年（大正十）京都で開かれた夏期講習会で、内藤湖南は「応仁の乱に就て」と題して講演した。これは二年後の一九二三年に刊行された『室町時代の研究』(4) の冒頭をかざり、また翌二四年の著書『日本文化史研究』(5) に収められた。

とにかく応仁の乱というものは、日本の歴史にとってよほど大切な時代であるということだけは間違いのないことであります。しかもそれは単に京都における人がもっとも関係があるというだけでなく、すなわち京都の町を焼かれ寺々神社を焼かれたというばかりではありませぬ。それらはむしろ応仁の乱の関係としてはきわめて小さな事であります。応仁の乱の日本の歴史にもっとも大きな関係のあることは、もっとほかにあるのであります。

内藤は、このように応仁の乱の時代が日本の歴史上にもっている大きな意味を強調し、さらに続けて、

大体歴史というふものは、ある一面から申しますると、いつでも下級人民がだんだん向上発展して行く記録であるといっていいのでありまして、日本の歴史も大部分、この下級人民がだんだん向上発展して行った記録でありま

す。その中で応仁の乱というものは、今申しました意味においてもっとも大きな記録であるといってよからうと思います。一言にして蔽えば、応仁の乱というものの日本歴史におけるもっとも大事な関係というものは、そこにあるのであります。（中略）応仁の乱以前にありました家の多数は、みな応仁以後元亀天正の間の争乱のため、ことごとく滅亡しておるといってもいいのです。（中略）それで、応仁の乱以後百年ばかりのあいだというものは、日本全体の身代の入れ替りであります。それ以前にあった多数の家は殆どことごとく潰れて、それから以後今日まで継続している家はことごとく新しく起った家であります。こういうことから考えると、応仁の乱というものはまったく日本を新しくしてしまったのであります。近ごろ改造という言葉が流行りますが、応仁の乱ほど大きな改造はありませぬ。

と述べ、応仁の乱とそれ以後百年ばかりの時代が、「下級人民の向上発展」という意味において「最も大きな記録」であり、それまで力のあったすべての家を潰してしまうほどの大改造を引き起こし、「日本全体の身代の入れ替わり」を成しとげたのだと主張した。

そういう風でとにかくこれは非常に大事な時代であります。大体今日の日本を知るために日本の歴史を研究するには、古代の歴史を研究する必要は殆どありませぬ。応仁の乱以後の歴史を知っておったら、それでたくさんです。

と言い放った。これ以後、内藤湖南の応仁の乱論といえばこの箇所が注目され取り上げられてきた。しかし、彼は応仁の乱以前の歴史を知る必要がないなどと言いたかったのではない。応仁の乱が「日本全体の身代の入れ替わり」であり「まったく日本を新しく改造してしまった」その画期性を強調するために、「応仁の乱以後の歴史を知っておったら、それでたくさんです」と言いきったのである。

内藤湖南の「日本全体の身代の入れ替わり」、徹底した社会の大改造という見方は、「下剋上」のとらえ方にも貫かれている。

下剋上ということを、足利の下に細川・畠山の管領が跋扈しており、その細川の下に三好、三好の下に松永が跋扈するという風に、下の者が順々に上を抑え付けて行くのを下剋上というように考えるものがあります。むろんそれも下剋上であるには違いありますまいが、一條禅閤兼良が感じた下剋上はそんな生温いものではありませぬ。世の中を一時に暗黒にしてしまおうというほどの時代を直接に見て感じた下剋上であるから、それは単に足利の下に細川、細川の下に三好という風に順々に下の者が跋扈して行くというようなそんな生温いことを考へておったのではありませぬ。最下級の者があらゆる古来の秩序を破壊するもっと烈しい現象を、もっともっと深刻に考えて下剋上といったのである。

これまでの社会の序列を一番下から破壊し尽くし、あらゆる秩序を根底からひっくり返したのが、応仁の乱とそれ以後の百年が成しとげたことだという。内藤湖南の応仁の乱論の核心はここにある。

第一次大戦直後のこの時代は、「政治だけがめざすべき価値ではないという態度」[6]を生み、「歴史学に文化史という部門が興隆した。文化史は、それまでの政治史や考証史学に代って、大づかみに時代精神を捉えることを主眼とし、また比較史的な視点を」[7]前面に押し出した。「応仁の乱に就て」を収めた内藤湖南の著書も『日本文化史研究』と題されており、この大きな流れの中にあったことがわかる。

社会史の視点から

三浦周行の仕事にも同じ流れが共有されている。こちらは大阪の懐徳堂で一九一九～二〇年（大正八～九）に行われた講演をもとに、「国史上の社会問題」[8]としてまとめられた。その「はしがき」には、これまでの歴史が、普通政治的に縦断して居る傾きがあるに反して、社会的に横断して見ようとしたのであって、また一部の社会史と見做すことができよう。

とあり、「第一講　緒言」には、

熟く視ると、社会の裏面や下層に流れて居る暗流が、段々漲って来るにつれて、これまで表面勢力のあった上層のものも、いつしかそれに推し流されて漸次下層と入れ替わる。それがまた久しくなって来ると、またまた、前と同じようなことを繰り返して行くというのが、ほとんど一定の常軌になって居るようである。国史の上に一時期を画するほどの大なる事変の裏面には必ず大なる社会問題が潜んで居ると申して差支えはない。

と述べられている。通常、歴史学といえば政治的な動きを時間の流れにそって叙述するものだとする傾向が強いけれども、「社会的に横断して見る」つまり社会がもっている奥行きとか深みとかを空間的に横切るかたちで、その深層や底流まで深く見とおす目をもって、日本の歴史を描こうというのである。それゆえ三浦自身はこれを「社会史」と位置づけている。

朝尾直弘は、「国史上の社会問題」を「日本社会史として構想された最初の書物」と評価し、「社会史は二〇世紀初頭における史学の新潮流としてヨーロッパに生まれた。一九世紀的なランケの政治史に代表される「正統派歴史学」へのアンチテーゼは、民衆の運動や人間の日常的な生活・習俗・経済活動等への注目を生み、そこから二〇世紀の多様な歴史学の動向をひきだした」、「日本における社会史の源流を、イギリスから内田（銀蔵）をへて著者にいたる経路に認める推測が成り立つ」と述べている(9)。

社会史といえば、フランスのアナール学派の積極的な紹介を契機として、一九七〇年代半ばあたりから、日本史研究の中に急激な社会史ブームを引き起こしたことがすぐに想起される。けれども、二〇世紀初頭に生まれた新潮流としての社会史は、すでに戦前の日本の思想界にも大きな流れとして入ってきていた。一九七〇年代後半からの社会史は、その第二波だったわけである。

さて、同書中の「室町時代の社会問題」で三浦は、社会史的視点からすれば「この時代ほど面白い時代は国史上に見附からない」と前おきしたうえで、

政治上社会上に因襲の力が衰えて、秩序が破壊され、従来むしろ下級にあったものが、実力に任せて、上級を凌ぐに至るとともに（中略）次第にこれら上層階級に対して反抗気分を起こすに至った。（中略）その反抗心が一つの社会運動として現れたのは即ち土一揆である。（中略）土民の一揆が、もし単に烏合の衆の、いったんある目的のために一緒になって突発しただけならば、一時的のもので（中略）何更纏った仕事もできないはずであるが、いわゆる一揆の大将の下に、土民が武器を取って、やや訓練ある行動をするようになって来ると、相当に威力を発揮することもできれば、ある継続的な事業も達成されることとなったのである。（中略）わけても応仁・文明の京都の市街戦に、武士の正規兵が自身実践に臨むことを厭て、これらの土民兵を働かせるようになってからは、いわゆる足軽の発達をきたして、その挙止の軽捷、奇襲の奏功はある点において正規兵以上の威力を揮わせた。（中略）こうなると、侍階級と土民階級との階級間の差別は無意味とならざるをえなかった。これが即ち階級打破でなくて何であろう。ここにおいて目覚めた土民はさらに社会運動のほか、政治運動にも着目し出した。文明十七・八年の山城国一揆のごときは即ちそれで、国中の十五・六歳以上六十歳までのものを召集して、議会を開催し、当時最も不人気であった両畠山の軍隊の撤退・寺社本所領の還附・新関の撤廃の三問題を提げて、軍隊に強談判を持ち込んでその要求を貫徹し、さては予算を議し、彼らの代表者たる月行事の名において租税を徴収するがごとき行政事務をも取り扱っていたのである。

と記し、応仁の乱という大事変を生む根源的な力が土民による社会運動にあったと主張した。

これより以前に、三浦は『大乗院寺社雑事記』『興福寺々務方記』『実隆公記』『樵談治要』などの史料を駆使して、山城国一揆に関して「戦国時代の国民議会[10]」をまとめているが、ここでも、

農民商工を問わず、一様に兵仗を帯し、武技を練りて、武士的行為を学ぶの習俗とはなりぬ。これ一種の民兵なり。（中略）戦国時代はだいたいにおいて腕力主義の時代なり。腕力以外に多くの権威を認めざりし時代なり。（中略）而して数の力を恃んで各自の主張を貫徹せんとするの風は、帰せずして上下の一致を見たり。

と時代の風潮を描き、

階級制度の改革は明治維新後に行われしに相違なきも、またこの時代において事実上の崩壊に因り、武士以外の平民の覚醒を促し、幾分の改革は実現されたり。山城の国民議会は当時の農民商工のごとき下級の土民を以て組織されながら、彼のごとき事功を収めて武士的階級と対揚せりといわんよりも、むしろ凌駕せるの奇観を呈せるにあらずや。（中略）もし能くこれを善導し誘掖したらんには、四民一致、盛んに経綸を行うに至らんこともまた必ずしも明治の維新を待たざりしならん。しかるに信長の統一事業は秀吉に至りてその功を奏するとともに、階級制度の紛乱を正、武士の特権を復して農民商工等を抑損し、彼らの有する兵仗を収めてその生業に専らならしめたりし。

と述べ、「もし」この国民議会を生み出した力が継続成長しえたならば、その後の歴史は異なった道を歩んだかもしれないとの思いを記している。

政治史的観点から

一九二三年（大正十二）、講義の稿本をもとにして田中義成『足利時代史』(11)が刊行された。その時期区分は、代々の足利将軍の時期を基準にして、創業時代（尊氏から義満）、強盛時代（義持から義教）、衰弱時代（義勝から義稙）、滅亡時代（義澄から義昭）の四期に分けられ、応仁の乱の時代は第三期の衰弱時代に位置づけられている。最初の足利時代の時代概念を語る章では、「時代の暗流」として、国人一揆や土一揆・徳政一揆などの動きにも触れ、

此時代の暗流は自己保存と自己発展とに帰着し、約言すれば実力の競争に帰す。

とまとめている。第二八章「応仁の乱の原因」では、

従来の史籍に見ゆる如く、畠山・細川・斯波三家の家督争并に義政の継嗣問題が其重きをなせり。之は既に定説たるを以て、特に述ぶるの要なかる可し。さればここには只其原因が之のみに止まらずして、更に大なるものありしを述べんとす。之は要するに当時に於ける権力の消長が其大原因をなせるものなれば、之を説明せんが為に、三節に分ち、第一幕府元老の凋落、第二畠山・斯波二氏の衰運、第三細川・山名二氏の衝突に就いて述べん。

そのように説き始め、元老の相次ぐ死去、畠山・斯波氏の衰えにより、細川氏だけが家勢を維持し、それに対抗する勢力として山名氏のみとなり、

応仁の乱の原因は複雑なる事情あれど、当時の大勢よりすれば、細川・山名二大勢力の衝突に外ならず、其他の事情は単に其の導火線たるに過ぎざるなり。

と結論づけ、このアウトラインにそって、数多くの日記や軍記に拠りながら将軍家や諸家の政治的争いの過程を詳細に描いた。渡辺世祐『室町時代史』(12)とあわせ、この二著に示される応仁の乱についての研究は、政治史的な時代史として不動の地位を占めることになる。

社会経済史的視点

一九三九年（昭和十四）、鈴木良一「応仁の乱に関する一考察」が『史学雑誌』に掲載された[13]。その冒頭には、

応仁の乱が将軍義政の継嗣問題と畠山・斯波二家の家督争いとからおこったことは、ずいぶん古くからいわれていることであるが、田中義成博士は従来のこの定説を一歩すすめて、幕府元老の凋落、畠山・斯波二氏の衰運、細川・山名二氏の衝突、という三つの原因をあげられ、（中略）この、いわば政治史的観点にたつ考えは、その後も有力であり、概説書や教科書の類はおおむねこの立場をとっている。

と応仁の乱研究の代表として田中義成の研究を取り上げ、

しかし、細川・山名二氏が大勢力であるというのはどういう意味なのか、両者の衝突にどういう意味があるのか、この問題が疑問のままのこされている。

と批判して、当時盛んとなってきた社会経済史的研究を基礎にした政治史が必要だと主張した。そのカギとなり出発点となるのが、平民の力が著しく目立ってきたことに注目した内藤湖南の「応仁の乱に就て」と三浦周行の「戦国時代の国民議会」である。そう位置づけた鈴木は、「細川・山名・畠山などの有力な武家のみに注意せず、全国民的な人民の活動として見ることによって、この乱の姿をつかみうるように思われる」として、山城国一揆の「専ら事実的な研究」の上に「応仁の乱の意義」を明らかにするという方法をとった。

三浦周行は山城国一揆の主体を「土民」の一揆ととらえた。鈴木はそこから一歩踏み込んで、「土民」の中身そのものを、荘園の内部構造から導き出される「荘民」の実態から把握しなおそうとした。

室町時代の初頃からそれまでばらばらであった各地の荘民が結びはじめたが、それが多くの一揆を経験して、もっと高度の団結にたっしたのが、この山城国一揆であることは疑いない。こうした団結がはたして農民みずから

のものであったかどうか、これはさらに立入って考えてみなければならない。（中略）国一揆は何故やぶれたのか、これを明らかにするには国一揆を構成し、それに関係している諸勢力の性質、およびそれらの関係を明らかにしなければならぬ。

と述べ、国一揆の団結のあり方に焦点をあてて考えることの必要性を強調した。

国一揆の主体はむろん全荘民であったろうが、表だってはたらいたのは「国人」（「国衆」「国民」とも）であった。このさきの集会や翌十八年二月の宇治平等院の集会に加わったのはかれらであって、一般の農民ではなかった。この国人の代表者が「三十六人衆」で、国一揆の中心となって指導し、「月行事」として決議事項の執行にあたった。

ととらえ、国一揆に加わった「荘民」の内部には、国人と農民の二つの階層が含まれており、両者の利害はだんだん対立していくとの認識を示した。

代官は多くの場合、その荘園の名主とみっせつな関係を結び、それで荘園を実質的に支配していたのであり、（中略）代官名主がかたく結んで、強く農民を支配しながら、新しく「村」にすすみつつあるものであった。したがって代官や名主ののぞむのは、つまりは荘園の破壊であり、それにかわる新しい支配体制の樹立である。（中略）多くは武士で名主のもっとも有力なものは、あいかわらず荘園に「百姓」として生活しており、強く農民を支配できる地位にいた。（中略）かれらの眼界は荘園というせまい世界にとどまってはいない。いつまでも領主に利用されてはいず、自分の力で自分を中心として成長しつつある村をもとにする新しい封建社会をうちたてようとするようになり、この目的をたっするためには農民の（中略）うごきをもっとも重要な手段として利用しなければならなかった。これが土一揆である。

新しい村、新しい封建社会、それを実現するために国人は農民と結び、農民をふみ台にしたのだと鈴木はとらえる。

農民にとっては、古い支配者と新しい支配者とが結ぼうと反発しようと、そのこと自身はどうでもよいことであった。どちらにしても生活はますます苦しくなり、圧迫はますます強くなった。かれらはただやすらかに生活し働くことをのぞんでいたのである。

圧迫が強まる中で、「ただ、やすらかに生活し働くこと」を希求する農民像、これは、昭和十四年にこの論文が書かれて以後もずっと、鈴木の研究の根底に強く流れつづけている。

いわゆる東西両軍の対立ないし勝敗は無意味である。もしそれに意味ありとするなら、名主武士にかれらの政治的目標を自覚せしめたことにある。応仁の乱に勝利を得たものは、細川・山名のどちらに属しようが、そういうことにかかわりなく、荘園内に生まれた新しい勢力（＝名主勢力）にほかならない。（中略）応仁の乱の終結ないし国一揆の崩壊は、荘園領主の最期でもあった。（中略）応仁の乱は土一揆と内面的に結びついている。それは農民が封建支配をたおすべくたたかった時代であり、かかる農民の活動から生まれ、それと結び、利用し、また抑えることによって新しい封建支配をうちたてようとする新しい封建的勢力の成長した時代でもあった。いわば「百姓」が解体し、名主が、封建的支配者でもあるとともに「百姓」であるという二重性格をすて、封建支配者であることをはっきりさせようとした時代であった。山城国一揆はその帰結である。そして国一揆の崩壊によってひらかれた戦国時代は、自己の階級的地位を高めた名主が自身の団結の中心を求め、その中心としていわゆる戦国諸侯があらわれ、そこから封建支配の全国的中心の生まれた時代、そのための戦争の時代だったのである。

これが鈴木良一の結論であった。ここに示された「百姓」解体論や「名主」裏切り論に批判が向けられるのは、敗戦後の時代になってからである。

二、戦後の歴史学

土一揆論

戦前の応仁の乱研究には、文明開化の時代の、大正デモクラシーの時代の、そして第二次世界大戦への道を突き進んでいく時代の、それぞれの時代の空気をその中にいっぱいに詰めこんで、社会史的視点、政治史的視点、社会経済史的視点からなる三本の柱が並び立っていた。戦後の研究は、まず社会経済史的な見方を中軸にしてすすめられていく。

鈴木良一は『純粋封建制成立における農民闘争』(14)を著わし、南北朝内乱から足利幕府守護制の成立、応仁の乱、山城国一揆そして戦国時代に至る政治過程を、訴訟逃散、強訴逃散、土一揆と下剋上、その敗北と解体という一連の動きと対応させながら描いた。「応仁の乱　土一揆と下剋上」の章では、

生産のための闘争の団結は、「綱頭」たちによって戦争にくみこまれ、それではじめて自衛のための団結となることができた。（中略）（応仁の乱は）支配者の戦争としてあらわれ、農民―名主代官としての結びつきが守護―被官（名主代官）としての結びつきの下におかれてしまったのである。足軽はこの矛盾の産物である。それはまず人民の自衛団結からうまれた武装であろうが、その動機がなんであるにせよ、足軽になったときから、それからはずれ、かえって人民の敵となったのである。（中略）農民たちは名主武士とむすばなければまとまることができず、それでかれらによって土一揆は応仁の乱にとけこんでしまった。

として、東西両軍の勢力に組み込まれざるをえなかった京都や近郊地域の土一揆がおかれた困難な状況を指摘し、他

方、直接戦火にまきこまれなかった地方では「土一揆が自身のすがたをあらわしていた」とこれに大きな評価を与えた。

土一揆の動向と政治過程を直接に結びつける手法や、土一揆の敗北・解体と結論づける鈴木の見方を批判しつつ、より精緻な理論でこれを発展させたのが永原慶二である。

鈴木氏は、三浦・内藤氏の視点をさらに発展させ、歴史をおしすすめる主体としての国人・地侍・農民たちの多面的なうごきを明らかにした。（中略）今日の応仁の乱研究は、すべて鈴木氏のこの研究を出発点にしているといってよい[15]。

と鈴木の仕事を高く評価する永原は、『日本封建制成立過程の研究』[16]で、南北朝内乱期に画期をおき、そこに成立してくる室町幕府を「分権的傾向がきわめて強い」「守護大名の連合政権的性格」と位置づけ、それが応仁の乱を経て、分国大名制＝地域的封建制に至るとした。応仁の乱の時期には、

現地に根を張って成長してきた国人や地侍たちが戦局と政情を左右する力を発揮しつつあったことは、疑いない事実であった。守護大名たちは惣領職をめぐる一族の分裂になやまされていたが、それがつねに領国全体を混乱にまきこんだのは（中略）国人たちがこれに介入するからである。（中略）この時代の国人たちは、いまや血縁以外の農民・地侍らを積極的に若党などのかたちでその武力に編成し、同族を横から縦の関係にくみかえて家臣化することによって、全体として一元的なまとまりのある武力を強化しはじめたのである。

このように国人領主を位置づけたうえで、応仁・文明の乱の意義については、

まずなによりも各地の国人たちの成長と荘園領主・将軍・守護大名の後退と没落をあげねばなるまい。南北朝六十年の動乱は、荘園領主勢力の後退と守護大名の成長をもたらしたが、応仁・文明の乱は、荘園制の最期の息の

根をとめたばかりか、幕府・守護大名までを一気に没落させた。（中略）そしてその背後には民衆の力のおそるべき伸長があった。[17]

と述べている。

時代区分上の変革期

これに対して、稲垣泰彦の「応仁・文明の乱[18]」は、永原が南北朝内乱期においた時代区分上の変革期を、応仁・文明の乱から戦国期にもとめる考えを示した。

応仁・文明の乱は、室町幕府を中心とする有力守護大名の対立抗争であり、全国的戦乱を展開する戦国時代の序曲として、時代区分のうえでも大きな意味をもつが、その歴史的意義はつぎの諸点にある。第一にこの乱を契機として王朝権力・武家政権を通じて維持されてきた中央集権体制が実質的に崩壊し、これに継起する戦国争乱のなかで分権的体制が形成されること、第二にこれら旧支配層の経済的基礎であった荘園制が崩壊し、かわって郷村制的秩序が大きな意味をもつにいたったこと、第三にこの変革の前提として、長期かつ広汎な反権力闘争＝土一揆・国一揆・徳政一揆が各地におこり、それらを通じて、各階層にわたる社会的変動＝下剋上が現出したことである。

と述べ、集権から分権へ、荘園制から郷村制へ、という大きな歴史の変化の軸を明示した。稲垣は、「鈴木の見解は農民闘争とそれに対応する権力のあり方を中心に、この時代の政治史を組み立てようとする試みであるが、このような直線的な結びつけ方には多くの無理がある」と批判し、それぞれの一揆を闘争主体や目的によって、荘家の一揆・国一揆・徳政一揆に類型化した。さらに徳政一揆は農民の一揆ではないと断じたことなどから一揆論に再び火がつき、黒川直則[19]をはじめとして多くの研究がなされるようになった。これについて村田修三は「稲垣は、土一揆研究を、単に社会の発展段階規定に依存させる方法から、一揆の目的・成果・形態等をもう一度洗い直して政治・社会の諸事象との関連を厳密に検討する方向に導いた[20]」と評価した。稲垣は同論文を、

あれほどの大軍を集め、長期な戦いをしながら、守護大名・守護代の一人も戦死しない戦いとは何であろうか。大軍を集めれば集めるほど解決の見出せない対峙がつづいたのである。そして問題解決の方向は戦いの地方への展開によって開けはじめた。しかしその段階での主役はもはや守護大名ではなく、領国にあって地盤をかため、領国支配に苦労していた在国の守護代や有力被官に移っていた。（中略）新しい戦国大名領国制はこうした幕府・寺社本所勢力の掣肘をはねのけたところから生まれてくるのである。

と結んでいる。

このような中で、一九六八年（昭和四十三）に永島福太郎の『応仁の乱[21]』が出版された。その「序」で永島は、たしかに、応仁の乱の意義づけに土一揆の評価は必要だが、それに急なあまり、理論闘争を激化させるし、局外者には窺知すべからざるものたらしめた感もある。

と自らは土一揆をめぐる議論に立ち入らない旨を表明し、応仁の乱を「足利政権の宿命的な問題として」「管領家細川・畠山両氏の抗争を筋として」書くことをめざした。起筆は一九六一年（昭和三十六）だったが、「土一揆の見なおしなどで困惑し」「本書はまさしく気力と意地ずくの一書となった」と書き載せ、その言どおり、多くの頁を室町時代の政治抗争の叙述に費やしている。「もとより下剋上の時流にも注意をはらい、これの斟酌も怠らなかったつもり」と、第四章「〈応仁の乱〉余論」では「土一揆と足軽」の項を設けて、

応仁の乱が勃発すると、しばらく土一揆はとだえた。この郷村武力組織が東西両軍に吸収された足軽隊となり、

洛中合戦のほか、近郊農村で活躍したためだった。（中略）土一揆＝徳政一揆は無足の輩（土地から遊離した者）の蜂起したもので、馬借がその主体だった。そこに浪人や遊民が加わったのである。郷村民や侍衆が加わったとしてもそれは違例のことだし、なお国衆らはこれを利用したに過ぎない。いわんや郷村をあげてこれに参加したのでもない。郷村は土一揆を不逞視するし、その発達につれて締め出しをはかったのである。（中略）土一揆を締め出したのは戦争回避のための郷村の努力だった。いわゆる兵農分離は実は郷村において芽ばえたのである。これが応仁の乱ではっきりしたのである。土一揆の「あぶれ者」「あばれ者」説を私は提出する。

と記している。

一九七三年（昭和四十八）に鈴木良一『応仁の乱』[22]が出た。これは新書というかたちで広い読者に向けて書かれたもので、鈴木自身のこれまでの研究視角と論点を踏襲しながら、土一揆を高い倫理性をもった純粋なものと位置づけ、他方に戦争に身を投じた足軽・流民を置いて、両者の姿を対比的に描いた。

三、政治史的視界の広がり

東幕府と西幕府

百瀬今朝雄「応仁・文明の乱」[23]は、「はじめに」で鈴木・稲垣・永島らの研究を紹介したあと、「応仁・文明の乱には、このようなすぐれた先学の業績があるので、ここでは、それらにあまり触れておられない当該期室町幕府の体制と政治に視点を絞り、政治過程を叙述しようと思う」と記し、室町幕府の政治体制を考える軸に「管領政治」と「将軍親政」の二つをすえた。

> このような管領政治を支えていたものは何かというと、それは大名の連合体制であったといえよう。（中略）この管領政治の時期は、嘉吉の乱の後を承けて、室町幕府危機の時期に当り、

と管領政治の時期とそれを支えるものを明らかにし、次に将軍親政について、

> 執政の上で、将軍の権力が管領のそれを上まわるに至るのは、一四五七（長禄元）年であろう。（中略）長禄ころから将軍親政の姿勢が明瞭となり、幕政上、管領の地位の相対的低下現象が起る[24]（中略）将軍権力を支えた軍事力としての直轄軍、物質的基礎である幕府領庄園や京都の商工業を管轄する政所その他、義満以来の権力の諸要素を、権力として統合し、義政とともに幕政を運営したものはだれか、それは政所執事の家であった伊勢氏、なかでも伊勢貞親であった。

と二つの軸を明確に示したうえで、文正の政変によって、大名勢力と対立する存在であった伊勢貞親らが一挙に没落し、義政が幕府に取り残される結果となり、足利義視、山名持豊の支持する畠山義就、細川勝元の支持する畠山政長の対立を前にして、

> 義政には、もはやこれを抑えうる物理的強制力はなかった。そして政長と義就の「逢手《あいて》向《むかい》ノ執逢《とりあい》ニシテ、勝負ヲ決」させようとしたのである。すなわち「力」による解決を公認した。（中略）いまや力によって正当性を獲得すべきことを、為政者によって明言されたのである。

と指摘し、さらに応仁の乱が展開していくなかで、一四六七年（応仁元）の

> 八月に義視が伊勢へ移り、翌年（一四六八年＝応仁二）九月上洛、ついで一一月再び室町亭を出てついに西軍に投ずるや、東西両幕府が対立するに至った。西幕府の機構は明らかではないが、公方、「室町殿」は義視、管領斯波義廉、政所執事には伊勢貞親の弟貞藤を用いている。（中略）西幕府の奉行として飯尾為脩が検出される。

また番衆（将軍親衛軍）のうちにも西幕府奉公者が少なからずいた。（中略）地方機関の要枢である守護については、大和の国民越智家栄は一四六九（文明元）年和泉守護となったという。（中略）文明三年に至り、西幕府では、南朝の後裔の王子を迎えて皇位に即かせ、年号も別に建てた。

と述べている。

百瀬の提示した「二つの幕府」論は、応仁の乱を考えるうえでとても重要である。「百瀬氏の新しい点は、応仁二年末に西軍が足利義視を迎えてから後、義視を公方として幕府機構の整備を行っている事実に着目されたことで、ここから東西両幕府の並存・対立という情勢が始まると位置づけておられる。有力大名達が自分達の勢力争いのために将軍の擁立を行いうるという状況に新しい時代の始まりを見出しておられる」。「大乱の基本理解にかんする諸説を概観して、将軍権力の展開を認識するうえで方法上依拠すべき手掛かりを与えてくれる研究は百瀬氏の研究であることが明らかになった[25]」と家永遵嗣が強調するように、百瀬の研究は応仁の乱に関する政治史的視界を大きく広げるものとなった。

西軍大名連署状

応仁の乱をめぐる政治過程について、一九九七年（平成九）の家永遵嗣「将軍権力と大名との関係を見る視点[26]」では、応仁の乱中に、

西軍の大名たちが大名連署状と斯波義廉の奉じる管領奉書によって命令を発していることに注意したい。（中略）斯波義廉の奉じる管領奉書は足利義視が西軍に帰投して将軍に相当する地位を占める応仁二年一一月末以前にも以後にも見られるが、大名連署の書状は将軍（足利義視）の御内書によってとって替わられる関係にあるから、

逆に御内書に相当する最高権力者の意志を表明する位置づけの文書であったと言える。義視帰投以前の西軍における最高権力とは大名の合議体であった。この段階の西軍は大名「一揆」とでも呼べるような性格をもっていたと思われるのである。

と述べ、応仁の乱が勃発してから義視が西軍に加わり西幕府が成立する前までは、西軍の意志決定は大名たちの合議によってなされ、大名「一揆」的な性格の権力であったとした。

桜井英治『室町人の精神』(27)も、

西軍では当初、斯波義廉が発給する管領下知状がもっとも格の高い文書として用いられていた。管領下知状とは将軍幼少時などに管領が将軍権力を代行して発給する文書であり、義勝から義政青年期にかけて用いられたことは記憶に新しい。つまり将軍不在の西軍では、管領が将軍から全権を委任されたという虚構のもとに指令を下していたのである。ところが大内政弘が上陸したころから、西軍は管領下知状にかわって諸大名の連署状を用いるようになる。

と「西軍諸将連署状」に注目する。しかし、

彼らは依然として室町幕府の家格秩序に強く規定されていた。（中略）大内政弘がその卓越した軍事力にもかかわらず署名者から排除されたのも、大内家がもともと幕政に参加しうる家柄ではなかったためであり、西軍の保守的な性格を示している。

と述べた。しかし、西軍に結集する大名たちが互いにどのような関係性をもっていたのかについては、単に大名連署状だけでなく、たとえば大内政弘・山名宗全・斯波義廉のそれぞれの奉行が連署した奉書(28)も出されており、それらをも含めた検討が必要であろう。

なお、家永は、これとは別に、

近代以前の人々にとって、軍記などの歴史物語は「作り事」ではなく、「歴史そのもの」であったという。近代史学は軍記などの伝える「物語」が「歴史事実」とは異なる部分があることを指摘する形で学問を形成してきた。しかし、「物語」からの脱却はいまなお未完の営為である。

との問題関心から、軍記『応仁記』で語られる物語と応仁の乱の歴史的事実とをつきあわせ、それに分析を加えている。[29] 日野富子が「子義尚を将軍にしようと山名宗全に依頼して、細川勝元と足利義視を排撃させた」という物語に対し、実際には「応仁の乱が始まると日野富子は夫の足利義政や子の義尚とともに細川勝元と結び、山名宗全は足利義視を擁立する」わけで、彼らの手のつなぎ方は、

「物語」と現実とで、まったくあべこべである。

と指摘し、『応仁記』作成にかかわった細川高国周辺が、足利義稙と細川氏の対立という応仁の乱勃発時の史実を書き換え、日野富子に濡れ衣を着せ、義視と勝元の対立がなかったかのように虚構したと結論づけた。治承・寿永内乱、南北朝内乱、応仁の大乱など、いずれの内乱をめぐっても、それぞれについて語られた物語のイメージからどのように脱却していくことができるか、これは大きな課題である。

石田晴男の『応仁・文明の乱』[30]は、京都を中心とした畿内近国と関東周辺地域との動きの連動性に注目しながら、応仁の乱に至る政治過程を具体的に描いた。畿内近国と関東周辺地域の二つの地域が連動する状況については、現在進行形で議論がなされている。

二つの中心点

山家浩樹「室町時代の政治秩序(31)」は、室町時代の政治史を「二つの中心点」を基軸にすえてとらえる。自立的な諸勢力は離合集散を繰り返して複雑な政治の構図を形作るけれども、二つの勢力として整理すると、おのおの異なる中心点を戴いて行動している。

一九八五年に村井章介「中世日本列島の地域空間と国家(32)」は、中世後期の地域モデルとして「京都と鎌倉という二つの中心をもつ楕円構造」を示したが、山家は二つの中心点は時期によって推移するとし、第一期は北朝を擁する幕府と南朝が、第二期は京都の公方と関東の公方がそれぞれ二つの中心点をなすものだと位置づける。

第三期は、いわゆる応仁の乱において、二つの幕府が存在したことに象徴される。義政とその子義尚を奉ずる東軍に対し、西軍は、義政の弟義視を戴いて西幕府と呼びうる体制を整えていた。

と東幕府・西幕府の並存を二つの中心点におき、さらに応仁の乱後も対立する勢力が互いに将軍を担ぎ二人の将軍が並立する、あるいは対立する勢力の一方が将軍を擁立するかたちが信長の段階まで続いていくと把握する。百瀬の示した東幕府・西幕府論を出発点としながら、応仁の乱やそれ以後の政治過程に関する研究は、このように広がりつつある。

四、社会史研究の隆盛

荘園制から村町制へ

一九八〇年代から大きな隆盛をみせる社会史研究においても、応仁の乱をめぐって興味深い論点が出された。

一九九四年に勝俣鎮夫は、「戦国時代の社会の基層部の実態から」時代の大きな転換をとらえようと、[33]
（一）永続する家の維持のため、百姓自身がつくりだした非常に強固な共同体が、惣村・郷村などと称される村であり、都市では町であった。十五世紀、天下一同の徳政を要求し、旧来の政治体制に大きな衝撃を与えた徳政一揆は、この惣村を基礎単位としてひろく結集した運動体の実力行使を象徴するものであった。戦国時代は、百姓たちがみずからつくりだした、自律的・自治的性格の強い村や町を基礎とする社会体制、すなわち村町制の体制的形成期であった。
（二）神々を喜ばす神事芸能から人々が楽しむ芸能への移行、（中略）生産を目的にした農業への移行、（中略）村や町にまでおよんだ文字の普及、（中略）呪術的観念の支配する社会から合理主義的観念の支配する社会への移行
（三）武家勢力は強大な勢力をほこった寺社勢力を圧伏し、これらの勢力を解体して体制下にくみいれたのであり、ここにはじめて政教分離の俗権力による国家が成立した。
という指標を示した。応仁の乱から戦国へと時代が展開していく中で、荘園制から村町制へと、社会の基底部で大きな転換が起こっていた。これが、各地に地域的権力を生み出し、「さらにそれを統合することにより、豊臣秀吉によって日本国家が創出された」のだという、たいへん壮大なスケールの全体像がここに打ち出された。

これは一見すると、これまでの議論、たとえば稲垣泰彦らの示した「集権から分権へ」「荘園制から郷村制へ」という転換軸と同じように見えるかもしれない。しかし、ここで成立してくる村や町は日本国民国家を生み出し、さらに現代はその崩壊期にあるという、とても長い時間の流れを形成するものであり、まさに日本の歴史を大きく二分する画期をなすものである。内藤湖南の言う「日本全体の身代の入れ替わり」について、勝俣は十五世紀から十七世紀

半ばまでをひとまとまりの時期ととらえ、その時期に大転換が起こったのだと位置づけた。

下剋上の主体として活動した人々を、いかにして国民として編成し、国民を構成員とする国家を形成していったのか。

それを応仁の乱、室町幕府の崩壊、戦国大名の登場、地域「国家」の形成、戦国大名の領国支配体制、社会身分の形成と役の体制、という道筋で論じたのが、勝俣の「一五―一六世紀の日本」[34]である。

村の武力

一九九三年、藤木久志は「村の動員―〈中世の兵と農〉への予備的考察―」[35]を発表し、問題の所在を次のように記した。

中世は戦争の時代とまでいわれながら、これまで、ひとは中世の戦争を語るとき、民衆をひたすら無力な被害者の位置におき、哀れみの対象とするだけであった。そのため、戦争を生きぬいた民衆像は、具象を欠いた「へのへのもへ」のままに放置され、民衆の被災のありさまも、中世史の本格的な追究の対象とされたことは、ほとんどない。一方その対極には、強大な領主権力の仕組が飽きもせず描かれるが、戦争という緊張のもとで、危機管理のシステムとして成立するいっときの権力集中が、領主と民衆との間のわずか一瞬の合意の所産に過ぎない、という事実に注意が払われたことはない。

ここで藤木は、勝俣鎮夫[36]や池上裕子[37]が明らかにした、領主の保護義務に対して国民＝百姓側は非常時の従軍義務を負うという関係が戦国期の領主―百姓間に形成されていたという点、さらに百姓＝農はすでに兵と分離した非戦闘員と位置づけられていた点などに注目しながら、中世の村の動員の実像を追った。

藤木は、「着到と軍忠は一体となって、村どうしの境相論など当知行保全の場で、かなり早くから日常的に行われていた」が、「侍・凡下・下人という中世社会の身分編成、とくに侍に固有の役割が、こうした村の軍事を契機に、くっきりとその姿を現してくる」と指摘し、

村々による敵の退路の遮断や落人狩りの役割は、応仁の乱初期の山科で、さらに詳しく検証することができる。（中略）名主沙汰人中など山科の民衆にたいする室町幕府の軍事動員は、この応仁の乱の初めという特異な非常事態に限られていた。（中略）この非常の民兵動員も、人夫役というような個人単位の徴発ではなく、恩賞を約束して村の武力に委ねるいわば村請動員で（中略）地域の郷村間の連帯と組織的な軍事行動が期待された。その連帯もじつは、地域が村落間相論や広域検断などを通して日常的に実現していた、自前の態勢に外ならなかった。村々の武力発動も山科七郷という地域の平和維持と生活防衛を目的とし、その範囲を超えては容易に動かない、というのが実情で（中略）「郷民堪忍」に対しては「兵粮料」が与えられていた。

と応仁の乱中に動いた村の武力の実態を示した。

雑兵と戦場

藤木の関心は、その後、戦場の雑兵たちの略奪と狼藉に向けられた(38)。しかも扱う時代は戦国から近世初期まで、日本国内の村から都市へ、さらに国内から東南アジアにまでひろがり、長い時間と広い視野から論じられる戦場論は大きな衝撃をもって受けとめられた。

二〇〇〇年、『ものがたり日本列島に生きた人たち』シリーズに、藤木はこの視点を基軸にすえて「応仁の乱の底流に生きる(39)」を書き、

応仁の乱の首都の戦場というのは、じつは凶作と飢餓のあいついだ一五世紀のなかばに、村で耕しても食えない飢えた人々の「生き残り」（サバイバル）を支えた、生命維持の装置（サバイバル・システム）だったのではないか。

との観点から、徳政一揆の蜂起から応仁の乱に至る展開を、村々の動きにも言及しながら足軽という新たな主役の活動を主軸にすえて描き出し、

半世紀にわたった飢饉難民の流入や、「徳政と号し」た土一揆の奔流は、一〇年にわたった首都内戦のあいだは、「足軽と号し」てその底にもぐりこみ、内戦の深い底流となって貫いていたらしいのです。それが応仁の乱の真相であったとみるべきでしょう。（中略）京都（政権都市）はあいついで流餓の都となり、くり返し土一揆に襲われながら、さらに足軽たちの一〇年戦争の戦場になります。その内戦は、ついに新たな戦国時代・地域の時代への転機になった、とまでいわれます。

と徳政一揆と応仁の乱の現実をわたしたちの前に突きつけた。

都市論の視点

都市論、都市空間論の観点から応仁の乱を論じたのが、高橋康夫「応仁の乱と京の都市空間」(40)である。

東西両軍が本格的に激突した応仁元年（一四六七）五月二十六日以降、連日戦災を被るようになった洛中では、いっさいの商業活動が停止し、食物類の入手も困難であったが、そうしたなかであいついで（中略）洛中諸所に要害として堀などを築いた「構」が出現した。文献で知られるところでは、上京には武衛構・実相院構・白雲構・田中構・柳原構・讃州構・御所東構・山名構・伏見殿構・北小路構・御霊構などがあった。（中略）これらの構

えは、武家による戦争用、公家の自衛用と大別でき、庶民による自衛のための構えは、（中略）田中郷の輩が御霊の地に築いた構えには日ごとに住人が群集し、近日「田中構」と号するにいたったとある（のがそれにあたる）。（中略）数ある構えのなかで、最大の規模をもち、しかも最重要であるがゆえに、たんに「構」とのみ称されたものがあった。（中略）室町殿を中核として構築された東軍の本拠が「構」である。

このように応仁の乱中、「京都は、市街戦の展開とともに、戦闘・防御用施設を備えた、小規模でしかも高密度な都市空間――「構」の簇生する場に変わりはてた」と指摘した。応仁の乱が終息すると室町幕府は市街復旧策を打ち出すが、

乱前の市街地のおもかげは、上京と下京を結ぶ室町通にわずかに残る町並に求めるほかはない。京都の市街地は、応仁の乱によって半減した。

乱後の京都の姿は、後代の洛中洛外図屏風に一目瞭然で、これ以後、治安の維持が困難となった洛中は、「構」が日常化する空間となっていく。こうして高橋は、応仁の乱の前と後で大きく変わった都市空間の鮮明なイメージの提示によって、応仁の乱という戦乱がもたらした影響力の大きさをはっきりと示した。

五、戦争論から

戦争と地域社会の武力

治承・寿永内乱から鎌倉幕府成立過程を考察した川合康は、

鎌倉幕府権力の形成を、治承・寿永内乱期における「戦争」から解明し、鎌倉幕府成立に帰結する当該期政治史

を見直す[41]、ことをめざし、これまで、源平合戦、治承・寿永内乱と呼ばれてきた戦乱を、「戦争」という語でとらえることによって、いったい何が見えてくるかを追究した。

> 治承・寿永の「戦争」のイメージについて、近年（中略）見直しの必要性が指摘されている。（中略）この問題を考えるうえでおそらく最も重要な点は、治承・寿永の「戦争」が各地の地域社会を巻き込んだ全国的な内乱のなかで展開し、村落領主レヴェル（中略）までが、この戦争に広範に参加していったという事実であろう。

次に川合は『源平合戦の虚像を剥ぐ』[42]を著し、「盛者必衰の理」にもとづく「平家物語史観」がいかに虚像であるかを明らかにすることに力をそそぎ、さらに治承・寿永内乱における城郭戦といわれる戦闘形態を分析し、

> 敵の軍勢が通行する街道を、堀・逆茂木・掻楯などの障害物＝城郭によって遮断し、敵の騎馬隊の機動力を封じ込めたうえで、味方の歩兵が矢先をそろえて待ちかまえ、（中略）隠し置かれた歩兵の遠矢が戦闘の勝敗を決定づけた。

とし、この歩兵集団が「在地からの動員兵」「地域民衆」であり、これまでの地域社会の武力に関しては再検討が必要だと主張した[43]。

> 平氏軍や頼朝軍による兵士役の賦課は、武士身分（御家人兵士役）・「堪器量輩」・一般荘民の三階層、を対象にしたもので、この「堪器量輩」こそが、地域社会の武力の中核を担う「荘官殿原層」、荘園内の「侍」衆であるとして、すでに治承・寿永内乱の段階から「地域社会の武力」を動員して戦闘がなされていたことを明らかにした。

地域防衛・安全保障・半済

小林一岳も、南北朝内乱という社会の諸階層が関与した戦争の実態を、戦費という切り口から考察した[44]。小林はまず、悪党に対する沙汰人・百姓らの武力行使、荘家警固の局面を取り上げ、それに要した費用は荘園の安全保障責任者である本所が年貢からの控除として負担するという鎌倉末期の状況を示す。次いで南北朝内乱が始まって、対立する双方の軍勢が通過するたびに荘内に乱入し掠奪をくり返す中、荘民らは一味同心して連日荘内警固を行い無制限の掠奪を防ぐことができた。しかし、それに要した費用は膨れあがり、これでは年貢の減免を荘園領主に求めるよりほかにすべがない。これが荘園領主と荘民の関係の中に収まりきらず、地域が自力による防衛費に耐えられなくなると、守護による安全保障を受け容れざるをえない。その対価として、守護から兵粮米が徴収されるシステムが生まれる。守護による無制限の兵粮米徴収をおさえ整理するため、戦後処理政策として半済令が出される。半済は、

地域の安全保障のために必要な戦費という意味を強くもち、それが地域に転化されるための正当性の柱であった。その意味では寺社本所に対する無制限な戦時掠奪を否定することを目的としたものであるといえよう。しかし現実には、兵粮米の徴収そのものが掠奪的な性質を持っていたことも明らかである。

このように小林の議論には、戦争、戦費、安全保障、戦後処理と、現代の世界で使われている用語が次から次へ飛び出してくる。そのため、それらのことばのもつ現代的意味合いに引っ張られてしまう懸念もあるが、南北朝内乱の過程と兵粮米・半済のしくみとを互いにからめあわせて考える有効な方法を提示している。

戦後復興の視角

早島大祐は、中世後期社会における首都の求心性を軸に論を組み立てる[45]。川合の研究を嚆矢として進められてきた

戦争論についても、

戦争そのものの分析も重要である。しかし（中略）戦争は戦争以前に発生していた変質を加速、顕在化させるものではあるが、その後の社会のあり方は、戦後の復興のあり方によって形成されるものである。社会変化を考える際には、戦争の前提となった社会の変質と戦後復興の実態を検討するほうが分析視角としては有効である。

との観点から、応仁の乱後の京都の復興過程を一般住人の動向を中心にすえて考察し(46)、また京都西郊在地被官衆の乱後の動きと半済との密接な関係を明らかにした(47)。

六、本書の視座

このように応仁の乱をめぐる長く豊かな研究の過程をふりかえってみて、議論されてきた問題の大きさと深さと広がりを改めて再確認することができた。それにひきかえ、本書が考察の対象とした場や問題点はあまりにも小さく乏しい。それをかみしめながら、最後に、本書のねらいについて述べたいと思う。

応仁の乱は、応仁元年（一四六七）正月の両畠山の戦闘、それが五月に東西両軍の衝突となって本格的に始まり、京都を舞台として戦闘が続けられ、延々と文明九年（一四七七）まで続く。しかし、両軍の軍勢が京都に結集してくる道筋において、実際にどのような事態が起こっていたのか、正長の土一揆以来何度も大規模な土一揆を起こし、京都に通じる主な道を塞いで都市機能をマヒさせたうえで洛中の酒屋・土倉を襲って徳政を実行した周辺の村々は(48)、この時いったいどのように動いたのか、それは具体的には明らかにされてこなかった。

幸いなことに、西国街道が京都へと通じている西岡地域については、東寺文書という膨大な史料群がじつに豊かな情報を提供し、南北朝内乱期以来戦国時代に至る分厚い研究が積み重ねられてきている。応仁の乱が始まり軍勢が続々と京都に結集する中で西岡では何が起こっていたのか、また乱の経過とともに両軍は西岡の村々にどのように関わってくるのか、東寺に残された文書や記録などからこれを詳細に追いかけることができる。他方、京都の東方からの軍勢の動きについては、『山科家礼記』の記事がある。しかも偶然にも、「従応仁二年至文明九年乱中山城国宇治郡山科郷執達状写」の外題をもつ文書案群(49)を東京大学史料編纂所架蔵写真帳から見つけ出すことができた。『山科家礼記』に引用されている文書案とこれを照合するとピッタリ合うというわけで、『山科家礼記』に欠けている時期の郷民たちの動きも把握することができた。このようにいくつもの幸運が重なって、京都の西と東に位置する両地域の村々の動きに焦点をあてて、応仁の乱を在地の側から見る手がかりを得た。両地域と京都との地理的関係は、四七頁の「図1」に示した。

わたしがどのような視座から、応仁の乱と両地域のかかわりにとりくんだのか、次にあげる二つの点から明らかにしておきたい。

村の武力と一揆

応仁の乱が始まり、東西両軍は互いに戦闘を続ける中で、京都周辺のどの地域を自らの兵粮米徴収の基盤とできるか、敵方軍勢の通行を妨害する戦略上の拠点としてつかみ取ることができるか、互いにしのぎを削りあった。その時、東西両軍が結集しようとした武力は、まず当然のこととして自軍と以前から被官関係をもつ侍衆の武力である。そして、次には、すでに在地社会の中で形成されてきた「郷々村々の一揆」の力であった。

この「村の武力」をめぐって、村は一枚岩ではないとか、村ぐるみの蜂起はまれで、武家被官や牢人・流民らが多数を占めており、これを村の武力と呼ぶわけにはいかないとの批判が出されている。応仁の乱中こうした連中は足軽に加わり、そのため土一揆の蜂起は乱中には姿を消してしまう(50)、などの見方も示されている。

中世村落がその内部に侍衆と地下分という二つの異なる階層を含み込んでいたことは自明のことである。村落への動員に際しては、侍分と地下分にそれぞれ異なる役割が求められていたことも事実である。侍衆と地下人は村落内部の異なる身分として互いの利害が対立する存在であった。つまり、中世村落が常に一枚岩的な関係であるとは誰も考えていない。ただ、瞬時の達成として、一揆が成立する瞬間に、村の武力として一体的なものが彼らの内に形成されたことも事実である。非日常の運動体としての一揆は、村落間相論での隣郷との武力対立の中で、また徳政を実現するために通路を塞いだ土一揆の中で、そして軍勢を前にした村の防衛戦の中で、互いの異なる身分的対立を乗り越えて共同行動を取ることがあった。もちろん、それは瞬時のことであり持続性を持たない(51)。けれど、そこで発揮された力や社会的な影響については正当に評価すべきであろう。

戦後歴史学では、戦争と土一揆を対極にすえ、戦争に加わった足軽や流民たちと、土一揆・村落の郷民たちをそれぞれ両極に置いた。近年は、足軽・雑兵の側に土一揆を位置づけ、対極に村落と郷民らを配置する。つまり、全体として戦争と村落を対極に置く配置そのものは変えないで、土一揆の占める位置を、村落の側から、戦争と足軽の側へと移したのである。戦後歴史学では、直接生産者である農民を主軸にした郷村は、暴力にうったえることなく強い団結をもとに問題を解決する、平和を希求する高い倫理性をもった村として描かれた。平和に絶対的な価値基準におくこうした姿勢は、戦後社会の存在被拘束性と見るべきかもしれない。近年の藤木氏の雑兵論や神田氏の土一揆論も、この配置図から自由であるとは言えないように思う。

応仁の乱の時期の村の実態を、こうした戦争と平和を対極に置く視角からとらえることには無理がある。まずは、中世の村を、武力・暴力を常にその内にかかえこんだ存在として位置づけることが必要である。「中世村落はその生誕の過程において小経営生産に対立するところの小さな領主制（村落領主）を内包し、はぐくんでいる[52]」、「村落領主とは萌芽としての領主制、すなわち領主制支配の最小の単位であり、荘園社会にあって封建領主制をたえず下から再生産しつづけた存在だった[53]」と大山喬平が位置づけたように、郷村制や村町制の村に収斂し切れない、異質な要素をかかえこんだ村、それが中世の村であった。

村は動員されるばかりではない。自らの意志で行動することの方がはるかに多かった。その時の村の動きは、動員の時のような兵＝侍分と農＝後援支援という役割分担によるものとは違う行動形態をとった。動員される時の村の姿をもって、兵と農の分離がすでに中世社会の中で進展していたとするのは、兵農分離以後の村の姿を見越したうえでの、予断をもった見方ではないのだろうか。

半済と半済令

本書では、応仁の乱中に実施された半済について考察した。

半済とは、もともと、年貢や公事など賦課された課役のうちの半分を納入するという意味で使われる一般的なことばである[54]。半済が注目されるのは、室町幕府が観応三年（一三五二）から応安元年（一三六八）にかけて発令した一連の「半済令」についての議論が出されて以来のことである。半済令に関するこれまでの議論をふりかえってみると、それを室町幕府の土地政策ととらえ、在地領主制の進展を計るものなのか、それとも荘園制の維持存続を目指すものなのか、という一点にしぼって論が展開されてきた[55]。応安令をめぐって、これまでの研究史を整理し関連法令との対比を含め明確に位置づけたのは村井章介[56]である。「戦乱の長期化のなかで、守護が軍事的な必要にせまられて実施した半済や兵粮料所の預け置きは、幕府の思惑をはるかにこえて、京都中心の支配秩序を食いあらしつつあった。(中略)これらを、戦乱にひとくぎりがついた応安元年の地平にたって整理・統一し、危機に瀕した本所の荘園支配をたてなおし、同時に幕府にとって危険な兆候である守護の自立化にはどめをかけること、これが応安大法の中心的な意図だった」とし「予祝と攘災のための仏神領興行、これこそ応安の法を〈大法〉たらしめた要因である」と結論づけた。

南北朝内乱という戦乱状況の中に半済の具体像をさぐろうと、田端泰子は観応以後の半済令と、それ以前に見られる幕府の半済策とを区別し、建武三年(一三三六)に足利尊氏が京都南郊の土豪層を急ぎ組織するために与えた「領家職当名田畠半分」は実質的な半済実施であるとして注目した。(57)「徳政の問題を、徳政令に収斂させてとらえると、事態の一面しか見ることができない」(58)のと同様、半済や兵粮料所の問題を半済令にのみ集約させて論じることには限界がある。小林一岳は、まず兵粮米が徴収され半済が実施される場に視点をすえ、「戦争の中での地域社会の視点から、いわば下からとらえなおす必要性がある」(59)と主張した。松永和浩も、半済令を土地政策としてでなく軍事政策としての側面から論じるべきだとの観点から、半済令の綿密な解釈を示した。(60)こうして、戦時の法として半済令をとらえる見方が定着しつつある。わたしも、それに賛成である。

南北朝内乱期に登場した戦時の法としての半済令は、応仁の乱の始まりとともに、再び社会の前面に浮かび上がってくる。南北朝内乱期に出された故戦防戦法が永正十三年の幕府法に復活してくるのと同じように、応仁の乱という大きな戦乱が起こった時に再び半済令が登場してくるのである。応仁の乱の始まりとともに東西両軍から出された半済令の詳細については、本書の以下の章で取り上げるが、東西両軍とも、味方の軍勢を京都に集結させその兵粮料を確保するために、京都周辺の村々を掌握する必要があった。多数の軍勢が集結してくる京都近郊の村々は、東西両軍のどちらにもつかずに、自らの生活領域を村の武力だけで守ることは困難だったので、被官関係をはじめ、あらゆる人的関係を利用し、また近隣から伝えられてくる情報を分析して、どちらに味方するかを決めると、陣所に兵粮米を運び入れてその陣営を支えた。ひとつ間違えば、敵方から攻撃され村を焼かれ略奪される。東西両軍のどちらの側につくか、それは村の命運をかけた選択になる。

応仁の乱がつづく中で、応仁三年（一四六九）に「当所通路肝要の間、七郷半済をもって兵粮料として郷民等に充て行う」と東軍が決めたことは、応仁の乱と在地社会の武力を考えるうえで画期的なことである。山科七郷は、年貢の半分を自らの軍功への兵粮料として獲得し、実質的に年貢の半免を実現させた。しかもこれは、山科七郷だけでなく隣郷の醍醐にも波及し、半済を求める郷民に対して醍醐寺が執金剛神をかつぎ出して調伏する事態まで引き起こしている。(61) 村の武力を動員して戦況を有利に導こうとする動きは、応仁の乱後に顕著となる。永正元年（一五〇四）薬師寺与一が細川政元に敵対して淀城に拠った時、香西又六が近郷の土民に半済を約束して動員し淀城を攻め落としたのは、その顕著な例である。(62)

応仁の乱中の畠山義就の半済から、文明十年の五分一済、山城国一揆の半済を追いかけ、「永正の香西元長の半済を契機として、山城における半済は土民によって要求されるものと変わってしまい、内容的には年貢の減免を示すものとなっていった」と川崎千鶴が指摘したのは、(63) 一九六九年のことである。半済がこうした性格を帯びるようになる源流は、応仁の乱中に発揮された郷民の武力にあった。応仁の乱およびそれ以後の社会の動きをとらえる一つの大きなカギが、半済をめぐる動きにあることは確かである。

以上、本書の第一章「応仁の乱と山科七郷」、第二章「山城国西岡の「応仁の乱」」、第三章「応仁の「大乱」と在地の武力」に関する主要な論点を提示した。

応仁の乱を考えるうえで一次史料とされる同時代人の日記にも、書き手の地理的・政治的・社会的な位置、また本人の願望などによってその内容に差異や限界が生まれる。第四章「経覚の描いた「応仁の乱」」では、興福寺大乗院前門跡経覚の日記「経覚私要鈔」を手がかりにして、情報が伝わってくる経緯や、彼を経由して伝えられる情報の動きを追いかけてみた。

第五章「戦場の中の東寺境内」では、応仁の乱の最中に東寺境内でなされた足軽徴募をめぐる動きを追った。特に廿一口方引付の記事とそれに関連する足軽禁制起請文をもとに、乱中の東寺境内の状況を明らかにしようと努めた。

第六章「いなか―京の情報伝達と応仁の乱」は、応仁の乱前夜の寛正二年（一四六一）から乱中の文明三年（一四七一）まで十一年間にわたる備中国新見庄と京都の東寺のあいだで交わされた文書とその内容、文書の運び手など、情報伝達の場に視座をすえることによって、応仁の乱の細部の解明を目指したものである。

注

（1）一八七七～八二年（明治十～十五）。本稿での引用は、大久保利謙編『田口鼎軒集』（明治文学全集14、筑摩書房、一九七七年）に拠ったが、句読点は筆者。
（2）前掲注（1）「解題」（大久保利謙執筆）
（3）鹿野政直『近代日本思想案内』（岩波文庫、一九九九年）の「2　啓蒙思想」
（4）史学地理学同攷会代表粟野秀穂編『室町時代の研究』（星野書店、一九二三年）
（5）内藤湖南『日本文化史研究』（弘文堂、一九二四年、一九三〇年増補、のち講談社学術文庫、一九七六年所収）。引用は講談社学術文庫に拠った。
（6）鹿野政直前掲注（3）の「8　民本主義と教養主義」
（7）同前
（8）三浦周行「国史上の社会問題」（大鐙閣、一九二〇年、のち『日本史の研究　新輯三』岩波書店、一九八二年所収、のち『国史上の社会問題』岩波文庫、一九九〇年に再録）。引用は岩波文庫に拠った。

（9）前掲注（8）岩波文庫版「解説」（朝尾直弘執筆）

（10）三浦周行「戦国時代の国民議会」（一九一二年、のち『日本史の研究　第一輯』岩波書店、一九二二年、さらに前掲注（8）の岩波文庫『国史上の社会問題』に付録として掲載）。引用は岩波文庫に拠った。

（11）田中義成『足利時代史』（明治書院、一九二三年）

（12）渡辺世祐『室町時代史』（創元社、一九四八年）

（13）鈴木良一「応仁の乱に関する一考察」（『史学雑誌』五〇―八、のち「山城国一揆と応仁の乱」と改題され『日本中世の農民問題』高桐書院、一九四八年所収、さらに校倉書房、一九七一年再刊）。引用は『日本中世の農民問題』（再刊）所収に拠った。

（14）鈴木良一『純粋封建制成立における農民闘争』（日本評論社、一九四九年）

（15）永原慶二『日本の歴史　一〇　下剋上の時代』（中央公論社、一九六五年）

（16）永原慶二『日本封建制成立過程の研究』（岩波書店、一九六一年）

（17）永原慶二前掲注（15）

（18）稲垣泰彦「応仁・文明の乱」（『岩波講座日本歴史7　中世3』岩波書店、一九六三年）

（19）黒川直則「徳政一揆の評価をめぐって」（『日本史研究』八八、一九六七年）、同「中世後期の農民一揆と徳政令」（『日本史研究』一〇八、一九六九年）。また、『シンポジウム日本歴史7　土一揆』（学生社、一九七四年）には、黒川の徳政一揆に関する報告と、峰岸純夫・佐々木銀弥・佐藤和彦・鈴木良一・永原慶二による議論が載せられている。

（20）村田修三「惣と土一揆」（『岩波講座日本歴史7　中世3』岩波書店、一九七六年）

（21）永島福太郎『応仁の乱』（至文堂、一九六八年）

（22）鈴木良一『応仁の乱』（岩波書店、一九七三年）

（23）百瀬今朝雄「応仁・文明の乱」（『岩波講座日本歴史7　中世3』岩波書店、一九七六年）

(24) 百瀬が「管領政治」から「将軍親政」へ転換する時期と位置づけた長禄年間の史料「長禄四年記」が、設楽薫「室町幕府評定衆摂津之親の日記〈長禄四年記〉の研究」(『東京大学史料編纂所研究紀要』三、一九九三年)で翻刻紹介され、畠山家の家督交代をめぐる事実認定などもなされている。
(25) 家永遵嗣『室町幕府将軍権力の研究』(東京大学日本史学研究叢書Ⅰ、東京大学日本史学研究室、一九九五年)
(26) 家永遵嗣「将軍権力と大名との関係を見る視点」(『歴史評論』五七二、一九九七年)
(27) 桜井英治『日本の歴史 第12巻 室町人の精神』(講談社、二〇〇一年)
(28) 西軍大名連署状については本書一七五頁以下を、また応仁二年八月八日 杉弘国・田公豊職・朝倉孝景連署奉書案(『山科家礼記』応仁二年八月九日条)については本書六五頁参照。
(29) 家永遵嗣「軍記『応仁記』と応仁の乱」(学習院大学文学部史学科編『歴史遊学 史料を読む』山川出版社、二〇〇一年)
(30) 石田晴男『戦争の日本史 9 応仁・文明の乱』(吉川弘文館、二〇〇八年)
(31) 山家浩樹「室町時代の政治秩序」(『日本史講座 4 中世社会の構造』東京大学出版会、二〇〇四年)
(32) 村井章介「中世日本列島の地域空間と国家」(『思想』七三二、一九八五年)
(33) 勝俣鎮夫「一五―一六世紀の日本」(『岩波講座 日本通史 中世4』一九九四年、のち「戦国大名〈国家〉の成立」と改題して『戦国時代論』岩波書店、一九九六年に再録)
(34) 同前
(35) 藤木久志「村の動員―〈中世の兵と農〉への予備的考察―」(永原慶二編『中世の発見』吉川弘文館、一九九三年、のち『村と領主の戦国世界』東京大学出版会、一九九七年に再録)
(36) 勝俣鎮夫「戦国時代の村落」(『社会史研究』六、一九八五年、のち『戦国時代論』前掲注(33)に再録)
(37) 池上裕子「戦国期の兵と農」(『歴史公論』一一五、一九八五年)
(38) 藤木久志『雑兵たちの戦場 中世の傭兵と奴隷狩り』(朝日新聞社、一九九五年)
(39) 藤木久志「応仁の乱の底流に生きる」(『ものがたり日本列島に生きた人たち4 文書と記録 下』岩波書店、二〇〇〇年)

（40）高橋康夫「応仁の乱と京の都市空間」（『歴史公論』七二、一九八一年、のち『京都中世都市史研究』思文閣出版、一九八三年に「応仁の乱と都市空間の変容」と改題して再録）

（41）川合康「治承・寿永の〈戦争〉と鎌倉幕府」（『日本史研究』二四四、一九九一年、のち『鎌倉幕府成立過程の研究』校倉書房、二〇〇四年に再録）

（42）川合泰『源平合戦の虚像を剥ぐ』（講談社、一九九六年）

（43）川合康「治承・寿永の内乱と地域社会」（『歴史学研究』七三〇、一九九九年、のち『鎌倉幕府成立過程の研究』前掲注（41）に再録）

（44）小林一岳「南北朝の〈戦争〉と安全保障―兵粮米と半済―」（『日本中世の一揆と戦争』校倉書房、二〇〇一年）

（45）早島大祐「発展段階論と中世後期社会経済史研究」（『史林』八八―一、二〇〇五年、のち『首都の経済と室町幕府』吉川弘文館、二〇〇六年に再録）

（46）早島大祐「応仁の乱後の復興過程」（『首都の経済と室町幕府』前掲注（45））

（47）早島大祐「京都西郊地域における荘園制社会の解体」（同前）

（48）拙稿「中世後期の在地社会」（『日本史研究』三七九、一九九四年、のち『日本中世の在地社会』吉川弘文館、一九九九年に、「徳政一揆と在地の合力」と改題して再録）

（49）歴史民俗博物館所蔵。二〇〇〇年三月刊行の『国立歴史民俗博物館資料目録［1］田中穣氏旧蔵典籍古文書目録［古文書・記録類編］』の八～一九頁にその目録がまとめられている。

（50）永島福太郎前掲注（21）著書。神田千里『土一揆の時代』（吉川弘文館、二〇〇四年）。ただし、京中を襲う一揆の数を比較する時に、応仁の乱の前と後とでは京都という場のもつ社会的な位置が大きく変化していることを考慮すべきである。

（51）拙稿「中世一揆論の軌跡を追って」（『日本歴史』七〇〇、二〇〇六年）でも述べたように、一揆という運動体が、秩序体へと上昇転変した時、それはもはや一揆ではない。一揆専制というかたちができあがり全体への拘束力を発揮し始めた時点で、非日常の一揆はその生命を終えた、とわたしは考える。

(52) 大山喬平「日本中世農村史の課題」(『日本中世農村史の研究』岩波書店、一九七八年)
(53) 大山喬平「荘園制と領主制」(『講座日本史　2』東京大学出版会、一九七〇年、のち『日本中世農村史の研究』前掲注(52)に再録)
(54) 島田次郎「半済制度の成立」(『史潮』五八号、一九五六年、のち『日本中世の領主制と村落　上巻』吉川弘文館、一九八五年に再録)
(55) それぞれの主張の代表的なものとして、前掲注(54)の島田が荘園体制の保障を本質とするとし、永原慶二「荘園制解体過程における南北朝内乱期の位置」(一橋大学研究年報『経済学研究』六、一九六二年、のち『日本中世社会構造の研究』岩波書店、一九七三年に再録)が荘園制解体を促進するものと評価した。
(56) 村井章介「徳政としての応安半済令」(『中世日本の諸相』下巻、吉川弘文館、一九八九年、のち『中世の国家と在地社会』校倉書房、二〇〇五年に再録)
(57) 田端泰子「室町前期の半済—応安令の成立過程と在地の動向—」(『日本歴史』六二四号、二〇〇〇年)
(58) 村田修三前掲注(20)論文
(59) 小林一岳前掲注(44)論文
(60) 松永和浩「軍事政策としての半済令」(『待兼山論叢』四一、二〇〇七年)。松永は半済令発令以前の幕府政策と軍事状況の連動性を指摘したうえで、半済令導入後の動きを綿密な条文解釈とあわせて論じた。
　ところで、延文二年九月の追加法七九に、「次要害地事」として「下地相分、年貢支配、両様之多少、兼日難定、随在所之用否、宜為臨時裁断」と規定されている。拙稿「中世法と在地社会」(『日本史講座　4』東京大学出版会、二〇〇四年)では、応仁の乱中に在地から兵粮料が陣に運び込まれるという状況が念頭にあったため、この条文を軍勢と在所の直接交渉の結果に従うと解釈した。渡邉正男「延文二年の追加法」(『室町時代研究』二、二〇〇八年)はこれを批判し、「要害の地のこと、下地を分かつか、年貢を配分するか、どちらをどれだけにするか、あらかじめ定めることはできない。それぞれの所領の必要に従って臨時に判断する」と明確な解釈を示された。松永も「在所の実情に応じて」と正しく解釈されており、在地との直接的な関係を想定した拙稿の誤りは明らかである。ここに訂正しておきたい。

(61) 文明二年五月　陀羅尼結番衆交名前書（「醍醐寺文書」一二九函、東京大学史料編纂所架蔵写真帳に拠った。『大日本史料』八―三、文明元年十月是月条）。この史料は田中克行「村の〈半済〉と戦乱・徳政一揆」（『史学雑誌』一〇二―六、一九九三年、のち『中世の惣村と文書』山川出版社、一九九八年に再録）で取り上げられた。田中はこれを平時の年貢半済要求ととらえているが、この時期に山科七郷の軍事行動に対する恩賞として与えられた半済をふまえ、これに隣郷の醍醐郷民が呼応して動いたのである。なお、醍醐寺陀羅尼結番衆は、執金剛神を御堂内陣東に持ち出し在所に護摩壇を据え数日陀羅尼を勤行して郷民等を呪詛した結果、当年（文明二年）に境内百姓等は多数討たれ病悩餓死した、これこそ本尊の威力だと記しているが、実際に応仁の乱の動きを追ってみると、この文明二年に西軍方から山科・醍醐・宇治にかけて総攻撃され、東軍に味方していたこれらの地域は村を焼かれ郷民等も大きな被害を受けた。醍醐寺僧等は、これを執金剛神の威力だとしているのである。

(62) 田中克行前掲注（61）論文

(63) 川崎千鶴「室町幕府の崩壊過程―応仁の乱後における山城国の半済を中心に―」（『日本史研究』一〇八、一九六九年、のち『戦国大名論集5　近畿大名の研究』吉川弘文館、一九八六年に再録）

第一章　応仁の乱と山科七郷

はじめに

応仁の乱は、中世荘園制社会の秩序を揺るがせ、社会全体を戦国乱世へと傾斜させていく大きな契機となった。この結果、室町幕府の全国的な支配体制は崩壊し、各地域に分権的な権力が形成されていく。そして、この乱の直後から、山城国一揆をはじめとする惣国一揆が畿内近国の諸地域に生み出され、上部権力と鋭く対峙するようになる。このように、応仁の乱が社会全体に及ぼした影響は限りなく大きなものであった。荘園制の崩壊過程を追いかけるうえで、応仁の乱が在地社会とどのように関わったのかをさぐり、その意味を考えることは重要な課題である。

ところが、これまで応仁の乱中における在地諸階層の動きといえば、大名等と被官関係を結んでいる侍衆の戦闘への参加状況や、足軽と呼ばれる武力集団の動きなどに注目が集まり、在地の村落郷民が全体としてこの戦乱とどのように関わっていたのかという視角からその具体像を明らかにすることは、ほとんどなされてこなかった(1)。しかし実際には、村落の郷民たちは応仁の乱の奔流の中で、ただ受け身的に流され続けていたわけではない。彼らはそれぞれの局面で自らの主張を明確にしながら、むしろ積極的な行動を展開している。そして、この乱中の経験が、乱後の惣国一揆を形成していく過程にも大きな影響力を及ぼしたのである。

『山科家礼記』(2)がこの問題を考えるための貴重な史料であることは言うまでもない。しかし残念なことに、応仁二年（一四六八）一月から十二月までの記事のあとは文明二年（一四七〇）八月まで一年半余の空白の時期があって、『山科家礼記』で語られている応仁二年の状況が、その後どのように展開していくのかを詳細に追いかけることができなかった。しかし、ここにもう一つ注目すべき史料が残されていた。「田中穣氏旧蔵典籍古文書」(3)の中に含まれる「従応仁二年至文明九年乱中山城国宇治郡山科郷執達状写」という表題をもつ文書控である（以下、これを「乱中執達状写」と略すことにする）。これには応仁二年から文明九年（一四七七）に至るまでの百通余りの文書が書写されていて、『山科家礼記』の空白時期を考える手がかりとなる。しかし、この「乱中執達状写」は文書を写してあるだけで、『山科家礼記』と違って各文書がもたらされた経緯などについては全く記されていない。その点では『山科家礼記』の欠を完全に補うものとは言えないが、ともかくここでは、この二つの史料を対照させ互いの欠けている部分を補いながら、応仁の乱中の在地社会の動き、戦争と郷民との具体的な関わりを追いかけてみたいと思う。なお、本稿で『山科家礼記』「乱中執達状写」から引用する文書は、いずれも書写されたものであり、すべてが案文である。けれども以下の本文中では「案」を省略する。

一、応仁の乱と郷民等の動き

1　郷々村々の一揆

『山科家礼記』の記事の中に引用されている山科郷関係文書と「乱中執達状写」に書き写されている文書とを対照させ、一覧にしてみたのが四八～五一頁の表である。

まず、この一覧表の各欄が示す内容について説明しておきたい。左端の欄には年月日順に①から⑭⑤まで通し番号をつけた。「乱中執達状写」には百通余りの文書が写されている。これは年代順には並んでいないのでその順番のまま最初から番号を付けた。それが対照表の右端欄にある「執達状写の番号」である。「乱中執達状写」の中で一番早い時期の文書は、対照表の左端につけた番号①の応仁元年十一月十九日付の室町幕府奉行人奉書（「乱中執達状写」の番号52）で、「山科東庄内散在名田畠山野林等」を山科家雑掌に沙汰し付けるよう山城守護山名是豊に命じたものである。「執達状番号」のうち110～113の文書は、他の多くの文書と明らかに違う形式のもので、110は覚書のようなメモ、112、113―1・2は二段にわたって書かれており、いずれも年月日を欠いている。また111は山科郷々民等から出された申状の写で、上位者から下位者に執達する「執達状」の範疇には入らない文書である。対照表の「山科家礼記の記事」欄には、それぞれの文書が引用されている『山科家礼記』の日付を記入した。その横に一月から十二月までを線でつないであるのは『山科家礼記』に応仁二年（一四六八）の一月から十二月までの記事があることを示す。他方、線で結ばれていない応仁三年（一四六九）正月から文明二年（一四七〇）七月までは、『山科家礼記』の記事が全く残さ

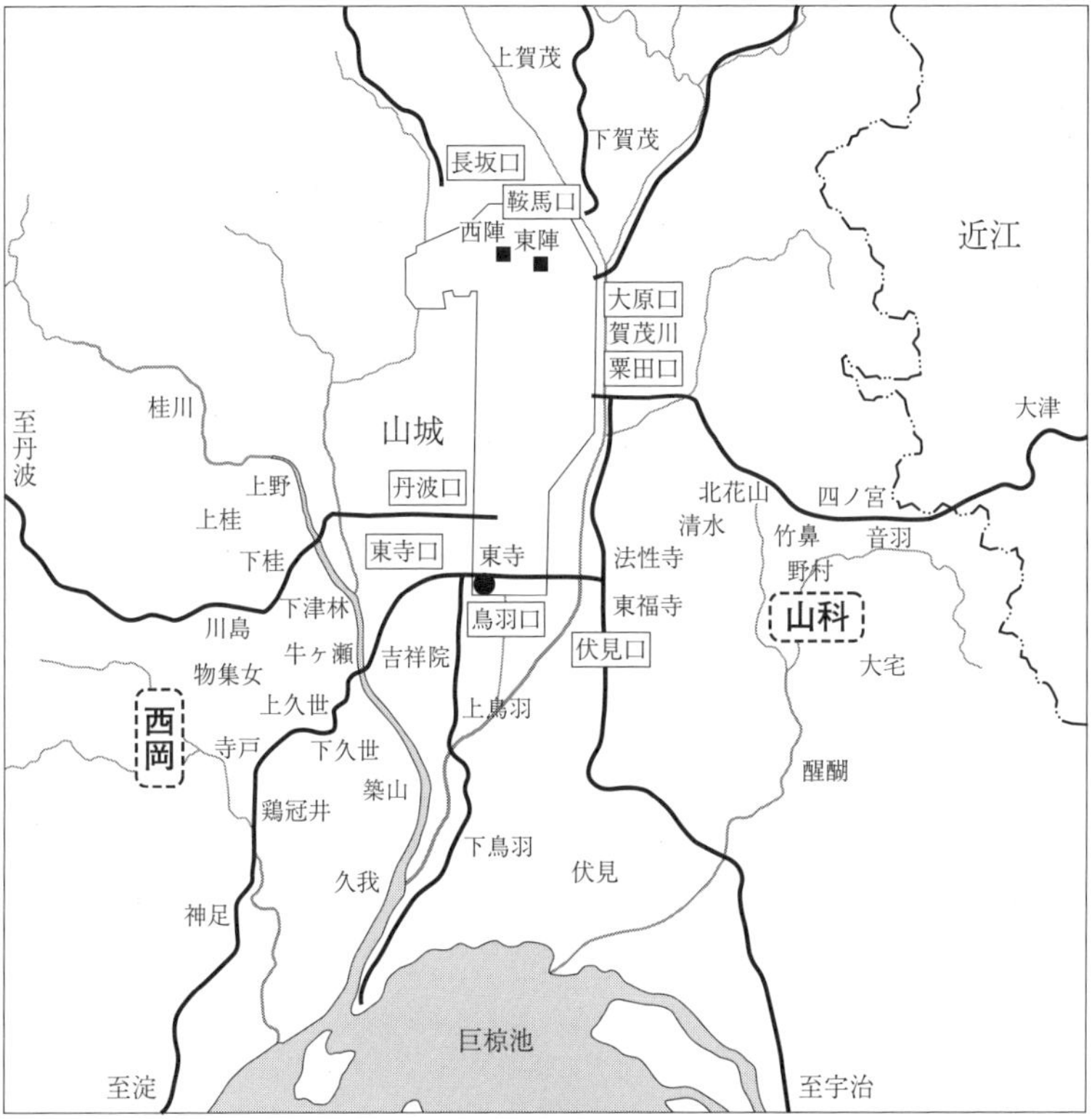

図1　京都周辺図

れていないことを現している。この間の空白を「乱中執達状写」に書写されている多数の文書で補ってみること、それが本稿のねらいである。一覧表の「山科家礼記の記事」欄と「執達状写の番号」欄の両方に記載がある文書は、『山科家礼記』にも引用され「執達状写」にも記されているもので、その内容はほとんど完全に一致する。[4] このことは「乱中執達状写」が史料として信頼できるものであることを示している。

さて、③は『山科家礼記』応仁二年一月二十七日条に見える制札で、

一、東庄制札申出、春蔵主申沙汰也、

禁制　山城国山科大宅里

右軍勢甲乙人等乱入狼藉事、

堅令停止候訖、若於当手輩有

違乱之族者、可処罪科者也、

『山科家礼記』と「乱中山科郷執達状写」との対照一覧

番号	和暦　月	差出	宛所	山科家礼記の記事	執達状写の番号
①	応仁1.　11.19	肥前守／下野守	山名弾正忠殿（是豊）		52
②	応仁1.　12.23	豊基／秀興	山科家雑掌	応仁2.2.4条 (1月)	21, 87
③	応仁2.　1.23	右京大夫源朝臣	山科大宅里	応仁2.1.27条	
④	応仁2.　2.16	為衡／之種	山科家雑掌	応仁2.2.24条	20
⑤	応仁2.　2.21	貞基／忠郷	山科家雑掌	応仁2.2.29条	1
⑥	応仁2.　2.21	貞基／忠郷	山科七郷住民中	応仁2.2.29条	2
⑦	応仁2.　3.9	山名弾正是豊	名倉九郎右衛門尉	応仁2.3.15条	
⑧	応仁2.　3.9	名倉泰家	光成山城守	応仁2.3.15条	
⑨	応仁2.　4.7	貞基／忠郷	山科名主沙汰人中	応仁2.6.28条	3
⑩	応仁2.　4.23	之種／貞基	山科家雑掌	応仁2.5.22条	79
⑪	応仁2.　5.14	木沢兵庫助秀 斉藤新右衛門宗時 遊佐越中守盛貞 誉田就康 遊佐就家	山科沙汰人中	応仁2.6.13条	
⑫	応仁2.　5.20	貞基／忠郷	山科沙汰人中	応仁2.5.21条	4
⑬	応仁2.　5.28	忠郷／貞基	山科家雑掌	応仁2.6.3条	5
⑭	応仁2.　6.26	貞基／忠郷	山科家雑掌	応仁2.6.28条	22
⑮	応仁2.　7.18	之種／貞秀 （文言同事候也）	山科家雑掌 山科七郷名主沙汰人中		80
⑯	応仁2.　7.20	勝元	大沢長門守	応仁2.7.23条	54
⑰	応仁2.　7.22	貞基／忠郷	山科家雑掌		6
⑱	応仁2.　7.22	貞基／忠郷	山科七郷名主沙汰人	応仁2.7.23条	7
⑲	応仁2.　7.24	勝元	大沢長門守殿	応仁2.7.24条	8
⑳	応仁2.　7.25	勝元	山科七郷面々中	応仁2.7.25条	
㉑	応仁2.　8.5	勝元	内蔵頭との	応仁2.8.6条	
㉒	応仁2.　8.5	（女房奉書）	くらのかみとの	応仁2.8.6条	
㉓	応仁2.　8.7	肥前守三善朝臣		応仁2.8.7条	
㉔	応仁2）8.7	之種	大沢長門守殿		14
㉕	応仁2）8.7	之種	大沢長門守殿	応仁2.8.9条	15
㉖	応仁2.　8.7	（飯尾）為脩	山科内大宅里地下人	応仁2.8.9条	
㉗	応仁2.　8.8	弘国／豊職／孝景	山科内大宅里地下人	応仁2.8.9条	
㉘	応仁2.　8.8	孝景	山科内大宅地下人等	応仁2.8.13条	
㉙	応仁2.　8.13	山科大宅里　道教 ／道妙／道広／ 中務／明者	五十嵐弥五郎		
㉚	応仁2）8.16	勝元	大沢長門守殿	応仁2.9.16条	9
㉛	応仁2）8.20	之種	長門守殿		16

㉜	応仁2. 8.26	之種	山科七郷々民中			17
㉝	応仁2. 8.30	勝元	飯尾肥前守			55
㉞	応仁2) 9. 3	勝元	大沢長門守殿			33
㉟	応仁2. 9.10	為信／忠郷	山科家雑掌	応仁2.9.15条		81
㊱	応仁2. 9.17	之種／貞秀	山科七郷地下人中			82
㊲	応仁2. 10. 8	之種／貞基	山科家雑掌			84
㊳	応仁2. 10. 8	之種／貞基	七郷々民中			85
㊴	応仁2) 10.24	勝元	大沢長門守殿			59
㊵	応仁2) 10.14	勝元	大沢長門守殿			10
㊶	応仁2. 10.14	親基／秀興	名主沙汰人中			86
㊷	応仁2) 10.17	勝元	大沢長門守殿			76
㊸	応仁2) 10.20	勝元	大沢長門守殿			11
㊹	応仁2. 11. 2	之種／貞基	山科内蔵頭家雑掌			53
㊺	応仁2. 11.28	貞基／之種	山科家雑掌	応仁2.12.3条		
㊻	応仁2. 11.28	兵部卿法橋世秀	七郷々中	応仁2.12.3条	12月	
㊼	応仁2. 12. 8	之種／貞基	大沢長門守殿			19
㊽	応仁2. 12.13	之種／貞基	大沢長門守殿			18
㊾	応仁2) 12.25	勝元	大沢岩千代殿			32
㊿	応仁2. 12.26	種基／之種	山科内蔵頭雑掌			99
51	応仁3. 1.17	為信／種基	山科内蔵頭家雑掌			60
52	応仁3. 1.24	為信／之種	山科家雑掌			23
53	応仁3. 1.24	為信／之種	七郷々民等中			24
54	応仁3. 1.24	為信	勧修寺御門跡雑掌			25
55	応仁3) 1.24	勝元	勧修寺門跡雑掌			26
56	応仁3. 1.28	為信／種基	山科家雑掌			61
57	応仁3. 1.28	為信／種基	山科家雑掌			62
58	応仁3. 3.22	之種／貞基	大沢長門守殿			67
59	応仁3. 4. 2	為信／種基	醍醐教実坊			68
60	応仁3. 4. 2	為信／種基	山科七郷々民等中			69
61	応仁3. 4. 7	加賀守／下野守	山科内蔵頭殿			63
62	応仁3. 4. 7	為信／貞基	山科七郷々民等中			64
63	応仁3. 4. 7	為信／貞基	園城寺雑掌			65
64	応仁3. 4. 7	勝元	大沢長門守殿			105
65	応仁3. 4.22	貞基／玄良	大沢長門守殿			50
66	応仁3. 4.22	貞基／玄良	山科七郷々民中			51
67	文明1. 6. 6	加賀守／下野守	山科内蔵頭殿			70
68	文明1. 6. 6	為信／貞基	山科内蔵頭家雑掌			71
69	文明1. 6. 6	為信／貞基	聖護院御門跡雑掌			72
70	文明1. 6. 6	為信／貞基	勧修寺御門跡雑掌			73
71	文明1. 7. 4	高□□千世代清行	当所政所衆中			66
72	文明1. 7.13	右京大夫	山科内蔵頭殿			56
73	文明1. 7.13	為信／貞基	山科七郷々民等中			57
74	文明1. 9. 2	為信／元連	園城寺雑掌			88

⑮75	文明1. 9. 3	玄良／貞基	名主沙汰人中			90
76	文明1. 9.15	種基／為信	山科内蔵頭雑掌			89
77	文明1. 9.21	玄良／貞基	山科中将雑掌			91
78	文明1) 9.26	元連	大沢長門守殿			83
79	文明1. 10.14	為信／貞基	当所名主沙汰人中			58
80	文明1. 10.14	為信／貞基	当所名主沙汰人中			100
81	文明1. 10.23	之種／貞基	七郷名主百姓中			92
82	文明1. 10.23	之種／貞基	大沢長門守殿			93
83	文明1) 10.23	之種／貞基	大沢長門守殿			94
84	文明1. 10.27	為信／之種	山科内蔵頭家雑掌			95
85	文明1. 11.22	之種／貞基	大沢長門守殿			97
86	文明1) 11.22	之種／貞基	大沢長門守殿			98
87	文明1. 12. 7	之種／貞基	□□奉行中			101
88	文明1. 12.23	為信／貞基	山科家雑掌			96
89	年月日欠					113-1
90	年月日欠					113-2
91	文明2. 1.26	貞基／之種	山科七郷々民等中			27
92	文明2. 1.26	為信／之種	大沢長門守殿			28
93	文明2. 1.26	為信／之種	長野弥次郎殿			29
94	文明2) 1.27	勝元	大沢長門守殿			12
95	文明2) 2. 9	勝元	大沢長門守殿			13
96	文明2. 2.10	加賀守／肥前守	大沢長門守殿			30
97	文明2. 2.10	為信／之種	山科七郷中			31
98	文明2. 2.23	勝元	大沢長門守殿			75
99	文明2. 2.29	為信／貞基	山科内蔵頭家雑掌			43
100	文明2. 5.18	加賀守／肥前守	大沢長門守殿			74
101	文明2) 5.19	勝元	大沢長門守殿			106
102	文明2)		大沢長門守殿			112
103	文明2. 6.28	加賀守／下野守	大沢長門守殿			36
104	文明2) 6.28	勝元	大沢長門守殿			37
105	文明2. 6.28	加賀守／下野守	七郷中			38
106	文明2) 6.28	三成	大沢殿			35
107	文明2) 6.29	勝元	大沢長門守殿			49
108	文明2. 7. 1	為信／貞基	大沢長門守殿			40
109	文明2. 7. 1	為信／貞基	当所七郷中			41
110	文明2) 7. 4	勝元	大沢長門守殿			48
111	文明2) 7.15	勝元	大沢長門守殿			47
112	文明2) 7.15	勝元	大宅里郷中			44
113	文明2) 7.15	勝元	安祥寺郷中			45
114	文明2) 7.15	勝元	御陵郷中			46
115	文明2) 7.16	綱光	大沢長門守殿			78
116	文明2) 7.18	為信	山科七郷中			39
117	文明2. 7.21	院仰	新大納言とのへ		(8月)	77

118	文明2. 10.29	加賀守／肥前守	山科内蔵頭家雑掌	文明2.10.30条		
119	文明2. 10.30	綱光	飯尾加賀守殿	文明2.10.30条		
120	文明2. 11.28	左少弁	内蔵頭殿	文明2.11.30条		
121	文明3. 6. 5	貞基／之種	大沢長門守殿		10月	42
122	文明3. 10.15	貞基／之種	当七郷々民中		12月	102
123	文明4. 8.24	之種／貞秀	山科中将家雑掌	文明4.8.25条	1月	
124	文明4. 8.24	之種／貞秀	大沢長門守殿	文明4.8.25条		
125	文明4. 12. 5	□□／□□	武田大膳大夫殿	文明4.12.5条	12月	
126	文明6. 5.20	為信／祥順	山科内蔵家雑掌			103
127	文明6. 5.20	為信／祥順	山科野村郷民等中			104
			山科大宅里郷民等中			
			山科安祥寺郷民等中			
			山科西山郷民等中			
			山科音羽郷民等中			
			山科花山郷民等中			
			□□御陵郷民等中			
			□□粟津一族中			
128	文明9. 2.13	久守	長坂口寮関沙汰人	文明9.2.14条	1月	
129	文明9. 3.24	山科七郷惣郷	大沢長門守殿	文明9.3.28条		
130	文明9. 3.29	久守	七郷宿老中	文明9.3.28条		
131	文明9. 5. 4	山科七郷	大沢長門殿	文明9.5.7条		
132	文明9. 5.14	栗屋右京亮賢家	吉山宮内大輔	文明9.5.14条		
133	文明9. 9.13	山科七郷惣郷	大沢長門守殿	文明9.9.24条		
134	文明9. 9.23	久守	山科七郷宿老中	文明9.9.24条		
135	文明9. 10. 3	加賀守／和泉守	山科内蔵頭家雑掌	文明9.10.9条		
136	文明9. 11. 2	加賀守／弾正忠	山科家雑掌	文明9.11.5条		
137	文明9. 11. 2	加賀守／弾正忠	ふるい礼部殿	文明9.11.5条		
			畠山左金吾殿			
			ほそ川聡明丸殿			
			守護代			
			一色左京大夫代			
			赤松兵部少輔殿			
138	文明9. 11. 7	英基／元連	山科内蔵頭家雑掌	文明9.11.9条		107
139	文明9. 11. 7	英基／元連	山科郷沙汰人中	文明9.11.9条		108
140	文明9. 11.10	大沢長門前司久守	山科七郷宿老中	文明9.11.9条		
141	文明9) 11.10	山科七郷惣郷	大沢長門守殿人々御中			109
142	文明9. 11.–	山科七郷々民等				111
143	文明9. 11.15	左中弁	内蔵頭殿	文明9.11.17条	12月	
144	年未詳 1.28	勝元	大沢長門守殿			34
145	年月日未詳					110

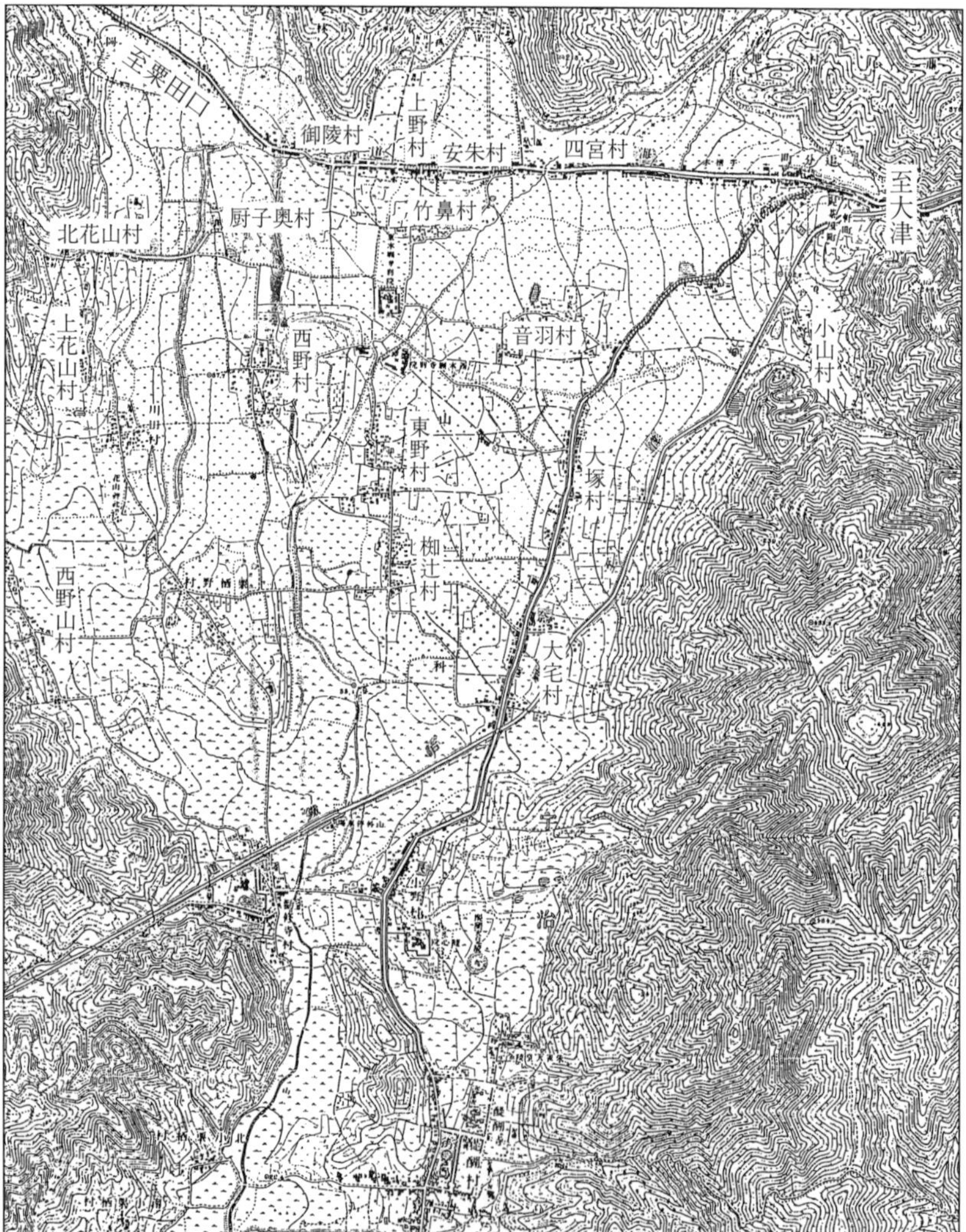

図2　山科七郷と周辺図
（京阪地方仮製地形図　参謀本部陸軍部測量局　明治20年
〈日本地図資料協会複製〉の「山科」をもとに作成）

仍下知如件、

応仁弐年正月廿三日　右京大夫源朝臣（細川勝元）在判

と、山科郷大宅里に「当手之輩」つまり東軍の軍勢が乱入し狼藉することを禁じている。これは大宅里（山科家領の山科東庄）から願い出て得たものである。『山科家礼記』にも「乱中執達状写」にも、応仁元年（一四六七）の記事がないため詳細はわからないが、山科家もその家領山科東庄も応仁の乱の始まった時期から東軍との強い結びつきをもっていたようで、『山科家礼記』応仁二年二月条の記事の最後には、次のような二通の奉行人連署奉書が記されている（この二通とも「乱中執達状写」に書き写されている。双方の読みに異なるところがあるので、次の引用は「乱中執達状写」に拠った）。

東山通路事、近日令一揆依致警固、無其煩云々、尤以被感思食畢、所詮郷々村々族申合之、於粟田口辺構要害定結番、至御敵輩者堅相支之、別而抽忠節者、可有恩賞之旨、可被相触山科郷之由被仰出候也、仍執達如件、

応仁弐
二月廿一日　布施下野守 貞基 在判
諏訪信濃守 忠郷 在判

山科家雑掌（この文書は、四八頁の対照一覧表の左端の年月日順の数字では⑤、「乱中執達状写」の文書番号は1にあたる、以下同様に表示する）

東山通路事、近日令一揆依致警固、無其煩云々、尤以被感思食畢、所詮郷々村々族申合之、於粟田口辺構要害定結番、至御敵輩者堅相支之、別而抽忠節者、随深浅可有恩賞之由、被仰出候也、仍執達如件、

応仁弐
二月廿一日　　　　　　　　貞基
　　　　　　　　　　　　　忠郷

山科七郷住民中（⑥2）

ここで東軍側は、山科七郷内の郷々村々が申し合わせ「一揆」して東山通路を塞いだ忠節を褒め、以後も粟田口辺に要害を構え結番を定めて敵方通路を防御するよう命じ、その忠節に対して恩賞を与えるとしている。山科家雑掌にはこの旨を山科郷に相触れるよう伝え、七郷住民中に宛てても同趣旨の奉書が出された。

これを受けて山科七郷の寄合が安祥寺郷で開かれた。山科東庄からは老である衛門入道が参加した。「先度七郷被遣候御奉書持出候、三宝院ヨリモ文言同之御奉書被持也(5)」とあって、この寄合の目的は東軍から「山科七郷住民中」宛に出された奉行人奉書（⑥2）を寄合に持ち出して、七郷全体でどのように行動すべきかを議論するためであった。七郷に隣接する醍醐寺三宝院領からも同じ文言の東軍からの奉書を持参していたというから、東軍は広くこの地域一帯の住民等に宛てて同様の奉書を出し軍事動員をかけていたのである。

四月七日付(6)の奉行人奉書では、

敵通路事堅差塞之、随見合可加誅伐、於御方往反者致警固、可抽忠節之旨、方々被成奉書訖、若有不同心之在所者、為惣速可令発向之由、被仰出候也、仍執達如件、

応仁二
四月七日　　　　　　　　貞基
　　　　　　　　　　　　忠郷

山科名主沙汰人中（⑨3）

と、敵方の通路を塞ぎ敵勢に出くわしたなら即座に討ち取ること、味方の往来については堅固に警護することを求めている。さらに、この動きに同心しない在所があれば「惣として速やかに発向するように」と命じており、「郷々村々の一揆」の結集力と「惣」の統制力に依拠して、東山通路における東軍の優勢を維持しようとしている。

応仁二年五月には東西両軍の激しいせめぎあいが見られる。東軍は、山城・近江・伊勢の三か国の寺社本所領半済を「御料所」にする方針を出した[7]。そのなかで、「当参之公家御方者、御料所之儀御免[8]」と東軍に加わる荘園領主の所領については御料所の儀を免じる旨を表明し、自軍の味方につく荘園領主の確保に努めている。

西軍方では畠山義就が宇治に陣取るという。それを聞いた東軍方は五月廿日付で次のような奉行人奉書を出している。

御敵為塞宇治通路可取陣云々、為事実者、不移時日駈催当郷民、速馳越彼所、令談合槇嶋・宇治大路、可加誅伐、若有無沙汰者、可為御敵同意歟之由被仰出候也、仍執達如件、

応仁二
五月廿日　　貞基 在判
　　　　　　忠郷 在判

山科沙汰人中（⑫4）

西軍側が宇治の通路を塞いで陣取るというから、すぐさま山科各郷の沙汰人たちは郷民を動員して宇治通路に馳せ向かえ。また、槇嶋氏や宇治大路氏[9]など宇治通路近隣諸郷の沙汰人たちと談合して敵方を誅伐せよ。これに応じないならば敵方同意とみなす。東軍方では、近隣地域の郷々が日常的な合力関係を通じて構築していた緊密な結びつき[10]を

駆使して忠節を尽くすよう、奉行人奉書で命じている。

しかし郷民たちは「宇治可打越事難儀之子細[11]」として、この要求を拒んだ。自分たちの生活領域である山科郷の防御には全力を尽くすが、それを離れて他の在所にまで出かけていくことについては、山科郷の沙汰人たちも郷民たちも慎重であった。

2　西軍からのはたらきかけ

一方、西軍からは六月十五日に次のような奉書が届いた。

一、右衛門佐殿内遊佐使とて今朝七郷奉書付候也、使名字竹鼻兵庫[12]、当谷中竹鼻也、

当国守護職事、任先例可有御成敗之間、近日御代官可入部也、仍寺社本所領事、不言権門勢家、当年貢半分可被借申候、若有及異儀在所者、可発向之由被仰出候也、仍執達如件、

応仁弐
五月十四日　　木沢兵庫 助秀 在判
斉藤新右衛門 宗時 在判
遊佐越中 盛貞 同
誉田 就康 同

□□子細野村妙覚所衛門行申也

佐
遊　就家　同

山科沙汰人御中[13]

畠山義就の奉行五人が連署したこの奉書（⑪）では、義就が山城国の守護として先例にのっとって成敗をするので近日その代官が入部するはずだということ、山城国内のすべての寺社本所領の当年年貢の半分は義就が借り申すことにしたこと、異議を申す在所には発向することなどが明記されている。畠山義就は同じくこの応仁二年の八月十五日に、自分が山城国守護職を先例に任せて成敗することになった。ついては半済を実施するので年貢米を早く収納せよと、同じこの五人の奉行人名で山城国柳原内東寺領百姓中に宛てて連署奉書を出している[14]。応仁二年の夏、東軍方の山城守護山名弾正是豊に対抗して、西軍の畠山義就は自らが山城守護職に就任し半済を実施すると、広く山城国内各地域の沙汰人百姓等に宣言していることがわかる。ここに東西両勢力のそれぞれに山城国守護が存在することとなり、乱中の山城国内諸郷は、この要求に応じて年貢米の半分を西軍方守護の義就に納めるかそれを拒むか、厳しい決断を迫られたのである。

ここにあげた義就の奉行人奉書には「当年貢半分被借申候」とあり、「借り申す」という穏やかな表現を用いている[15]。しかし実際は、これを拒む在所には軍勢を差し向けて力づくででも押し取る構えなのは明らかである。この問題に対処するため、山科東庄の政所衛門は直ちに野村郷の妙覚の所に出かけて相談した。

この義就の奉書が届けられた翌日の十四日、大沢久守[16]の計らいで大沢重胤[17]が東山を越えて上京し、この奉書の内容を細川勝元・山城守護山名是豊・広橋綱光・布施貞基・飯尾肥前守之種・飯尾加賀守為信など東軍の面々に伝えた。そこで対策が練られ、この畠山義就の動きに対抗して、東軍からも山科七郷をはじめ近隣諸郷に奉書を出そうという

ことになった。ついては山科七郷の具体的な構成や近郷の状況を把握しておく必要があるということで、

一、今日七郷在所一通調京上、一通広橋殿・一通飯尾加賀守・一通池田、昨日以注進子細、近郷可被成御奉書之由候、奥ハ合力御奉書申、使二郎五郎也、

山科七郷事

一郷　野村 領主三宝院
一郷　大宅里 山科家知行　南木辻
一郷　西山 三宝院　大塚 聖護院
一郷　北花山　下花山 青蓮院　上花山 下司ヒルタ
一郷　御陵 陰陽頭在盛　厨子奥 花頂護法院
一郷　安祥寺 勧修寺門跡　上野 上野門跡　四宮河原 北山竹内門跡
一郷　音羽　小山　竹鼻 清閑寺

已上七郷

合力在所事

勧修寺　三井寺　三宝院　粟田口　小松谷

此外東山辺可然在所可成御奉書候、

一、七郷文字上ニ尽本郷、下ハ組郷也、(18)

以上のような山科七郷の構成と合力する在所の状況が、大沢方から東軍の面々に詳しく注進された。これによれば、野村・大宅里・西山・北花山・御陵・安祥寺・音羽の七郷が本郷、その下に書かれている南木辻・大塚・下花山・上

花山・厨子奥・上野・四宮河原・小山・竹鼻はその組郷で、これらの諸郷が全体として山科七郷を構成していた（この十六ヶ郷の位置については五二頁「図2」参照）。それぞれ領主として、醍醐三宝院や山科家をはじめ聖護院・青蓮院など複数の寺院や公家の名があげられている。さらに、勧修寺・三井寺・三宝院・粟田口・小松谷などの近郷が山科七郷に合力する在所として注進されている。

3　具足を着けての「野寄合」

在地では緊迫した状況が続いていた。『山科家礼記』応仁二年六月二十日条に、

一、七郷々民野寄合在之酉時、各具足、今度畠山右衛門佐当国守護職可持之由、先度折紙入候、然間向後其子細被申方々者、不可立入之由候、敵同意在所候者、則押寄可沙汰之旨各申、然共無事実候間退散候、一郷ヨリモ拾人宛可出之由候き、此郷ヨリモ拾人計出候也、各中臈・年老一人也、

とあるように、七郷の郷民等が集まって「野寄合」を開いた。これは春と秋と年に二回開かれる恒例の寄合とは違って、緊急に「各具足」して、つまり全員が武装し、すぐにも戦闘を開始できる態勢を整えての「野寄合」であった。山城守護としてその権限を行使する旨を通告してきた畠山義就の奉書にどう対処するか、七郷から結集してきた面々は相談の結果、今後義就方の意を伝えてくるような者は郷内に立ち入らせない、もし敵方に同意するような在所があれば即刻押し寄せて成敗する、と態度を決めた。全員が具足を着けて結集してきた理由は、もしも敵方に同意するような在所があれば即刻押し寄せて成敗するためであり、七郷惣郷としての統制力を発揮するためであった。しかしそのような動きを示す在所はなく、この時に集まった面々は武力発動することなく全員がそれぞれの郷に退散ということになった。

この「野寄合」には、各郷から中﨟（中老）と年老（年寄）一人ずつを含めて計十人ほどが参加したというから、ほとんどは若者たちである。村の武力の中核を担うのは、やはり若者たちであった。そのなかに「中老」「年老」と呼ばれる中年や老齢の者が一人ずつ加わっているのは、彼らの長年の経験にもとづく思慮深さや的確な判断力によって、血気盛んな若者たちの暴走を抑制する役回りを果たすためである。山科七郷には、本郷と枝郷を合わせると十六か郷あったから、この非常時の「野寄合」に武装して集まった郷民の数は、百数十人から二百人にも及ぼうかという勢力であった。

この応仁二年六月の終わり頃から七月にかけては、吉田・岡崎をはじめ河東地域を舞台にして東西両軍が激しく衝突した。『山科家礼記』の記すところによれば[19]、七月四日、西軍の畠山義就・大内政弘・一色義直の内者たちが吉田を攻撃し火を放った。敵方（西軍方）を七人討ち取ったものの吉田衆も十人余りが討たれてしまった。東軍の畠山政長・武田信賢は御霊社まで軍勢を進めた。西軍が吉田に発向したというので山科花山郷では鐘が鳴らされ、七郷の各郷から郷民等が打ち寄せてきた。東山に出張って忠節をするようにという東軍の奉書に応じようと駆けつけてきたのである。しかし彼らは花山郷に集まったものの、すぐに退散してしまった。この時、七郷内の各郷はほとんどが結集してきたのだが、野村郷だけは出合わなかったという。山科七郷では、その夜「野寄合」を開いて評議した結果、次のような決議事項を大沢方に注進してきた。

一、去夜七郷々民野寄合沙汰、子細者今度就世上、東山令出張可致忠節之由、先度被成御奉書了、仍以後令出張事難儀也、吉田・岡崎儀如此成行上者、当所事可為同前、他所可馳向事□分間、各当所儀堅可持之由注進候也[20]

西軍から攻撃された吉田・岡崎などの在所は、火を放たれ、多くの郷民が討ち死にした。東軍からは東山に出向いて忠節を尽くすようにと奉書で求めてきているが、山科七郷としては「以後出張ること難儀」という結論を出した。

吉田・岡崎がこのような事態になり、山科も攻撃されれば同じ状況に陥る恐れがおおいにあるので、山科の各郷は力を尽くして当所を堅持するつもりだという。「野寄合」に結集した山科七郷の郷民たちは、戦乱が洛外へと拡大してくるなかで、自らの生活領域を堅守することに全力を投入する道を選択したのである。

細川勝元は大沢久守に対し、山科郷へ下向し直接郷民等を指揮するよう要請した。山科郷中が敵方を引き入れ敵方に同意する動きを見せているとも言われ、子細を尋ねるために、大沢久守の一行は京都から東庄へと入った(21)。敵方同意と伝えられた真相をつかもうと、大沢は七郷内の各郷から老二人ずつを召し寄せて勝元の言葉を伝えた。すると老たちは敵方同意と言われることに対して強く否定し、

敵勢可下国トテ三百余出張処、谷中事違乱之子細在之者、不可通之由申相サヽユ、然間通事無之処、足軽衆出向之由聞間、不通足軽衆、敵取合事是又虚言也、御方申間、山科端郷花山ハ今夜具足ニテ用意、本海道不通、(中略)御内方シルシニハ足軽衆谷中ニテ敵人召寄ヲハ進之也(22)、

敵方軍勢が下るというので三百余りの勢力を集めて通路を警固したこと、山科の端郷である花山では今夜も武装して本海道封鎖をしていること、東方足軽衆が谷中で捕らえた敵方を陣所に進めたことをあげ、これこそ東軍に味方している明らかな証拠ではないかと主張した。そして「郷中出陣」をくりかえし要求する大沢久守に向かって、「山上三井寺東山辺可出張事一定候者、必郷中可出張」と返答している。東山まで出陣するためには、戦略上からも延暦寺と三井寺の参加協力が不可欠だというのである。両軍の対立が続く中で、具足を着けて「野寄合」を開き、この戦乱をなんとか乗り越えるために郷中として最善の行動は何なのかを決定した郷民たちは、細川勝元の命令であれ大沢久守の要請であれ、それに安易に妥協はしない。

老たちは各郷に帰って相談した。そしてその返事を持ってきたのは郷々の若者である(23)。この重要な局面でも、老・

中老・若者という各郷内の組織が動いている。もちろんこの組織は多様な階層をつつみ込んでいる。畠山義就の奉書を届けに来た竹鼻兵庫のように、郷々村々の全体的な動きとは別に個々の被官関係を軸にした独自の行動をとる地侍もいた。大宅里の古老衛門が山科東庄の政所であり沙汰人であったように、老の多くは各郷の庄官であり地侍であった。野村郷の妙覚・音羽郷の薮なども同様の存在である。各郷の政所と呼ばれる庄官沙汰人等はいずれも有力な地侍であるが、御陵郷の政所職をもつ粟津弥四郎清久(24)は、「粟津一族中」の中心的な人物で、御陵郷の政所ではあっても御陵郷民等中に収まりきらない存在であった。このように多様な階層を含み込んで山科郷の武力が構成されていた。「郷々村々の一揆」と「近隣の合力」を軸にした郷民等の結集は、乱中の両軍が勢力を維持していくうえに不可欠のものであった。それだけに東西両軍とも、「郷々村々の一揆」を自らの陣営に取り込むためにさまざまな手だてを尽くした。

4 長陣迷惑

応仁二年七月に管領となった細川勝元(25)は大沢久守に対して、

於山科被留敵通路事、忠節不可過之、仍四宮河原殊由緒之儀候哉、為軍勢兵粮料可有知行候也、恐々謹言、

七月廿日　　　　勝元 在判

大沢長門守殿（⑯54）

と、軍勢の兵粮料所として七郷内の四宮河原を宛行っている。郷民等への褒美には大沢久守の計らいとしてこの兵粮料所の年貢を宛てよ、というわけである。また山科七郷名主沙汰人に宛てた奉行人奉書では、つぎのように命じている。

御敵通路事、度々雖被仰、于今不停止云々、所詮郷々寄合、構要害、可差塞云々、令難渋者、為被処罪科、可注申交名、次御敵方之族隠置当所之旨風聞在之、事実者不日尋披之、可致其沙汰、於許容之在所者、不謂権門勢家領、可被宛行忠節之輩之由、被仰出候也、仍執達如件、

応仁二
七月廿二日　　　貞基 判
　　　　　　　　忠郷 判

山科七郷名主沙汰人中（⑱7）

郷々は寄り合い、要害を構えて通路遮断に忠節を尽くせ。難渋する者は罪科に処するので交名を注進せよ。七郷が敵方を隠し置いているという風聞があるが、本当ならばすぐに尋ね出して成敗せよ。敵方がいることを許すような在所はどんな権門勢家の領地であろうとも、東軍に忠節を尽くしている輩に宛行うことにする。このように、要害を構えて通路を塞ぐという行為に七郷郷民たちを動員しようとして東軍方では躍起になっている。

東庄の政所屋に七郷郷民等が集まってきたので大沢久守が通路遮断の件を要請したが、彼らはいろいろと難儀の由を申して動こうとはしない。「郷中之儀、如今者不可行事候之間、大宅里衆計にて可相留」と、このままでは事が進まないので大宅里（山科東庄）郷民等だけで通路を留めるしかないということになり、各々了承して各郷へと帰っていった。しかし、

今日申時、しるたにくち可相留候間、先東庄より神無森まて北行、四宮河原を西行、各具足、花山下着、然間しるたにくち相留候、花山にて鳴鐘、各郷民打寄、目出度候(26)、

と、敵方通路を塞ぐため武装して大宅里郷民等だけで東庄から神無森・四宮河原を経て花山に到り汁谷口を遮断する

という動きに出た時、花山郷で鐘が鳴らされ、七郷内の郷民が大挙して打ち寄せてきて大宅里衆に協力した。郷内で鐘が鳴れば郷々村々は「一揆」して「具足」を着けて結集する。やはりこれが各郷の郷民たちの共通意志であった。細川勝元は早速、「七郷各成集会、被差塞敵通路之由注進到来候、尤以神妙」と「山科七郷面々中」宛に感状(20)を出している。

緊迫する情勢の中で、東軍の足軽衆が山科に入った。その頭六人と対面した大沢久守は足軽衆の頭にそれぞれ百疋を与えている(27)。足軽衆は頭になる者の勧誘によって集められた傭兵集団で(28)、その行動を制御することはなかなか容易ではない。足軽衆は西軍方の土岐氏の拠点となっている清水坂のコウセン院を焼き討ちするという。大沢も郷民等も反対した。しかし、足軽衆はこれを聞きいれず二手に分かれて汁谷越えで清水坂に押し寄せ、鳥辺道場の近辺を焼きコウセン院に乱入した。院内を固めていた敵勢は反撃し、敵方の足軽その他大勢が汁谷口まで押し寄せて来て、汁谷など近所数か所が焼かれるという事態になった。鴨川の河原あたりから火をともして数百人の敵方軍勢が山科郷の方にのぼって来るのが見えたという(29)。

郷民等の軍勢を補強するために下されたはずの足軽衆であったのに、彼らの行動はかえって敵方の反撃を呼び、清水の方から山科郷のすぐそばまで敵勢が迫ってくるという危機的状態を引きおこした。山科各郷の郷民たちは、通路を塞いで敵方軍勢の通行を妨げ、敵方の糧道を絶つため汁谷口に結集し警固していた(30)。各郷は寄合をもって互いに意志を統一し、統制のとれた行動を展開していた。彼らの目的は何よりもまず自らの在所を堅持し維持することにあった。しかし足軽衆はといえば、戦略上の必要性からというよりむしろ略奪をするために乱入し放火をする。応仁の乱が始まると、被官関係を軸に東西いずれかの軍勢に加わり主人と共に転戦しながら、先にふれた竹鼻兵庫のように地理に明るい「地下の案内者」として活動する者もいれば、在所を離れることなく「郷々村々の一揆」を結ぶ郷民勢力の一員として行動する者、また私的な傭兵集団に身を投じて足軽になる者など、戦乱との関わり方はそれぞれに違っていた。

七月二十七日、花山郷で寄合をもった郷民たちは、代表の七人が連判して三か条の要求を大沢久守に出した(31)。翌日、大沢重胤が京に出て、東軍の細川勝元等に山科郷民の言い分と三か条の要求を伝えた。

　一ケ條長陣迷惑、一、南口出陣事、一、山門三井寺出門事、御返事云、山門三井寺事可被仰出、南口事同前、郷民堪忍事、兵粮料可然在所可差申可被仰付之由候(32)、

「長陣迷惑」と主張し、南口や延暦寺・三井寺の参陣がなければ不利な戦況を打開できないとする山科郷民等の言い分を聞いて、東軍では山門や三井寺へ要請することなどを約束するとともに、郷民らの堪忍に応えるため「兵粮料所」として適当な在所を申し出るよう大沢に求めた。八月一日に飯尾肥前守之種を上使として下向させた。彼の率いる三百人ほどの軍勢は花山郷を経て東庄に入った。飯尾之種は三宝院義賢のところに出かけて軍勢の協力を要請するなど精力的に動き、大沢久守・重胤と共に花山郷で陣を張るとともに、七郷に所領を持つ領主の代官使節を召し寄せ、花山郷に一人ずつ居住せよと命じた(33)。郷民も荘園領主も一体となって山科郷を守るという臨戦態勢がつくられた。東山には武田勢や赤松勢が陣取った。八月七日、西軍は清水山から攻撃をかけてきた。その日の番衆であった御陵・安祥寺・四宮の郷民は、敵勢が大勢なために引き退き、大宅里や野村郷民等は南の山へ上り、大沢久守・重胤なども同様に山に上がった(34)。七郷の使いとして七人の郷民がやって来て、「□(公カ)方も御勢も無御座、郷民計しては敵猛勢ニて候間ふせきかたし、先陣をひくへき(35)」と申し入れている。

東軍の支えが不十分だという山科郷民等の空気を察知したかのように、西軍方から「山科内大宅里地下人中」に宛てて奉書が三通届いた(36)。室町幕府奉行人で乱中は西軍方に与した飯尾為脩の奉書（㉖）、大内政弘・山名持豊・斯波

義廉のそれぞれの奉行である杉弘国・田公豊職・朝倉孝景の連署奉書(27)、そして朝倉孝景奉書(28)の三通である。その趣旨は、東軍から使節として山科に下向した奉行飯尾之種と山科家代官大沢久守の勧めに応じて郷民等が通路を差し塞いだのは許し難い行為であるが、地下人達が飯尾や大沢を誅罰すれば西軍方への忠節として褒美を与えよう。さもなければ即刻攻撃をかけるぞ、というものであった。なかでも朝倉孝景奉書は、

度々雖被成奉書、于今無一途之儀、剰語敵方、種々致緩怠之由其聞候、言語道断之次第也、所詮今日中不及一途之御返事者、可致発向之由候也、仍執達如件、

応仁二
八月八日　　孝景

山科内大宅地下人等中

と、「今日中に大宅里側から返事がなければ攻め込むぞ」と最後通牒をつきつけている。しかし郷民等はそれに応じなかった。応仁の乱中の厳しい対立の中で、山科郷民等は「長陣迷惑」「公方の軍勢の参加がなければ郷民たちだけで敵の猛勢を防ぎえないから先陣を引く」などと強く主張しつつ、これ以後も引き続き東軍方を支持し、軍忠を重ね、山科郷の維持に努める。郷民等は戦乱の中で大きな犠牲を払い緊張の日々を送る。その中で山科七郷が得たものは何か。次はその点に問題をしぼって考えてみたい。

二、郷民と半済

1 「沙汰付」と「二重成」

先にまとめた『山科家礼記』と「乱中執達状写」との対照表（本書四八～五一頁）で一番早い時期の文書は、室町幕府奉行人連署奉書写（①52）である。

山城国山科東庄内散在名田畠山野林等事、早任奉書之旨、可被沙汰付山科内蔵頭家雑掌之由、所被仰下候也、仍執達如件、

応仁元年十一月十九日　　肥前守 在判
　　　　　　　　　　　　下野守 在判

山名弾正忠殿

これを受けて、三月九日付の守護遵行状（⑦）と郡代打渡状（⑧）が大沢方に届けられた。幕府の裁定によって正当と認められた者が所務を全うできるよう「沙汰し付ける」のは守護の任務であり権限である。山城守護山名是豊は郡代名倉泰家宛に遵行状を出し、名倉は光成山城守宛に打渡状を出した。これが「沙汰し付ける」場合の本来のルートであった。

ところが、②（21、87）の奉行人連署奉書写では、

山城国山科香水寺同寺領等周鷹蔵主跡事、任奉書之旨、可被沙汰居承泰蔵主雑掌之由、被仰出候也、仍執達如件、

応仁元
十二月廿三日　豊基 在判
山科家雑掌　秀興 同

とあり、山科郷内香水寺とその寺領を沙汰し居くように命じられているのは、山科家雑掌の大沢氏(37)である。大沢は山科郷内の所領について「沙汰し居える」権限を認められていることになる。そして奉行人奉書には、

粟津弥四郎清久申、山城国山科御陵政所職下地等事、勘解由小路二位就令勘落候之、去年成敗之処、于今難渋云々、所詮不日荏彼所、合力清久厳密可沙汰居旨、可被下知家領之由、被仰出候也、仍執達如件、

応仁弐
二月十六日　為衡 在判
　之種 同
山科家雑掌　(④20)

と記されている。山科郷内御陵郷政所職下地を領主である勘解由小路二位(賀茂在貞)に没収された政所粟津清久は、これを不服として幕府に訴え出、この幕府奉行人奉書によって粟津の正当性が認められた。ところが領主の方はなお難渋している。そこで山科家雑掌に対して、粟津清久が御陵郷政所職下地の所務を全うできるように協力し厳密に沙汰し居えるよう「家領」に下知せよと命令が出されている。ここで御陵郷の政所である粟津に合力してその所務を全うさせるようにと幕府から命じられているのは、間に山科家雑掌大沢が入っているとはいえ、山科七郷の郷民等ということになる。

ところで、応仁二年五月に西軍の畠山義就から山城国守護として成敗する旨の奉書が届き、これを知って東軍方からも山科七郷をはじめ近隣諸郷に奉書を出そうということになり、大沢久守から七郷の構成について詳細な注進がなされたことはすでに述べた（本書五八〜五九頁参照）。その注進状には「一郷　御陵陰陽頭在盛[38]」とあって、この時期の御陵郷の領主は賀茂在貞ではなくその息子の在盛となっている。おそらく、応仁元年に領主として御陵郷政所職下地を粟津清久から没収した賀茂在貞は、東軍方に非協力的な領主であったため、東軍の奉行人奉書では粟津側の主張に正当性があるとして排除され、東軍方についた賀茂在盛が領主として認められたものと考えられる。「当参の公家」の所領は認めるが敵方についた本所領は御料所として没収するというのが[39]、応仁の乱中の東軍方の方針だったからである。

「乱中執達状写」の中に、応仁二年七月十八日の奉行人連署奉書がある。

山城国山科厨子奥同散在等護方院領事、為御料所、被預置飯尾加賀守畢、早合力彼代、可被沙汰居之由候也、仍執達如件、

応仁弐
七月十八日　　之種 在判
　　　　　　　貞秀 在判

山科家雑掌

文言同事候也、
山科七郷名主沙汰人中（⑮80）

花頂護法院領であった山科厨子奥を御料所として没収し、それを奉行人の飯尾加賀守為信に預け置くことにしたの

で、その代官に合力して所務を全うできるようにせよと、ここでも山科家雑掌および山科七郷名主沙汰人中に要請がなされている。また、奉行松田主計助数秀も「山城国音羽・小山・竹鼻等清閑寺領」を御料所として預け置かれているが、その代官に合力し沙汰し居えるようにと山科家雑掌宛の奉書（㉞33）が出ている。花頂護法院も清閑寺も東軍方に加わらない寺社本所として、その所領を御料所として没収され、御料所の代官には東軍に加わった奉行人たちが任ぜられ、その代官による所務を実質的に支えるものとして山科家領の直務代官大沢や七郷名主沙汰人等が位置づけられている。しかし一方で、

御料所山城国山科厨子奥事、号寺家借物地、相語守護被官人、令催促年貢云々太無謂、若致沙汰者、可為二重成之旨、堅可被加下知之由候也、仍執達如件、

応仁弐
十月八日　　　　　　　　　之種 在判
　　　　　　　　　　　　　貞基 在判
　山科家雑掌（㊲84）

同事若尚及譴責者、為郷中相支之、可被追出彼族之由候也、仍執達如件、

応仁弐
十月八日　　　　　　　　　之種 在判
　　　　　　　　　　　　　貞基 在判
　七郷々民中（㊳85）

とあって、山科厨子奥の地を御料所として奉行人に預け置き代官大沢や七郷名主沙汰人の力を支えとして所務を全う

しようという方針に対して、同じ東軍に属する勢力の中でも、これを花頂護法院の借物地であると号し、守護被官人を相語らって年貢を催促する者がいた。この奉書では、厨子奥の郷民等がこれに応じて年貢を納めるようなことがあれば、「二重成」になってしまうぞと厳しく下知するよう大沢方に求めるとともに、なおも年貢の譴責をするようならば七郷中で厨子奥郷民の動きを妨げ、彼の族を七郷内から追い出してしまえと郷民に命じている。

「沙汰し付ける」「沙汰し居える」というのは、幕府の裁定によって正当とされた者が所務を全うできるよう、対抗勢力を排除するために合力することである。本来は守護方の行うところであったこの行為が、応仁の乱中の山科郷では在地の郷民等にゆだねられ、その力を支えとしてはじめて御料所としての所務も実現できた。これは、同じく応仁の乱中の大和の事例とも共通している。それは『大乗院寺社雑事記』文明元年十月十九日条で、(40)

一、荒蒔庄事、年貢以下自番条雖催促、不可有承引、堅学侶方ニ可致其沙汰旨、可加下知、一庄幷布留郷民等ニ仰付之間、可致忠節云々、万一自番条催促事有之者、可槌宮本鐘、五十余郷可馳寄荒蒔庄之由、布留郷一同了、寺門大慶云々、但此条猶以為寺門珍事也、下極上基、可失神威条、以外次第也、可歎々々、

興福寺は、荒蒔庄の年貢を番条氏が催促にやって来ても決して応じないで学侶方に納入するように、荒蒔庄と布留郷民等に下知した。彼らは寺に忠節することを約束し、もしも番条方から催促に入部してくるようなことがあれば、布留社の鐘を打ち鳴らし五十余郷が荒蒔に馳せ寄りこれを排除すると約束した。これは布留郷全体の意志だという。山科郷の場合と同様、ここで興福寺学侶方が所務を遂行できるか否かは、布留社の鐘を合図に馳せ寄せて来る布留五十余郷の一致した協力態勢にかかっていた。それゆえこの記事を書いた大乗院尋尊は、これは寺門の大慶などと喜んでいるべきことではなく、寺門の珍事であり下極上の基であって、神威が失墜してしまうとんでもない次第だと嘆いている。応仁の乱中のこれが一つの現実であった。

これを在地の側から見れば、いったん年貢を納入しても、所務の正当性を主張する敵対勢力側から再度年貢を催促される事態がつねに起こり得るということである。双方に二重に年貢を納めることを「二重成」といい、実際に両方から責めたてられて「二重成」を余儀なくされることも多かった。それゆえに在地の側は、どちらに忠節を尽くすのか、どちらを排除するのか、重大な選択を迫られた。

2 「勢使」と地下人の「意を得る」こと

応仁二年七月二十八日、大沢重胤は京都に出て東軍の主要メンバーに「長陣迷惑」など七郷の三か条要求を伝え、「郷民堪忍事、兵粮料可然在所可差申可被仰付」[41]との返答を得た。郷民等が軍忠を尽くし長陣を堪え忍んでいることへの褒美として兵粮料を与えることにするので、大沢方から望みの在所を指定せよというのである。すでに七月二十日に細川勝元は大沢長門守久守に「於山科被留敵通路事、忠節不可過之、仍四宮河原殊由緒之儀候哉、為軍勢兵粮料可有知行候也、」(⑯54)と、軍勢の兵粮料に宛てるために四宮河原を知行することを認めている。『山科家礼記』八月二十九日条[42]に、

一、七郷々民、於東庄寄合在之、今度自三宝院殿勢使之儀其沙汰候間、七郷成衆儀、大宅里可合力之由、各衆儀如此候也、

とあるように、三宝院方から攻撃が加えられるとの情報があり七郷は山科東庄で寄合を開き、大宅里郷民に合力してこれに対抗することを衆儀した。これに関連して「乱中執達状写」には、

山科郷内四宮河原・東庄散在除聖護院門跡領事、就由緒可為兵粮料之由申含大沢長門守候之処、違乱族候哉、於其方可然様談合候者、可被悦喜候、恐々謹言

応仁二
八月卅日　勝元 判
飯尾肥前守殿（㉝55）
為兵粮料成敗候所々事、不被止三宝院殿御違乱之由注進候、驚入候、所詮以使者此条可申達候、其間事堪忍候者可然候、尚巨細稲掌修理亮可申候也、恐々謹言、
十月廿四日　勝元 判
大沢長門守殿（㊴59）

とあって、山科郷内の四宮河原と山科東庄散在分をめぐって、大沢と醍醐寺三宝院が対立している。細川勝元はこの地を兵粮料所として大沢久守に与え、その年貢をもって郷民等に兵粮米を下行せよという。しかし醍醐三宝院はこの在所は門跡領であると主張して妨害に及んだ。勝元は西軍との戦闘を指揮するため上使として山科に下向していた奉行飯尾之種に対し、大沢と談合して問題の解決にあたるよう指示した。十月になっても違乱は止まない。勝元は三宝院に使いを送って厳しく申し入れるから、その間しばらく堪忍せよと伝えて来た。十二月には飯尾之種からこの問題について詳しい事情を尋ねてきたので、大沢は次のような書状を送った。

山城国山科東庄内散在并四宮河原田地等事、度々御奉書・管領下知以下数通、三宝院理性院付申処、不能御承引、御難渋之間、今度自管領以使者此段三宝院殿被申訖、彼地下人等山科家理運無左右之儀、得其意之間、四宮河原年貢以下収納之処、結句自三宝院殿可有御勢使之由現形之間、無是非次第候、於御方如此之御雑意不可然子細候歟、然処去月廿六日夜、赤松・上月・逸見駿河入道出来被申趣、此子細自三宝院殿御一註進之間、年貢収納之儀可待申之由被申候、既所納之上者不可及承引之由雖申、余両人堅被申間、百姓一両人前年貢止催促、御注進御返

事待申処、于今一途之無御成敗上者、山科家理運無其隠候、然間更為山科家可及弓箭一向無覚悟、若就掠被申尋被仰候歟、所詮度々任御下知旨、重而被成御奉書、三宝院殿被止御違乱候者、忝可畏存者也、(下略)(43)

大沢の言い分は三つある。一つは争点となっている田地の年貢は地下人等が山科家に理運ありと判断し納得づくですでに収納が行われているのに、三宝院方から力づくで納入させようとしているのは不当だということ、二つには十一月二十六日の夜に東軍の面々である赤松・上月・逸見等から三宝院方の注進があるまで年貢納入は待てと厳しく申し入れがあったので形ばかりに百姓一人分だけの年貢催促を止めてあるが、今に至るまで全く三宝院方の返事がないこと、三つ目は山科家としては三宝院方と弓箭に及ぶつもりは全くないこと。以上の大沢の言い分には地下人等の「意を得て」所務を実現しているという余裕が感じられる。他方三宝院は「勢使」「弓箭に及ぶ」など力づくの動きをみせるが、その発向していく際の実際的な力とされるのは郷民等の武力であり、次のような合力要請をしている。

就御門跡御領山科事、大沢長門守申掠及違乱候之間、被経上意候、依御一左右可有御勢遣候、然者被致合力候者可喜入候也、仍状如件、

応仁弐
十一月廿八日　　　　兵部卿法橋
　　　　　　　　　　世秀

七郷々中　各如此候也、(45)

いずれにしても、郷民等の合意と合力を得ることなしに所務を実現することは不可能であった。

この問題は年を越した応仁三年正月に至っても決着せず、

山科郷民等申、当所東庄散在年貢事、任去々年御成敗、既被収納之処、可為二重成之由三宝院御門跡雑掌致催促云々、太無謂、早可被停止其責之趣、被成奉書訖、可存知之旨、可被相触郷民等之由、被仰出候也、仍執達如件、

応仁三
正月十七日　　　　為信 在判
　　　　　　　　　種基 在判
山科内蔵頭家雑掌（㊿99）

と、山科郷民等は応仁元年十一月十九日の成敗（①52）に従って山科家代官大沢に年貢を納めたにもかかわらず、三宝院の雑掌からは「二重成」たるべしとして催促を受けている。以前、花山郷で鐘が鳴ったのに七郷のうち野村郷だけが駆けつけてこなかったことがあったが、『山科家礼記』は「七郷各打寄処、野村一郷不出之由注進、曲事也、領主三宝院也㊹」と記しており、応仁の乱の中で山科家代官大沢と醍醐三宝院とは互いに鋭く敵対していた。

3　郷民等に半済を

応仁三年（一四六九）の年明け早々、山科郷民等は花山郷の「構番」から撤退する動きをみせた。

山科花山構番事、安祥寺郷民等就無沙汰、昨日廿三惣郷輩引退之処、依計略如元居置番衆之由令聞食訖、所詮於向後者、厳密致其沙汰之旨、堅可被相触也、尚以有難渋族者、可被処罪科之上者、可被注申交名由被仰出候也、仍執達如件、

応仁三
正月廿四日　　　　為信 在判
　　　　　　　　　之種 同
山科家雑掌（(52)23）

山科花山構番事、安祥寺郷民等依無沙汰、昨日廿三日引退旨被聞食訖、太不可然、所詮於向後者厳密致其沙汰、弥可抽忠節、尚以有難渋之族者、可被処罪科之上者、為惣郷可注申交名由、被仰出候也、仍執達如件、

応仁三
正月廿四日　　為信 在判
　　　　　　　之種 同

七郷々民等中（㊸24）

山科花山構番事、安祥寺郷民等依無沙汰、昨日廿三日惣郷輩引退之由被聞食訖、太不可然、所詮於向後者厳密可致其沙汰之旨、堅可被加下知、尚以有難渋族者、可被処罪科之上者、可被注申交名由、被仰出候也、仍執達如件、

応仁三
正月廿四日　　為信 在判
　　　　　　　□□ □□

勧修寺御門跡雑掌（㊹25）

花山郷での「構番」を安祥寺郷民等が勤めなかったことに端を発して、七郷すべての郷民等がこの任務から引き退くという事態になった。軍事上枢要を占める東山通路の警固がなされないのは、東軍にとって大きな痛手である。そこで、山科家雑掌の大沢久守と勧修寺門跡雑掌に宛てて「難渋之族」の交名を注進するよう命じ、七郷郷民等に対しても「惣郷」として交名を注進するよう奉書を出した。これに対して、七郷一同からは「兵粮米がないので我々は構番などを勤めることができない」との訴えがあり、再度次のような奉書が出された。

山科郷民等事、依無兵粮米、構番以下難致其沙汰之由、七郷一同歎申之上者、当年以家領大宅里并四宮河原年貢

参分壱、厳密被下行之、向後弥差塞御敵通路、可抽忠節之旨、可被下知当郷民等由、被仰出候也、仍執達如件、

応仁三
正月廿八日　　　為信 在判
　　　　　　　　種基 在判

山科家雑掌（㊻61）

山科郷民等事、依無兵粮米、構番以下難致其沙汰之由、七郷一同歎申之段、被聞食訖、所詮当年七郷悉以年貢参分壱、為諸領主可被下行旨、各被仰付之上者、向後差塞御敵通路、可抽忠節之趣、厳密可相触惣郷之由、被仰出候也、仍執達如件、

応仁三
正月廿八日　　　為信 在判
　　　　　　　　種基 在判

山科家雑掌（㊼62）

この二通の奉書とも山科家雑掌大沢に宛てて出されているが、一通目では、「家領大宅里并四宮河原」の年貢三分の一を兵粮米として必ず郷民等に下行すること、今後は敵方通路を差し塞いで忠節を尽くすよう「当郷民等」に下知することが命じられている。そして同じ日付の二通目では、「七郷悉」の年貢三分の一を郷民等に下行するよう七郷に所領を持つ諸領主にも命じたので、今後は以前のように敵の通路を差し塞ぎ忠節に励むよう「惣郷」に相触れよ、という。ここで注目すべきは、郷民等が自らの軍忠に対する取り分として「年貢三分の一」と明確に記させた点である。しかも「七郷悉」の年貢三分の一を七郷郷民等に下行すると明記されている。各郷民と各領主の間ではなく、

「七郷一同」で嘆き申し七郷という枠組みで年貢三分の一の下行を認めさせている。もちろん、領主の中にはこの措置を受け容れられないとして抵抗する動きもあった(45)。

しかし、これ以後も山科郷民等は「構番」をめぐって東軍側との交渉を続け、六月六日には次のような四通の奉書を引き出している。

山城国山科七郷守護役以下事、今度郷民等依軍忠被免除訖、早為守護使不入之地、於諸公事物者如先々無其煩、可令下知七郷給之由所被仰下也、仍執達如件、

文明元年六月六日　加賀守 在判
下野守 在判

山科内蔵頭殿（67 70）

山城国山科七郷々民等事、依無資縁可引退構番云々、連々忠節異于他之上、当所通路肝要之間、以七郷半済為兵粮料被充行郷民等訖、早於大宅里并四宮河原以下所々年貢者、厳密可被加下知之、至替地者追可被望申便宜在所之由、被仰出候也、仍執達如件、

文明元
六月六日　為信 在判
貞基 在判

山科内蔵頭家雑掌（68 71）

山城国山科七郷々民等事、依無資縁可引退構番云々、連々忠節異于他之上、当所通路肝要之間、以七郷半済為兵粮料被充行郷民等訖、早於門跡領大塚并西明寺年貢者、厳密可被加下知之、至替地者追可被望申便宜在所之由、

被仰出候也、仍執達如件、

文明元
六月六日　　為信 在判
　　　　　　貞基 在判

聖護院御門跡雑掌（(69)72）

山城国山科七郷々民等事、依無資縁可引退構番云々、連々忠節異于他之上、当所通路肝要之間、以七郷半済為兵粮料被充行郷民等訖、早於門跡領安祥寺年貢者、厳密可被加下知、至替地者追可被望申便宜在所之由、被仰出候也、仍執達如件、

文明元
六月六日　　為信 在判
　　　　　　貞基 在判

勧修寺御門跡雑掌（(70)73）

まず山科言国宛の奉書では、郷民等の軍忠によって山科七郷の守護役以下を免除し守護使不入地として認める旨が述べられ、さらに残る三通には「七郷半済を兵粮料として郷民等に充て行う」と明記されており、七郷全体の年貢の三分の一ではなく「半分」を兵粮料として郷民等に与えるとしている[46]。大宅里と四宮河原の領主山科家・大塚郷や西明寺の領主聖護院・安祥寺郷の領主勧修寺の各雑掌には、それぞれの所領年貢の「半済」分を郷民等に充て行うよう命じた。これら山科郷内に所領をもつ領主にとっては年貢を半分失うことであったから、その損失分は望みの替地をもって補填する旨が伝えられた。

年貢の半済分を下行するといっても、いったん全部の年貢が領主のもとに納入された後に改めて半分を下行するというのではなく、年貢の納入も政所などの沙汰人を軸にして在地の側で進められたこの時期の実態を考えれば、沙汰人たちは納入時点で在地に半済分を確保したうえで、その分を除外した残り半分を領主側に納入したものと思われる。それゆえ、一円知行とされた入江殿領山科沢殿や建仁寺領山科散在分の年貢についても在地の側で半済を実施してしまったので、東軍の奉行人奉書で七郷百姓中にその弁済を命じるという事態も起きている（⑮90、⑧92）。つまり、この半済は山科郷民にとって年貢の半免を獲得したに等しい。それはまた近隣の在所にも大きな影響を及ぼす。山科郷の隣郷醍醐寺で郷民等が「半済と号して」年貢納入を拒んだため、醍醐寺側が執金剛神像を持ち出し御堂内陣の護摩壇に据えて百姓等を呪詛し、病死・病悩・餓死・頓死に追いやったとされる事件も、このような兵粮料として山科郷民等に「半済」が承認されたことと深く関わっていたのである。(47)

郷民へ七郷年貢の半済分を給付するという方針は翌文明二年（一四七〇）も継続された。

山城国山科七郷半済事、如去年被仰付畢、可被存知之旨、可被相触郷民等之由、被仰出候也、仍執達如件、

文明二
二月廿九日　　為信 在判
　　　　　　　貞基 在判

山科内蔵頭家雑掌（⑲43）

こうして郷民等の軍忠に対する恩賞・堪忍料・兵粮料として認められた「半済」は、これ以後の在地社会に大きな先例として刻みこまれることになる。

三、七郷焼失から乱の終結まで

1　「郷内関」設置の約束

しかし、山科七郷の郷民たちにとって、この文明二年という年は、応仁の乱が推移していく中で大きな転換期となった。

正月二十六日の奉行人連署奉書に、

去廿四日、於清水坂致合戦、数輩被疵、頸一捕之云々、尤神妙、向後弥可致忠節之由被仰出候也、仍執達如件、

文明二
正月廿六日　貞基 在判
之種 在判

山科七郷々民等中（91 27）

一昨日廿四令発向東山所々致忠節旨、以聞食畢、尤以神妙、弥廻計略、可被抽戦功之由、被仰出候也、仍執達如件、

文明二
正月廿六日　為信 在判
之種 在判

大沢長門守殿（92 28）

て、

去廿四日合戦之時、被焼払建仁寺東塔頭南北被官人数輩被疵之由注進候、尤以神妙之至候、弥可被抽軍忠候也、恐々謹言、

正月廿七日　　　　勝元 判

大沢長門守殿（94）12）

とあり、文明二年は正月から東山の所々に七郷郷民たちの軍勢が出張って、数輩が疵を負いながらも敵方の頸を一つ討ち取ったとのこと。今後もいよいよ忠節を尽くすようにと東軍方から要請されている。細川勝元も大沢久守に対しての感状を送って、大沢やその被官人、七郷郷民等の軍忠を賞している。

大沢や被官人とともに、郷民たちが山科の地を離れて合戦に参加するという動きは、次の細川勝元感状や幕府奉行人連署奉書に、

去五日、於深草已下所々発向、法性寺攻口合戦、七郷輩并被官人数輩被疵之由候、尤以神妙、粉骨旨能々可有褒美候、恐々謹言、

二月九日　　　　勝元 判

大沢長門守殿（95）13）

去五日、令放火東福寺北口、所々及合戦、被官人等数輩被疵之条、殊以被感思食畢、向後弥可被致軍忠之所被仰下也、仍執達如件、

文明二年二月十日　　　　加賀守 在判
肥前守 在判

　　　　大沢長門守殿（(96)30）

去五日、令放火東福寺北口、所々及合戦、郷中数輩被疵旨、大沢長門守注進到来、殊以被感思食畢、向後弥可致
軍忠之由被仰候也、仍執達如件、

　　文明二
　　　二月十日　　　　　　　　　　為信 在判
　　　　　　　　　　　　　　　　　之種 在判

　　　　山科七郷中（(97)31）

とあるように、二月に入っても続けられた。

　この忠節に対して、先にふれたように文明二年二月には早々と「山科七郷半済事、如去年被仰付畢」（(99)43）と半済が認められ、さらに五月には、

山城国山科七郷内関壱所事、世上静謐以後、任郷民等申請之旨、可被立置之者也、弥可抽忠節之趣、可被相触之
所被仰下也、仍執達如件、

　　文明二年五月十八日　　　　　　加賀守 在判
　　　　　　　　　　　　　　　　　肥前守 在判

　　　　大沢長門守殿（(100)74）

山科七郷内関壱所事、世上無為候者、重尚不及申上、任■奉書之旨○郷中被立置、郷民等相共可有知行候、恐々謹言、

　五月十九日　　　　　　　　　　　勝元 在判

大沢長門守殿（⑩106）

と、この大乱が終結して世上静謐・無為という時期がくれば「七郷内関壱所」を郷民等の申請どおりに立てることを承認する旨、奉行人奉書と勝元書状が出されている。これも東軍方への忠節に対する見返りとして約束されたものであった。

2　七郷は焼失、東軍は「籠の中の鳥」

ところが六月になると事態は一変する。西軍方からの総攻撃が始まった。合戦の場は山科郷内へと移ってくる。

昨日廿七凶徒等寄来山科郷処、致合戦敵数輩討捕之郷内輩以下、或討死、或被疵之条、尤以神妙、弥相触七郷中、別而可被抽戦功之由、所被仰下候、仍執達如件、

文明二年六月廿八日　　加賀守 在判
下野守 在判

大沢長門守殿（⑩36）

昨日廿七凶徒等寄来山科郷処、致合戦敵数輩討捕七郷輩、或討死、或被疵之条、尤以神妙、弥相談大沢長門守、別而可抽戦功之由、所被仰下候也、仍執達如件、

文明二年六月廿八日　　加賀守 在判
下野守 在判

七郷中（⑩38）

昨日廿七合戦之時宜注進委細承了、返々郷中粉骨不可過之候、仍頸七到来候、則令真検候了、感悦至極候、必々

可達上聞候、七郷々民之御感奉書、被下付飯尾加賀守候、定被成下候、尚々七郷中忠節渉須委曲重注進候ハ、可
然遣候也、恐々謹言、

六月廿八日　　　勝元判

大沢長門守殿（(104)37）

とあり、六月二十七日に西軍方が山科郷に押し寄せ、敵方数輩討ち取ったが、七郷内の輩も討ち死にしたり負傷したりした。勝元の書状では、将軍義政からの御感奉書が遣わされるだろうと記している。山科郷に差し下す援軍をめぐって東軍の面々の相談はすぐにはまとまらず、[48]六月二十九日の勝元書状には、

可被差下軍勢間事、種々重談合之刻、自　院御所公方様へ一段堅被仰出子細候処、武田大膳大夫ニ可被仰付之由
返事雖被申、武田兎角申子細候、御催促候間可有一途候、其間者要害事可被拘置候、尚以巨細之段定而稲常修理
亮可申候、恐々謹言、

六月廿九日　　　勝元判

大沢長門守殿（(107)49）

とあり、差し向ける援軍について後花園院から足利義政に強く申し入れがあり、武田信賢に命じると返事はしたが、なお武田方はいろいろ事情を申して承知しない。しかし必ず援軍は差し下すので、要害の地をなんとか持ちこたえるようにと大沢に伝えた。

『大乗院寺社雑事記』六月晦日条に、[49]「自西方責落山階了、七郷之内六郷焼失云々」とあり、山科七郷のうち六郷が焼失したとの報が奈良まで伝わっている。七月十五日の勝元書状によれば、

自敵方入火付之処、於大宅里安祥寺両郷、召執之、被頸剪之由可然候、仍自但馬国参洛僧於御陵郷被召執京着候、

尚以神妙候、能々可被褒美候也、恐々謹言、

七月十五日　　　　　　勝元 判

大沢長門守殿（⑪47）

と、敵方から攻撃され火を付けられながらも、大宅・安祥寺・御陵郷では敵方を召し捕らえ京都に送っている。(50) 七月十七日にやっと関民部大輔勢が出陣し、さらに援軍が山科に向け進発することになったが、(51)

注進之趣委細致披露候、誠連年忠節異于他被感思食候、関民部大輔事明日十九日必可進発候、弥加談合可相拘之旨被仰出候、昨日十七延行之子細者、此僧可被申候、恐々謹言、

七月十八日　　　　　　為信 在判

山科七郷中（⑯39）

と東軍方の対応は鈍く、自らの生活領域を攻撃された山科七郷の郷民たちは厳しい事態に直面する。

「乱中執達状写」には以後、翌年文明三年六月まで書写された文書がなく、山科郷がどのような事態を迎えたのかわからない。しかし『大乗院寺社雑事記』七月二十日条に、

昨日、下醍醐并山階焼失、大将逸見自害云々、東方迷惑事也、摂州赤松勢共引退、在々所々様、悉以東方珍事也云々、

と、山科や醍醐が西方から攻撃されて焼失、大将の逸見は自害、各地で東軍方が劣勢になっている様を記し、さらに、

廿二日

去十九日、於山階、逸見之弟打死云々、（中略）武田并畠山尾張守代、為合力馳加于山階云々、宇治大路ハ参西方、槙嶋ハ没落、引籠白川別所云々、

廿三日

山城宇治・水牧・山階等、悉以東方没落、（中略）山階へ尾張手者武田等罷入歟事、一向無跡形事也云々、東方様ハ只如籠中鳥也、

と山科・下醍醐・槙嶋・宇治・御牧など山城国内で東軍方に味方する地域が次々に没落し、山科へ入ったとされる武田や畠山政長の手勢の動きなど跡形もない。東軍方の形勢は、まるで「籠の中に閉じこめられた鳥のようだ」と尋尊は記している。

3　その後の山科惣郷と乱の終結

文明二年七月、山科七郷は西軍方から攻撃され壊滅的な打撃を受けた。『山科家礼記』はこの文明二年の八月分から再び記事が残っているが、その八月十九日条に、

一、長坂口の関証文、広橋殿付進之、六通目録副進上之、本所御文如此調進也、

一、かしこまり候て申あけ候、さてハこのたひ七郷てきはつかうにつき候て、名字地の知行ふんこと〳〵くむそくつかまつり候、さ候程にかんにんよろつめいわく申つくしかたく候、又御くりやうなかさかくちのせきの事、たう知行さおいなくて候、たゝしおとゝしのころ、代官山名方へのうちに居住候ほとニ、しかるへき代官なく候てとかくいまにうちすき候、そうして長坂口のせきの事ハ此はうにせきなくてハなき所ニて、（中略）せうもんれき〳〵の事にて候ほとニ御めにかけ候、せうもんのむねにまかせて御文をいたされ、むろまちとのへ申され候はゝ、かしこまり入候、（中略）所々の家領まさしくいつれの所ニても候へ、一所わつらいなき所もなくてこと〳〵くしゆこいらむにより候てむそく仕候、きうこん中々はうにすき候、（中略）

別当とのへ御宿へ　　　とき国

と見え、山科言国から朝廷に訴え出て、伝奏の広橋綱光から室町殿へ申請してもらえるよう求めている。これによれば、このたび山科七郷に西軍方が発向し、名字地の山科東庄の年貢分は「無足」になってしまった。一昨年（応仁二年）から長坂口関の代官が山名方（西軍方）の陣所に居住したままになっており、ここからも収入がない。それ以外の家領のいずれもが守護方の違乱によって「無足」になっており、山科家としては窮困の極みであると訴えている。

西軍方の山科七郷発向以後は、それまで東軍方と結んで郷民等への指令塔として郷内の中枢で動いていた大沢久守も、本所の山科言国も、所領の大宅郷（山科東庄）に入ることさえできなくなり、近江坂本の執当坊の住坊や京都の「御構」[52]に逗留しながら、乱の終結まで過ごすことになる。以前、東軍方が山科七郷を押さえていた時に敵方所領は御料所として没収する方針がとられていたが、立場が逆転した今、山科家領は没収され山科家分は「無足」となったのである。おそらく大宅郷の年貢は西軍方の管轄下に置かれることになったであろう。

ただ、この文明二年の八月一日には大宅から「政所新右衛門入道出来、東庄御年貢米始とて、納升一斗定進納、仍彦七十疋、新米袋一」[53]を進納し、以後も「東庄納定一斗米、新右衛門納之」[54]、「大宅里道妙、柴一荷・米五斗候也」[55]、「大宅馬場新五郎新米袋持来、仍兵衛子弥太郎代二十疋・餅一盆持参、酒在之」[56]、「大宅里新右衛門女・弥五郎女出来、餅一盆持来候也」[57]、「大宅地下者道妙・明心出来、代三十疋持参」[58]、「大宅次郎九郎十疋、柴弐荷、三郎兵衛餅一盆・白米一斗定持参」[59]などと、八月中に大宅郷の政所や年老から次々に年貢米・柴・餅や銭が届けられ、九月、十月、十一月にも米・銭などが少分ながら届いている。翌文明三年（一四七一）も、同様に米・栗や銭が届き、特に十一月二十六日には「大宅次郎九郎出来、三十疋持参、老なりとて申、号次郎右衛門」[60]と、村の「おとなり」の報告も大沢に対して行われており、代官大沢と大宅郷民とのつながりは、「七郷焼失」「名字地無足」となって以後もなお維持されていた。

そして文明六年（一四七四）には、

御敵通路事、如以前堅差塞之、可致忠節之旨、可被相触山科七郷々民并進退在所散在名主沙汰人等、於合力儀者、被仰付近所輩畢、此段厳密各申合之、別而可被廻計略之由被仰出候也、仍執達如件、

文明六

五月廿日　　為信　在判

祥順　在判

山科内蔵頭家雑掌（㉖103）

御敵通路事、如以前堅差塞之、可致忠節、於合力者被仰付近所輩畢、巨細尚被仰含山科家雑掌之由、被仰出候也、仍執達如件、

文明六

五月廿日　　為信　在判

祥順　在判

山科野村郷民等中

山科大宅里郷民等中

山科安祥寺郷民等中

山科西山郷民等中

山科音羽郷民等中

山科花山郷民等中

御奉書文言各

如此候也、七郷へ分

□□御陵郷民等中
□□粟津一族中　（127 104）

と再び山科内蔵頭家雑掌大沢久守と七郷々民、粟津一族中に宛て、東軍方から通路封鎖の指令が出されている。この命令がはたしてどれほどの実効性を持つものであったかは定かでないが、西軍方のこの地域への掌握力が緩みを見せはじめたのは確かであろう。

そして、長く続いた応仁の乱が終結をむかえた文明九年（一四七七）の十一月に至って、

御敵土岐美濃守事、近日可没落之旨有其聞、不日差遣諸勢可被追伐之、不移時日駈催山科郷民等、塞通路可被抽戦功、若有難渋之族者、可被処同罪之由被仰出候也、仍執達如件、

文明九

十一月七日　　貞基 判
　　　　　　　元連 判

山科内蔵頭家雑掌（138 107）

御敵土岐美濃守事、近日可没落之旨有其聞、被差遣緒勢可被追罰之、不移時日駈催当郷住人等、相支之可抽戦功之、若有難渋之輩者、可被加退治之由候也、仍執達如件、

文明九

十一月七日　　同人 判
　　　　　　　同人 判

山科郷沙汰人中（139 108）

畏而申上候、仍下京諸大名悉□とり御のき候趣見候、殊美濃衆就下向、定而此方□□御通候哉、就之被成御奉書并御大将御出陣□□□民涯分可致忠節候、以此旨可然様可預御披露候、恐々謹言、

十一月十日　山科七郷惣郷

大沢長門守殿

人々御中（⑭109）

と、京都から下っていく西軍勢、なかでも美濃の土岐氏の軍勢は山科の通路から下向するに違いないから、それを攻撃し戦功を立てよとの奉書が下った。山科七郷惣郷としては、大沢久守が再び御大将になってくれれば涯分忠節を尽くすと申し入れており、応仁の乱の終結とともに、以前のような山科七郷と山科家雑掌大沢久守の結びつきが復活している。

4　「乱中執達状写」の作成意図

ところで、この「乱中執達状写」は表題に「従応仁二年至文明九年乱中山科郷執達状写」とあって、応仁の乱が一応の決着をみた文明九年以後に、応仁二年から文明九年のあいだに山科郷へ下された文書を一時にまとめて写したものであることは間違いない。しかも、おそらくは、その筆跡からみて一人の手によって筆写されたものだと思われる。応仁の乱終結後あまり時間をおかない段階で、いったいどのような必要性があってこれらの文書は筆写されたのだろうか。つまり「乱中執達状写」の作成意図はどこにあったかが問題である。

それを考える手がかりとして、ここに書写されている百通余りの文書の最後の方に、次のような山科七郷々民等申状があるのに注目したい。

山科七郷々民等謹言上

右子細者、当郷中儀往古より守護不入之在所候ニ、色々雑説共申候、迷惑之至候、如此之儀、以証文申上候へ共、物而于今守護使入部事なく候間、証文なと不所持仕候、聊も違乱候在所なと于今さ様ニ支証なとも所持仕候歟、於当郷中者、証文なと自先々不及申給候、自先規守護不入之儀、近所にも存知之事候間、今更如此不及申上候へ共、当時万無為之間申上候、以此旨、無相違様ニ、為預御成敗、粗謹言上如件、

文明九年十一月　日（⑭111）

この申状によれば、応仁の乱が一応終わりをむかえた文明九年に、七郷惣郷の郷民等はさまざまに伝えられてくる「雑説」を聞いて懸念を持った。往古から山科七郷は守護不入の在所であり、そのことは近隣諸郷にもよく知られていることで問題はないと思うが、「雑説」によればこれを覆す動きがあるという。守護不入の支証となる文書などは郷中にないので、ともかく無為に過ごしていけるよう本所の御成敗に預かりたい。山科家雑掌大沢久守に宛てて郷民等はこのように申し入れた。「無相違様ニ、為預御成敗」という具体的な意味は、大沢の方で山科郷が守護不入であると証明できる支証を確認することによって、今後整えられていくはずの幕府や細川氏の秩序の中でそれが承認されるように努めるべきだというのである。

「乱中執達状写」の中に、「以七郷半済、為兵粮料被充行郷民等」（⑥71）を認めたのと同じ文明元年六月六日付で、

山城国山科七郷守護役以下事、今度郷民等依軍忠被免除訖、早為守護使不入之地、於諸公事物者、如先々無其煩可令下知七郷給之由所候也、仍執達如件、

文明元年六月六日

加賀守 在判
下野守 在判

山科内蔵頭殿　（67 70）

と山科七郷全体を守護不入地と認め、守護役免除、諸公事物の煩いなしという奉行人奉書が書写されている。宛所は「山科内蔵頭殿」つまり当主の山科言国で、その旨を郷民等に下知するようにと記されている。先にあげた郷民等申状による要請を受けて、この奉書も書写されることになったものと思われる。

「乱中執達状写」に書写されている文書が強調しているのは、東西両軍の戦闘が続くなか、山科七郷の郷民等がいかに「堪忍」「粉骨」して東軍方に「忠節」を尽くしたかという点である。山科家雑掌で山科東庄直務代官の大沢久守は、個別の荘園領主の代官という立場にとどまらない密接な結びつきを山科七郷の郷民等と取り結んでいた。[61] また山科郷内の所領で所務が全うできるよう、大沢や七郷郷民等がふるった力の大きさも示されている。七郷内でなお年貢譴責を繰り返す反対勢力に対しては、「為郷中相支之、可被追出彼族」（㊳85）とされており、七郷全体の郷々村々が寄り合い実力行使によってでも「沙汰居」を実現するよう求められてきた。さらに兵粮料所として大沢久守の知行が認められ、そして七郷全体の半済が郷民等に与えられた点も明記されている。[62] また幕府も細川勝元も、「世上静謐以後」「世上無為候者」という条件で郷民等による「郷中関」設置を認めると約束していた。[63] それも「乱中執達状写」にしっかりと筆写されている。

　このように見てくると、「乱中執達状写」の作成目的は、山科家直務代官大沢久守や七郷郷民等が応仁の乱中に東軍方から認められ約束されていた権限をまとめ、乱後に再建される秩序の中でそれを認めさせることにあった。そのための支証として、七郷郷民等の要請により、大沢久守自身かあるいは彼の指示によってこれらの文書は書写されたものと考えられる。

おわりに

『山科家礼記』の応仁二年（一四六八）一年間の記事には、東軍方に与した山科の郷々村々が一揆して路次を塞ぎ通路を支え、乱入してくる軍勢に備えて警固を続ける姿や、山科家雑掌大沢久守が軸になって七郷郷民等を東軍方と結びつける役割を果たしているさま、さらには「長陣迷惑」を主張して軍忠に対する見返りを求める郷民等の動きが描かれている。ところが、次に残されている文明二年（一四七〇）八月からの記事を読むと、時折訪れる大宅里郷民等の記事が散見されるだけで、一年半前のあの山科七郷の動きはいったいどこに行ってしまったのかと驚くほど、その落差は大きい。

しかし、ここに「乱中執達状写」の文書を補ってみると、応仁の乱と山科郷民等の関わり、特に郷民等が自らの兵粮料として半済を認めさせ、守護役免除を獲得していく経緯が明らかになる。また文明二年六月から七月にかけて「七郷のうち六郷が焼失する」大きな戦乱があり、洛外の各所で東軍方勢力が逐われ「籠の中の鳥の如し」と形容されるに至る過程が浮き彫りになってくる。さまざまな荘園領主の所領が混在する山科七郷が、個別領主との関わりを越えた「惣郷」[64]として半済を獲得していったこの経験は、応仁の乱後に成立する山城国一揆や乙訓惣国などの惣国一揆の方向性を生みだし、またこれを先例として広く京都近郊全域の郷民等が半済を要求するに至る動き[65]への布石となった。これが、応仁の乱後の在地社会の流れを生み出す大きな原動力になったことは確かである。

「沙汰付」や「半済」は、これまで守護権の中軸をなす権限として位置づけられてきた。そして守護以外の別の勢力、たとえば国一揆などが「半済」を実施した場合も、それは守護権の継承という観点からとらえられてきた。しかし、「乱中執達状写」に示された事例は、守護―郡代ルートの「沙汰付」にかかわる奉書を認めず、七郷郷民等による「沙汰居」の事実を強調しており、山科郷という一定領域を掌握しその中で所務の実現を保証する力が在地の側に保持されていることを誇示している。その力は在地社会の中で形成されてきた地域的な結びつきを基軸にして育まれたものであり、守護権とは異質のものである。

また、これらの力を在地の国人地侍層の結集という視角からとらえる見方もある。しかし、ここに見てきた山科七郷の動きを踏まえれば、それもまた一面的な見方である。もちろん在地の地侍と地下人等はつねに一体であったわけでは決してない。互いの利害が対立する局面も多くあった。しかし、彼らが一体になり、「郷々村々」が一揆して事に当たり、瞬間における成就を達成することがあったのも確かである。

応仁の乱が起こり権力が分裂し秩序がほころびを見せはじめると、既存の地域秩序を打ち破って、在地の結びつきが前面に出てくる。応仁の乱中に山科郷で見られた姿は、その存在をはっきりと示すものである。それは戦国時代を通じて在地社会の中軸をなす力として、畿内近国の地域的な秩序形成に力を発揮していく。

注

（1）山科七郷を素材に、応仁の乱と郷民等の関わりを論じた先行研究としては、志賀節子「山科七郷と徳政一揆」（『日本史研究』一九六、一九七八年）、藤木久志「村の動員「中世の兵と農」への予備的考察」（永原慶二編『中世の発見』吉川弘文館、一九九三年、のち藤木久志『村と領主の戦国世界』東京大学出版会、一九九七年に再録）がある。

（2）『山科家礼記』は刊本『史料纂集』（続群書類従完成会編）に拠った。

（3）現在は国立歴史民俗博物館所蔵。本稿作成にあたっては東京大学史料編纂所架蔵写真帳に拠った。またこの一覧表で旧稿では年欠文書の年代比定が誤っていたものがあったので訂正した。なお、旧稿発表後の二〇〇〇年に『国立歴史民俗博物館資料目録［1］　田中穣氏旧蔵典籍古文書目録［古文書・記録類編］』が刊行されたので、旧稿を本書に再録するにあたり一覧表の文書番号を歴博の目録番号に合わせた。

（4）文書の中身の文字などで、いくつか合致しないものがある。たとえば②の人名が『山科家礼記』には「主鷹蔵主」とあるのに「乱中執達状写」は「周鷹蔵主」であることや、⑩は『山科家礼記』に「就今度立副日吉馬上合力神人等事」とあるが「乱中執達状写」には「就今度忩劇……」となっていることなど微妙な相違点があるものの、この二つの史料に載せられている文書は日付も内容もほとんど正確に一致している。

（5）『山科家礼記』応仁二年三月十七日条

（6）「乱中執達状写」では四月七日、『山科家礼記』は十日とする。これが『山科家礼記』に書き載せられるのは六月廿八日になってからであり、四月に出された「山科名主沙汰人中」宛のこの奉書が実際に在地に届けられたのは、六月になってからだったのかもしれない。

（7）『山科家礼記』応仁二年五月一日条に「一、今度江州・勢州・当国三ケ国、御料所被成候処、」とあり、『後法興院政家記』同年五月十一日条にも「当国・近江・伊勢此三ケ国寺社本所領、乱中武家可成料所之由有沙汰云々、珍事不可過之」、二十日条には「三ケ国之内寺社本所領半済。悉可被定今出川殿之料所之由」と記されている。また「東寺鎮守供僧評定引付」（「東寺百合文書」ね函一〇。以下「東寺百合文書」を「東百」と略す）同年五月十八日条にも「一、自三宝院殿、被成御奉書当国半済可被成御料所之由有其御沙汰云々」とあって、この時期に東軍は「乱中」の特別措置として、この三か国の寺社本所領「半済」を幕府料所あるいは足利義視の料所とする方向性を打ち出している。

（8）『山科家礼記』五月一日条

（9）『後法興院政家記』応仁元年九月八日条に「自管領申送子細有之、……宇治大路有緩怠之子細之間、可発向之趣也」とある。この時期の管領は西軍の主要メンバーである斯波義廉で、宇治大路はその斯波から「緩怠」があるので攻撃するつもりだと言われているのだから、この乱中を東軍側に立って行動してきたと考えられる。それゆえ、西軍方の畠山義就が宇治に陣取るというので、東軍方についている宇治大路氏やその在所の郷民等を援助するようにと、山科郷民等に要請があったのである。

(10) 拙稿「中世後期の在地社会―村落間交渉の視点から―」(『日本史研究』三七九、一九九四年、のち「徳政一揆と在地」と改題し、『日本中世の在地社会』吉川弘文館、一九九九年に収録)

(11) 『山科家礼記』応仁二年五月廿二日条

(12) 竹鼻は山科七郷内にあり音羽郷の枝郷である。この畠山義就奉行人奉書を持ってきた使者竹鼻兵庫は当郷の住人で、おそらくは被官関係を通じて西軍方に加わったのだろう。山科七郷に奉書を付けるというので地下の案内者として使者の役目を果たしている。この兵庫は、乱中を通じて西軍方として動いたようで、建仁寺領美濃国富永庄年貢銭を預かっておきながら、東軍の逸見や熊谷の被官人や足軽が違乱しているためこれを渡せないと主張する「音羽郷住人兵庫」なる人物が出てくる(㊼19)。東軍は幕府奉行人連署奉書(㊽18)で、彼を急いで召し進せよと大沢久守に命じている。

(13) 『山科家礼記』応仁二年六月十三日条

(14) 「東寺最勝光院方評定引付」(「東百」け函二一)応仁二年八月廿四日条に、

一、自右衛門佐方、被入半済之折紙お柳原之間、披露之由申候、

柳原折紙案

当国守護職事、任先例御成敗之間、柳原之内東寺領年貢、早々可収納者也、若及異儀者、堅可譴責之由被仰出也、仍下知如件、

応仁弐
八月十五日　木沢兵庫　助秀 判
斉藤新右衛門宗時 判
遊佐越中　盛貞 判
誉田　就康 判
遊佐　就家 判

柳原之内
東寺領百姓中

と、山科七郷に届けられた奉書に連署しているのと同じ五人の奉行人が、畠山義就の山城守護職成敗と半済の実施を宣告している。

(15) この畠山義就奉行人奉書では、年貢の半分を「借申」と表現している。山城守護として成敗をするとしながら一歩引いた表現であるが、西軍の場合は将軍を取り込んでいないため管領斯波義廉も将軍家御教書を出せず管領下知状で命令を出す(応仁元年六月廿一日付の管領下知状、「東百」里函一〇〇)など管領や守護として異例な形が見られる。「借申」とした理由もここに起因するのかもしれない。

(16) 大沢久守は山科家の家司で山科東庄の直務代官としてその支配を全面的に掌握していた。七郷各郷の沙汰人等とも密接な関係を結び山科郷全体にも大きな影響力を持った。本所山科家にあっても当主山科言国を支え、菅原正子『中世公家の経済と文化』(吉川弘文館、一九九八年)の第二章「山科家領荘園の研究」によれば、大沢久守は他の山科家領の代官職補任状を直状形式の文書で発給しており主人言国の代行的地位についていた。

(17) この時期の『山科家礼記』は、大沢重胤が書いており、記事に「予出京」とあるのでこの重胤が京都に出て郷民等の要求を細川勝元に伝えたことがわかる。

(18)『山科家礼記』応仁二年六月十五日条

(19)『同前』応仁二年七月四日条

(20)『同前』応仁二年七月五日条

(21)『同前』応仁二年七月十三日条

(22)『同前』応仁二年七月十四日条

(23)『山科家礼記』応仁二年七月十四日条に「一、老共先申子細□帰、於古老者可談合トテ帰、又以使先条ノ返事申也、若者三人、一人花山新右衛門、一人大塚兵衛、一人四宮助三人也」とあって、各郷で談合するため古老・老たちは帰って行き、その返事をもって若者が使者としてやって来たことがわかる。

(24)『山科家礼記』応仁二年二月廿四日条

(25)『山科家礼記』応仁二年七月廿日条に「一、細河殿管領出仕在之」とあって、細川勝元が管領に就任している。しかし西軍に与していた斯波義廉はこれ以後も一貫して管領として動いており、「大乗院日記目録」(『大乗院寺社雑事記』十二)にも「七月 日、細川右京大夫勝元為管領云々、於西方者斯波義廉猶以称管領云々」と記されている。山科守護に東軍の山名是豊が就いているにもかかわらず、西軍の畠山義就が守護として成敗する旨を宣言し、奉行人等も東西に分かれて機能を果たすなど、東西両軍はそれぞれに東幕府・西幕府と称することができるような組織(百瀬今朝雄「応仁・文明の乱」『岩波講座日本歴史7 中世3』岩波書店、一九七六年)を作っていたのである。

(26)『山科家礼記』応仁二年七月廿四日条

(27)『同前』応仁二年七月廿六日条

(28)「東寺廿一口評定引付」文明三年正月廿五日条(「東百」天地函三八)に、「一、近日八条ニ足軽取立大将馬切衛門五郎、而ニ遍照心院領者也寺領者共少々加其衆歟之由風聞之間」とあり、京都八条遍照心院領に住む馬切衛門五郎が大将となって東寺の下部等や境内百姓等を足軽に勧誘している(本史料は藤木久志氏の御教示による。なお永原慶二氏も上島有・大山喬平・黒川直則編『東寺百合文書を読む』(思文閣出版、一九九八年)でこの史料を取り上げている(本書第五章「戦場の中の東寺境内」参照)。

(29)『山科家礼記』応仁二年七月廿八・廿九日条

(30)『碧山日録』応仁二年七月廿一日条に、「山科里の兵、絶西陣之糧道」とある。

(31)『山科家礼記』応仁二年七月廿七日条

(32)『同前』応仁二年七月廿八日条

(33)『同前』応仁二年八月一・二・四日条

(34)郷民はもちろん大沢父子も「山に上った」とある。これは藤木久志「村の隠物・預物」(『ことばの文化史』中世1 平凡社、一九八八年、のち『村と領主の戦国世界』東京大学出版会、一九九七年に再録)で指摘されたように、いざという時の避難所、抵抗の拠点として郷民等が山中に構を築き、そこに集結し、山科郷内に入ってくる敵勢に対応したものと思われる。

(35)『山科家礼記』応仁二年八月七日条

(36)『同前』応仁二年八月九日条

(37)『山科家礼記』文明二年十二月十七日条に載せられている「禁裏御服要脚請取状案」に「山科家雑掌重胤」と署名しており、文明三年十二月廿五日条には「山科家雑掌久守」とあって、大沢久守、一時期は重胤が「山科家雑掌」の任についていたことがわかる。

(38)『山科家礼記』応仁二年六月十五日条に「七郷在所一通」として山科郷全体の本郷・枝郷や荘園領主名がまとめて記されており、そのうちの一郷が「御陵」である。

(39)『山科家礼記』応仁二年五月一日条に「当参之公家御方者御料所儀御免之由候」とある。

(40)『大乗院寺社雑事記　四』文明元年十月十九日条

(41)『山科家礼記』文明元年七月廿八日条

(42)『山科家礼記』では、現綴順にこの記事を位置づけたうえで、「八月の疑いあるもここに収む」としている。内容を検討して八月の記事と理解できるので、これを八月廿九日の記事としておく。

(43)『山科家礼記』応仁二年十二月二日条

(44)『同前』応仁二年七月四日条

(45)七郷の諸領主の内、やはり醍醐寺がこの措置に抵抗した。醍醐寺は山科東庄散在田地の作職改替というやり方で郷民等を排除しようと計った(59)68・(60)69)。また南禅寺領の山科郷内藤尾・所々散在田地・野村郷内六段田についても園城寺の違乱があったようで山科家雑掌に渡すよう奉書(69)72・(70)73・(71)66)が出されている。

(46)「当年の年貢」とあるので、この応仁二年秋の収穫期に年貢の「三分の一」を認めると正月段階で約束をした。その後も引き続き交渉が持たれ、六月に至って郷民等の要求を容れて「半済」を認めたのである。「半済」を得るという方向性は在地の側でも早くから示されていた。『山科家礼記』応仁二年八月廿八日条に、「四宮藤尾年貢納、目出度候、然藤尾百姓半済之侘言仕候、無故趣申也、雖然被申事候間、米一駄酒代とて遣也」と、四宮藤尾の百姓が「半済」分を在地側に留保したいと申し入れた。この時、大沢は「故なき趣」と一蹴しつつも酒代として米一駄を与えている。

(47)「三宝院文書（第二回採訪）三」（東京大学史料編纂所架蔵影写本）。田中克行「村の「半済」と戦乱・徳政一揆―戦国期京都近郊村落の連帯と武力動員―」（『史学雑誌』一〇二―六、一九九三年）はこれを年貢減免としての「半済」を論じる際の最初の事例として検討したが、その背景については言及されていない。私は隣郷山科での兵粮料としての「半済」問題が、醍醐郷民等の「半済と号する」背景にあったと考えている（本書三七頁参照）。

(48)「乱中執達状写」には次のような書状（(106)35）がある。

御注進之旨致披露了、抑可差下軍勢間事、面々御談合最中候、不日一途可有御返事候、昨日之郷中御粉骨、中々不及是非事候、能々申候へく候、恐々謹言、

六月廿八日　三成 在判

大沢殿 御返報

(49)『大乗院寺社雑事記 四』文明二年六月晦日条

(50)この時、細川勝元は、大宅里中（(112)44）、安祥寺郷中（(113)45）、御陵郷中（(114)46）宛に感状を出している。

(51)七月十六日広橋綱光書状（(115)78）

(52)応仁の乱中の京都には、「要害として堀などを築いた多くの構が出現した」「数ある構のなかで、最大の規模をもち、しかも最重要であるがゆえに、たんに構とのみ称されたものがあった」「この室町殿を中核として構築された東軍の本拠が構で」「御構・東構・御陣・東御陣」ともよばれた（高橋康夫「応仁の乱と都市空間の変容」『京都中世都市史研究』思文閣出版、一九八三年）。山科言国が上洛して滞在したのは、この「御構」であった。

(53)『山科家礼記』文明二年八月一日条

(54)『同前』文明二年八月五日条

(55)『同前』文明二年八月十二日条

(56)『同前』文明二年八月十五日条

(57)『同前』文明二年八月二十五日条

(58)『同前』文明二年八月二十七日条

(59)『同前』文明二年八月二十八日条

(60)『同前』文明三年十一月二十六日条

(61)応仁二年七月、京都東山地域が東西勢力のぶつかり合う戦場となり、吉田・岡崎などの在所は火をかけられ惨憺たる状況になった。この時、大沢久守は重胤をはじめ一族や中間等を引き連れて山科東庄に下向し、郷民等の先頭にたって一緒に山にも入っている（『山科家礼記』応仁二年八月七日条）。この文明二年の段階でも郷民等の忠節ぶりを細川勝元に注進したのは大沢であった。山科家雑掌で山科東庄（大宅里）直務代官の大沢久守が七郷全体にこれほどの密接なつながりを持ち得たのは、彼自身の資質によるのはもちろんであるが、「禁裏番役の組として一つに結ばれていた」（藤木久志「村の若衆と老若」『戦国の作法』平凡社、一九八七年）山科郷と山科家との深いつながりが背景にあったものと考えられる。寛正二年（一四六一）に守護被官を追い出し直務代官の下向を求めて一揆した東寺領備中国新見庄の百姓等は「国方并国衙より管領様（細川勝元）御成敗有ハ、新見庄へ打入へきよし風聞有之、但山路切ふさき、弓矢取へき分也。三職地下人等の一そくうちよらハ、甲の四五百もあるへし、御代官たにも大将有ハ、野の末、山奥までも御共申、さゝゑは、おそらくハ三ケ国よりせむるとも落まし」（十一月十五日「新見庄上使祐成・祐深連署注進状」「東百」え函二八）と述べており、中世後期の在地社会では、本所の「直務」に対する期待の大きかったことがうかがえる。

(62)本書七七〜八〇頁参照

(63)応仁の乱がひとまず終わった後、文明十二年に山科郷民等が「郷中関」を立てているが（『山科家礼記』文明十二年十月五・十・十一日条）、すでに乱中の文明二年（一四七〇）五月に「世上静謐」「世上無為」になれば郷内に関を立て、郷民等と相共に知行してもいいと勝元が大沢に約束していた。そして乱後に、郷民等は郷内に関を立て、山科家の大沢と共にその知行を遂行しようとしたのである。

（64）山城国一揆や乙訓惣国一揆なども、「国」による地域の掌握と半済の実現を政策の基軸にすえている。

（65）田中克行前掲注（47）論文では、軍事動員とそこで約束される半済給付が根拠となって郷民等が半済を要求すること、この半済運動は山科七郷・宇治十一か郷・東山十郷など京都近郊全域を巻き込んだ画期的な年貢減免運動であることなどを指摘している。本稿は基本的にこの視点を踏襲しているが、応仁の乱と在地郷民との関わりを具体的に追いかけてみて、郷民による半済運動の根拠は、応仁の乱の時期に「郷々村々の一揆」を組織し「兵粮料」として「半済」を給付されたことが先例となったものだと考えている。

第二章　山城国西岡の「応仁の乱」

はじめに

山城国西岡といえば、桂川の用水系で結ばれ相論と合力をくりかえしながら強固な村落結合を生みだし、徳政と号する土一揆蜂起の重要な拠点となり、さらに応仁の乱後は惣国一揆の活動が顕著で、中世後期の在地社会の姿を典型的に示す地域である。しかし、応仁の乱の時期についていえば、細川被官を中心とする侍衆の動きに関心が集まり、全体として西岡の地下人等がこの戦乱の時期をどのように過ごしたのかが、ほとんど明らかにされてこなかった。応仁の乱に関する叙述のなかで彼らに言及する時も、戦乱に「おびやかされ」「あえぎ」「圧殺され」、ただ戦況を眺めるだけの存在として描かれがちであった。しかし、近年明らかにされてきたような自立し自力を行使し武力発向する村落のあり方を踏まえると、(1)彼らが戦乱のなかで翻弄され身をすくめ、ただ手をこまねいて過ごしたとは到底考えられない。

そこで、ここでは西岡という地域に視点をすえて応仁の乱の展開を追いかけ、戦乱のなかで「行動する」地下人等の姿を明らかにしてみたい。

一、村の侍の軍忠状

まず最初に、西岡で「応仁の乱」がどのような経過をたどったのかを見るため、西岡の侍衆の一人である野田泰忠軍忠状(2)を取り上げる。この軍忠状には、応仁の乱のはじまる文正二年（一四六七＝応仁元年）正月から文明三年（一四七一）七月までの長い期間にわたる行動が三十三か条にわたって列挙されており、細川の被官として東軍に加わり転戦していった侍衆(3)の動きを具体的に示してくれる。

野田泰忠軍忠状の内容から、彼らの動きは大きく三つの時期に分けることができる。

第一段階は、軍忠状の最初の十か条に記される文正二年（＝応仁元年）一年間の動きである。この年は、年明け早々に京都の上御霊社で両畠山軍が衝突した。野田泰忠軍忠状の一条目には、

一、就文正二年正月十五日京都乱罷上、同十六日、属安富民部丞手、祇候安楽光院御構事、

とある。乱の勃発とともに京都に上った泰忠等は、東軍の安富元綱の手に属して活動し始めたのである。本格的に東西両軍の合戦が始まった五月二十五日、泰忠は同じく安富民部丞の指揮下に入り将軍邸西門の警護にあたった。軍忠状の十か条目には、

一、惣門之御構、六角殿御拘之処、就江州御敵蜂起下向之間、為西岡中脉之輩、可相固之由被仰付、霜月廿七日、其年中相拘之、

とあり、近江での蜂起に対処するため帰国した六角勢に替わって、「西岡中脉之輩」が惣門の防御を引き継ぎ、この年いっぱいそれに励んだ。

史料から存在が確認できる時期

〔葛野郡〕

国人＼世紀	14	15	16
河島	*	*	*
革嶋	*	*	*
中嶋	*	*	*
下津林	*		
渡辺		*	*
大篠		*	
石原		*	*
山口			*
中路		*	*
小泉			*
飯村		*	

〔乙訓郡〕

国人＼世紀	14	15	16
物集女		*	*
竹田	*	*	*
大(小)畠	*	*	*
寺戸	*	*	*
南		*	
野田		*	*
鶏冠井	*	*	*
秋田		*	*
長井			*
小野			*
馬場		*	
古市		*	*
神足	*	*	*
林	*		
中小路		*	*
調子	*	*	*
大隅	*		
高橋		*	*
能勢		*	*
井内			*
小野		*	*
物部		*	*
高市			*
灰方		*	*
中沢			*
真板	*	*	
寒川	*	*	*
和田		*	*
利倉		*	*
長谷川		*	*
恋川		*	*
大江(久世)	*	*	*
岡	*	*	*
畑		*	*
中尾		*	*
東土川		*	*
大藪		*	*
植松		*	*
片岡		*	*
竹内	*	*	*
小寺		*	*
斉藤		*	*
志水			*
古川		*	*
月山			*

〔紀伊郡〕

国人＼世紀	14	15	16
高畠		*	*
高橋		*	*

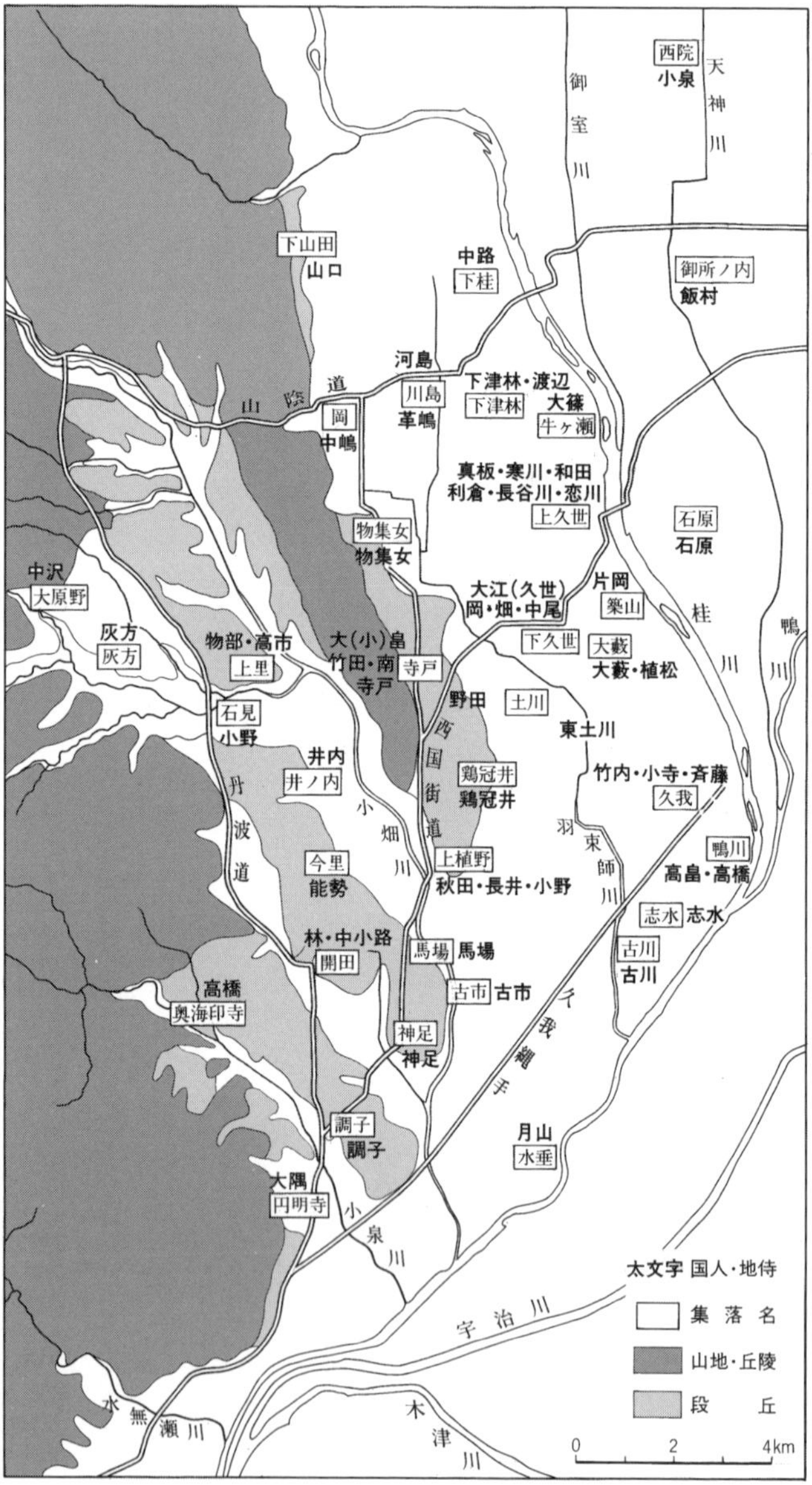

図1　西岡とその周辺の国人・地侍（『長岡京史』本文編一収載玉城玲子作図から一部改変）

この時期、「西岡中脉之輩」は京都で細川方に属して活動するだけではなく、自身の本拠地である西岡で重要な役割を担っていた。それは敵方の軍勢が上洛するのを西岡でくい止めることである。六月には畠山次郎の率いる河内・紀伊の軍勢と物集女縄手で合戦し、さらに山名教之の被官が備前国から上洛してくるのを久我縄手で迎え討ち、これ以後の戦況に大きな影響を与えることになる大内政弘の上洛に際しても、京都の西軍陣営から迎えがやってくるのに対抗し、これを押さえこむため摂津の神内山・芥川・入江に陣取り忠節を尽くした。彼らの西岡でのもう一つの役割が、東軍方の軍勢上洛に際し、これを阻止しようと馳せ向かって来る敵方を押さえて、無事に京都まで送り届けるという役目である。敵方の在所に火を付けるなどの攻撃をかけながら、各地から京都に向ってきて地理に不慣れな味方の軍勢を誘導する働きを、この軍忠状では「路次の案内者を仕る」と表現している。この戦乱開始の時期、京都に結集してくる軍勢にとって、現地の詳細を知っている「案内者」を味方につけることは必須の要件で、それぞれが敵方の路次は「塞ぎ」味方の路次を「案内」したのである。この野田軍忠状の最初の十か条に出てくる場所を地図の上に落としたのが図2で、京都と西岡を往復しながら活動したこの時期の西岡衆の動きがよく見てとれる。

第二段階は、応仁二年（一四六八）から翌三年（＝文明元年）四月二十二日までの時期である。この時期の始まりは、

一、同二年、西岡中脉之御被官在所於、自敵方可退支度依有其聞罷下、張陣秋田館上野処、八月廿七日、山名右馬助殿被陣取谷之堂、然間両陣之諸勢加一所致在陣、

という、大変緊迫したものであった。西岡の細川方被官衆の在所を敵方が攻撃してくるという情報が伝わったので、彼らは急ぎ下向して西岡で陣を張る。谷の堂に山名右馬助が陣取ったのでそれに合流して東軍方の拠点を固めた。以後は、嵯峨に陣を張っている丹波勢から敵方の攻撃を受けて苦戦していると注進があったので合力に駆けつけたとか、谷の堂に京都から敵方が攻め下ってきたので合戦となったとか、西岡での両軍衝突のさまを語る内容が続く。ここで

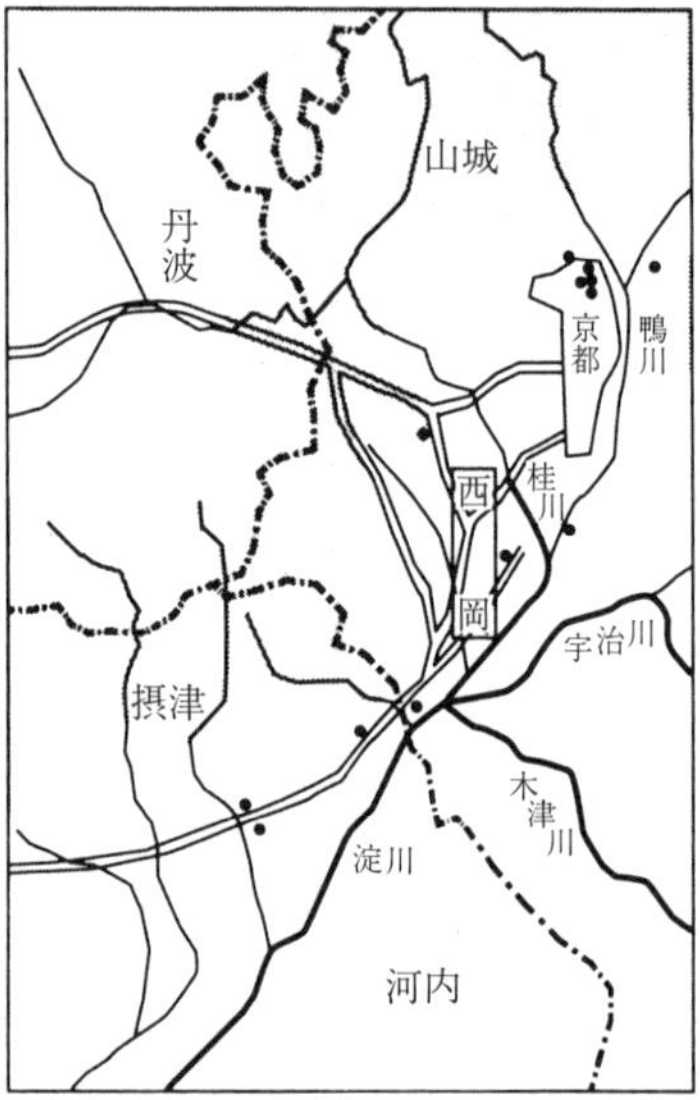

図2　第一段階

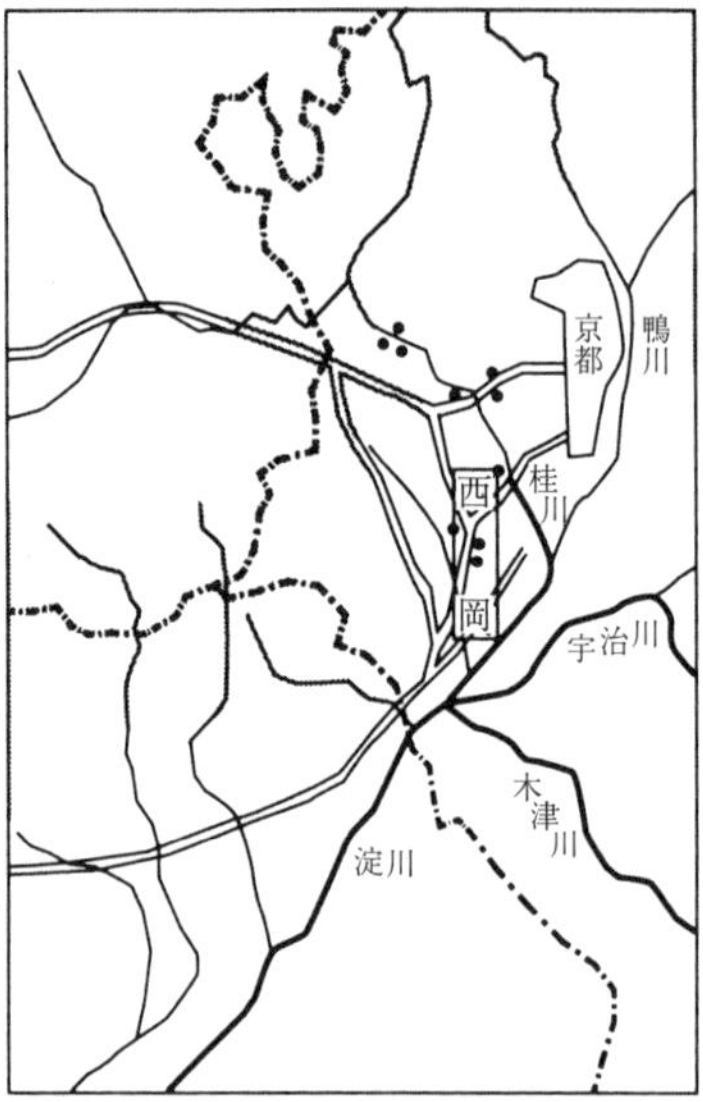

図3　第二段階

注目されるのが、

一、同（応仁二年十月）廿二日、寒川新左衛門尉館上久世仁御敵切居処、自谷之陣着寄合戦仕、西岡衆者搦御敵鶏冠井城、陣取寺戸山、

という記事である。細川氏被官で上久世庄公文の寒川氏の館が敵方に押さえられたため谷の陣から押し寄せて攻撃を加え、敵方の鶏冠井城を搦めとろうと寺戸山に陣を構えたとあって、西岡の侍衆はそれぞれの被官関係などによって東西両軍に分かれて攻撃しあっている。この軍忠状に「当国之御敵馳向」とか「西岡中脉之御敵在所」とあるのは、この時期に西軍方に与した西岡の侍衆のことで、彼らは畠山次郎や大内政弘の西軍方軍勢が上洛する際は「路次の案内」をし、香川や安富や細川一門守護等の東軍方の軍勢上洛に対しては阻止する動きに出た。路次を「塞ぐ」といい「案内する」といっても、西岡の東西両勢力にとっては互いに表と裏のような関係になっていた。そして、東西二手に分かれた西岡衆に、東軍方と西軍方の双方から有力な諸勢が加わり、西岡を舞台として両軍が全面的に衝突するこ

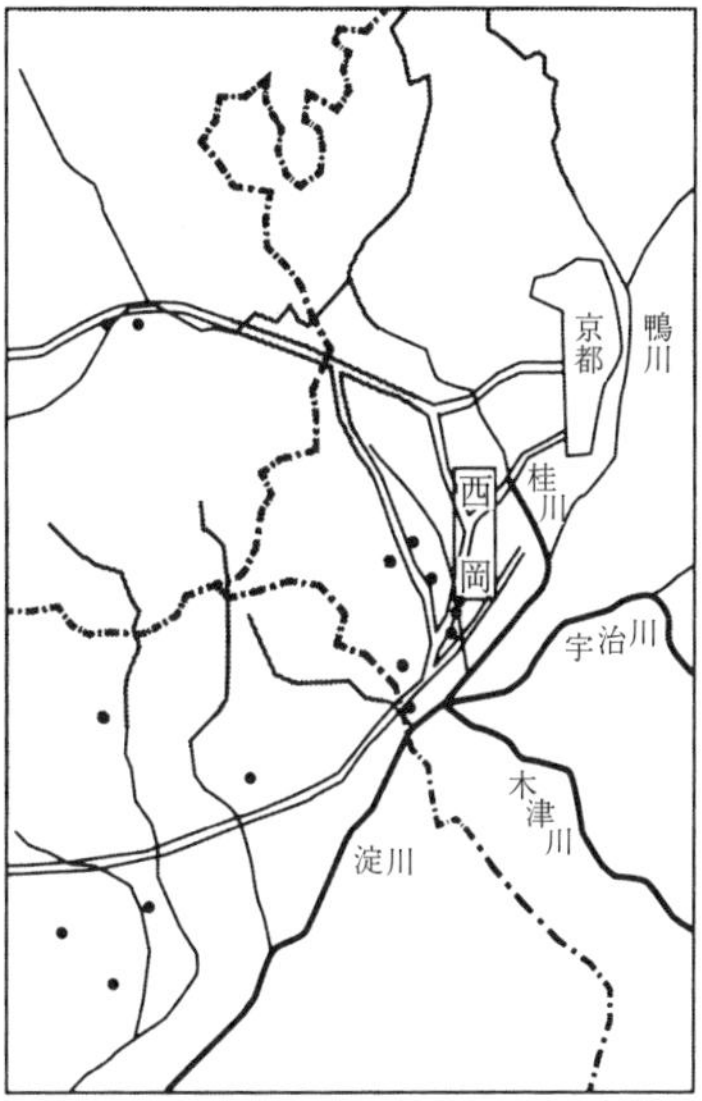

図4　第三段階

ととなった。その決戦は、

> 一、同（応仁三年四月）廿二日、相催京都之御敵并当国摂州中嶋十七ケ所之諸勢、着寄谷陣、雖合戦仕、破一陣、不叶諸口、彼城没落仕、引退丹州穴太畢、

とあるように、京都・山城・摂津の軍勢を結集して谷の陣に猛攻をかけてきた西軍勢に対し、東軍方は敗北し丹波穴太へと敗走する結果になった。図3に明らかなように、この時期の激しい攻防の地点は西岡とその周辺に限られており、東西両軍に属する西岡衆は自らの本拠地で互いに争ったのである。そして、応仁三年四月二十二日に谷の陣が陥落したことは西岡の東軍方にとって決定的な打撃となった。

第三段階は、応仁三年（一四六九＝文明元年）夏から文明三年（一四七一）七月の勝龍寺合戦までの時期で、この間の動きは軍忠状の後半十五か条に述べられている。本拠地からの撤退を余儀なくされた東軍方の西岡衆は、丹波から摂津へと転戦していく。文明元年十二月には、敵方が山崎に陣取ると聞き伝えて、山名是豊と共に山崎に着陣し、さらに鳥取尾山に在陣した。ここにやっと、西岡のそれも西端の地に陣を構えることができたのだが、ここから西軍の拠点である勝龍寺や「西岡御敵の在所」である上里・石見・井内などを攻撃し火を放つ。しかし、軍忠状の最後に記されている文明三年七月二十三日の勝龍寺合戦に至るまで、東軍方の西岡衆は一度も西岡地域の中心部に陣所を構えることがない（図4参照）。この点からも、この段階は西軍勢力がいかに強固にこの地を掌握していたかがうかがえる。

このように西岡における応仁の乱は、東軍優位の第一段階、東西両軍が拮抗し激しい合戦となる第二段階、そして応仁三年四月二十二日の谷の陣での東軍敗退を契機に西軍による支配が浸透する第三段階という経緯をたどる。そのなかで具体的にどのような事態が進行していたのか、次節以下で詳しく各段階のあり方を見ていくことにしたい。

二、路次をはばむ寺領地下人等

第一段階のポイントとなる事件は、応仁元年六月十七日に起こった。野田泰忠の軍忠状は、それについて次のように述べている。

一、相催畠山次郎殿河内紀伊之勢参洛之時、可相支之由被仰付、西岡中脉之輩罷下、六月六日馳向、同十七日物集女縄手合戦仕、御敵数輩討捕、御感状在之、

京都で参戦していた西岡衆に、西軍の畠山次郎（義就の猶子）が河内・紀伊の軍勢を結集して京都に向かっているので、それを阻止せよ、という命令が下された。「西岡中脉之輩」は急いで在所に馳せ帰り、六月十七日に上洛してきた軍勢と西岡の物集女縄手で合戦、敵方数人を討ち取ったという。(4) これに先立ち、東軍では十三日に次のような奉書を出している。

畠山右衛門佐以下凶徒事、差塞通路討捕之、参御方可致忠節之由、被仰出候也、仍執達如件、

応仁二
六月十三日　　　　忠郷
　　　　　　　　　貞基

西岡中脉地頭御家人中(5)

これに呼応して、西岡衆の多くは西軍方の軍勢と合戦に及んだのである。

ところが、一方の西軍からは、当時の管領で西軍方に属する斯波義廉から東寺に対して下知状が出された。

今月十七日、自河州上洛軍勢、於西岡、寺領地下人等相支路次及合戦之条、太不可然、所詮一段為寺家可被行罪科、若無其成敗者、申付別人可致其沙汰者也、仍下知如件、

応仁元年六月廿一日　　左兵衛佐（花押）

東寺衆徒御中[6]

東軍に対する忠節は、当然西軍にとっては敵対行為である。しかも西岡で「路次を相支え合戦に及んだ」のが寺領の地下人等だというので、管領斯波義廉は領主である東寺に対し、東軍に味方するこのような行為に出た地下人等を厳しく処罰するよう求めてきた。東寺では六月二十三日に鎮守供僧等の評議でこれを協議し、「早召上上下庄公文、可被相尋子細之由評議畢」[7]と、まずは上久世・下久世両庄の公文を呼んで詳細を尋ねようということになった。上久世庄からは、公文の寒川ではなく、年寄衆の性善・中務の両人が参洛してきた。寒川は細川氏の被官であり東軍方に与して参戦しているという事情に加えて、上久世庄公文職補任をめぐって寒川氏内部で対立がみられた[8]ことも一因であろう。

東寺の鎮守供僧等は評定して、

自河州上洛軍勢、於西岡依相支、自管領寺家江御教書被成之間、寺家之大事也、然間、寺領并地下人等無為候様仁、惣庄致談合、於自今以後者、可然様可為沙汰之由、被下知畢[9]、

と上洛してきた両人に下知している。西の方から上洛してくる東西両軍の多くが西岡を通るという地理的位置を考えると、応仁の乱の始まりによって西岡がそれに深く関わり、戦況に左右されることは避けられないことであった。侍衆はそれぞれの被官関係などを軸にして、東西両勢力に組織されて動き出す。百姓等も自分たちの在所であるからに

はこれと無関係ではいられない。これまでも在所全体に関わる危機に直面した時は、必ず惣庄で談合し、どう行動すべきかを決定してきた。西岡で「路次を相支え」るという動きに出たのも西軍と合戦に及んだのも、侍衆だけの行動ではなかった。それゆえ東寺としては、以後も「惣庄談合」して然るべき方向を選ぶようにと言うよりほかなかったのである。

応仁の乱の最初の段階では、東軍が先手を打っていた。六月十六日付で久世上下庄宛に東軍方の禁制[10]も出されている。西岡には従来から細川方被官が数多くおり全体的には東軍方に傾いていた。この管領斯波義廉下知状には、西岡を自軍に組織できず、通路を押さえられ大きな打撃を蒙った西軍側の窮状がよくあらわれている。

三、兵粮米と半済

八月末に東西両陣営は、この年に収穫される年貢米をめぐって、ほぼ同時にはたらきかけを開始する。まず西軍方からの動きが、九月二日に寺領からの注進として東寺に伝えられてきた。

一、去二日注進之、自山名金吾、兵粮米被懸久世上下庄配符、注進之、

配符案

当方御陣中兵粮米之事

合

右、寺社本所領并散在地等事、当年貢借用可申候、来晦日已前ニ可有沙汰候、若令日限延引者、以野伏、堅可被催促者也、

応仁元
八月廿二日　　　　　　　　　　　　　　　　左衛門尉 判
　　　　　　　　　　　　　　　　　　　　　右衛門尉 判
　　　　　　　　　　　　　　　　　　　　　瑞　蔭 判

上の久世
名主沙汰人御中

下久世配符同前、此趣令披露畢、

免除案

東寺領山城国植松・上野両庄并久世上下庄・拝師・女御田及散在所々田地等兵粮米事、不混自余寺社等之間、所被免除也、然者方々綺堅可被停止之由、依仰、免除之状如件、

応仁元
九月三日　　　　　　　　　　　　　　　　垣屋二郎左衛門
　　　　　　　　　　　　　　　　　　　　　豊遠 判

東寺雑掌

制札案

禁制　　東寺境内并寺領

一、軍勢甲乙人等、不可致濫妨狼藉事、

一、竹木不可切取之事、

一、田畠作毛不可苅取事、

右条々堅令停止畢、若方々軍勢甲乙人等、於令違犯輩之者、速可処厳科者也、仍下知如件、

応仁元年九月

沙弥 判
山名金吾

今度之儀、植松方奉行、悉皆取沙汰之間、会釈以下巨細、可有彼引付者也、(11)

西軍方の山名宗全は、寺社本所領の当年の年貢を自軍の兵粮米に借り受けたいと主張し、このような配符を寺社本所領に入れた。その表現は「借用」などという穏やかなものであるが、日限を過ぎても納入しない在所には「野伏」をもって催促するぞという、まさに力づくでの要求である。八月晦日という期限を過ぎ、いつ「野伏」をかけられるかもしれないという事態になって、久世上下庄から九月二日に注進があった。領主東寺は直ちに動いて、九月三日付で垣屋豊遠が奉った山名宗全の免除状を得、さらに山名宗全の禁制をも入手して万全を期した。この引付の最後に、これらを取り計らったのは植松方供僧の年預であり、西軍方との交渉に要した費用などの詳細は植松方引付にあると記されている。おそらく多額の会釈を要したものと思われるが、ともかくも西軍による兵粮米徴収は避けられることになった。

一方、東軍方も八月二十七日に次のような奉書を出している。

山城国西岡中脉所々散在寺社本所領半済分除賀茂・八幡・春日・北野領等事、就今度忩劇、細河右京兆被申請之訖、早参御方、各可被抽軍功、然者随忠節深浅、可有恩賞之由、所被仰下也、仍執達如件、

応仁元年八月廿七日

(貼紙)「斎藤民部大輔」
散位

(貼紙)「布施」
下野守

中脉地頭御家人中(12)

西岡中脉の寺社本所領年貢の半分を、細川勝元が将軍の許可を得てもらい受けた。これを恩賞として与えるから、この地域の地頭御家人等は東軍方に属して忠節に励むようにというのである。この旨は同日付の奉書で山城守護山名是豊にも伝えられ、「若又有及異議之族者、云本所、云交名、随注進可被処罪科之由、被仰出候也」(13)と厳しい姿勢で臨んでいる。寺社本所領の「半済」を恩賞に宛て軍勢を組織するのは南北朝内乱期に多く取られた政策で、半済給付権は守護の掌握するところであった。それゆえこれは、この段階では将軍を取り込み山城守護も自軍の側にあるという東軍だからこそできた措置である。同じく寺社本所領の年貢を押さえるのでも、西軍山名宗全方はそれを「兵粮米」と称している。この室町幕府奉行人連署奉書を承けて、半済究済を命じる配符が久世上下庄にも入れられ、両庄からの注進を受けて、はじめて東寺は東軍方の動きを知ることになる。

一、自久世上下庄注進申云、細川方之西岡輩所々半済申給云々、仍上下庄ェ配符由披露之処、可被歎申　公方様、
　但巨細以内談可有沙汰之旨、衆儀治定畢、

当国所々散在寺社本所領年貢半済米事、
　合
右、去月廿七日任奉書之旨、来廿四日以前可有究済、若令難渋者、以譴責之使、堅可有催促者也、仍配符如件、
　応仁元年九月廿一日　判
　　　　　　　　　　　判
　上久世
　下久世同前(14)

西岡の寺社本所領の半済を恩賞として約束され、それに呼応して参戦し軍功をたてた「細川方の西岡輩」が半済米を要求してきたのである。難渋の在所は、譴責使をもって厳しく催促するという。

この「細川方の西岡輩」による半済米徴収は実行された。当然、西軍方としては黙っているわけにはいかない。西軍方への兵粮米については東寺から交渉して山名宗全奉行人垣屋の免除状を得ていながら、東軍方の半済には応じているとは許し難い、というわけで、十月になって、西軍方の管領斯波義廉から東寺雑掌が呼び出され、次のように厳重な抗議を受けた。

一、自管領召雑掌云、西岡郷民等、細川陣兵粮入之云々、甚不可然、堅相触寺領可被停止、若無承引者、可有罪科云々、衆儀趣、召地下人、堅可被仰付、次明日八日以雑掌、管領江返事可被申之旨治定了、(15)

西岡郷民等が細川方の陣に兵粮米を運び入れているとのことだが、これはとんでもないことである。寺領の者たちに厳命して、この動きを中止させよ。管領斯波義廉はこのように猛抗議してきたので、ここから、「細川方の西岡輩」が「西岡郷民等」の協力をとりつけ、自らの陣所への「半済米」納入を実現していたことは明白である。地下人等と東軍方西岡輩との緊密な関係は、さらに次の動きによってもうかがうことができる。

一、久世以下半済事、支証案文暦応二同三年并会釈二千疋分、為地下人両三人井上入道・利倉二郎左衛門・岡弾正致口入可成無為之由、先日被仰之処、昨日廿二日両三人参申云、先日寺家御意趣、雖申衆中、不可叶云々、此上者、早速仁被申　公方様、可被召奉書之由、衆儀治定了、(16)

久世荘に懸けられてきた半済の免除を得るため東寺が取った措置は、久世上下庄の地下人井上・利倉・岡の三人に、南北朝期の暦応二・三年に半済免除を得た証拠となる文書案と二十貫文の会釈料を渡して、東軍方西岡衆と交渉させようというものであった。三人は久世庄の年寄衆であり侍衆の一員で、「西岡地頭御家人中」と称される面々とは緊密な関係をもっている。寺領の地下人等が一体となって路次を塞いだ時も彼らが中心となって動いたにちがいない。それゆえ、東寺はこの三人に期待を寄せ、支証案文と交渉費用を託した。しかし結果は「衆中に申すといえども、叶うべからず」というもので、細川陣に結集している西岡輩（＝「衆中」）はこれを拒否した。

それならば、将軍方と交渉して免除の奉書を得るよりほかはないと東寺は動きだし、斎藤民部・飯尾肥前・清和泉などの奉行人に会釈を送って(17)、

山城国久世上下庄事、為東寺八幡宮領之処、違乱云々、早加下知、可被止其妨之由候也、仍執達如件、

応仁元
十月廿六日　　（貼紙）「斎藤民部大輔」親基（花押）
　　　　　　　（貼紙）「布施下野守」貞基（花押）

西岡面々中(18)

との奉書を得る。しかし十二月になっても、半済を給付された西岡輩は奉書による免除命令をきかず違乱を続けた(19)。東寺は「久世庄半済事、地下人等依口入、五千疋分ニテ(20)」と、再度地下人等の口入を得て衆中との交渉を試み、五十貫文で半済免除を了承させようと動く。

一、今度半済入足等注文、令披露之処、被遣庄家五千疋分者、沽却当年貢之内、可遣之、其外之於遣足分者、造営を被借用、来年可有返弁云々(21)、

庄家に遣わした五十貫文には、応仁元年の久世庄年貢米売却分を充て、それで足りない分は寺内の造営方から借りて来年返弁するという方針がとられた。交渉に当たった地下人五人には、「粉骨分」として各百疋が遣わされている

ことから、この交渉は成功したものと思われるが、半済免除の見返りに年貢分から五十貫文を割き与えたことになる。この年の光明講方年貢算用状[22]には、「一、上野庄　壱段六十歩（中略）六斗八升一合　半済之由申、（中略）一、兵庫料御年貢□□（中略）合五百文内（中略）軍勢苅田□□」などとあって、寺領の多くで半済が実施され、軍勢による苅田狼藉も行われている。

四、東西両軍による半済催促

第二段階に入った応仁二年（一四六八）も、東軍方西岡衆による半済収取の動きは止まらなかった。

東寺雑掌申、山城国上野庄・拝師、并東西九条・植松庄等半済事、非西岡中脉云々、然者可被止催促之由候也、仍執達如件、

応仁二
三月四日　　　　　　　　永隆（花押）

神足孫左衛門尉殿
高橋勘解由左衛門尉殿
寒河越中入道殿
石原弾正左衛門尉殿[23]

と細川勝元が命じているが、「西岡面々中」は細川勝元の認めた西岡中脉の地域を越えて半済催促を強行した。この神足・高橋・寒川・石原等は野田泰忠などと同じく、東軍方西岡衆の中心勢力であった。さらに東軍方は、山城・近

江・伊勢三か国の寺社本所領半済を、この乱中は幕府御料所にするという動きをみせる。(24) 将軍を自軍に掌握している優位性を誇示するかのようである。

他方西軍も、東軍に対抗するために自らの正当性を強く打ち出す。その一つが、畠山義就は山城国守護であるというもの(25)、もう一つは、応仁二年七月の細川勝元管領就任後も、斯波義廉が引き続き管領として行動し文書を発給することであった(26)。

一、自右衛門佐方、被入半済之折紙於柳原之間、披露之由申候、

柳原折紙案

当国守護職事、任先例御成敗之間、柳原之内東寺領年貢、早々可収納者也、若及異儀者、堅可譴責之由、被仰出候也、仍執達如件、

応仁弐

八月十五日

木沢兵庫　助秀　判

斎藤新右衛門　宗時　判

遊佐越中　盛貞　判

誉田　就康　判

遊佐　就家　判

柳原之内

東寺領百姓中(27)

奉書中に半済の文字はないが、山城守護としての成敗を宣言した奉書を受け取った側は、これを「半済の折紙」と

位置づけている。

この応仁二年の前半に「当国半済」といえば、それは東軍方による半済であった。ところが五月頃からは、山城守護であると宣言した畠山義就が「当国寺領半済」の実施主体として名乗りをあげる。(28) 半済と半済のぶつかりあいである。ただ、これらの文書の表面上からは、東西両軍が互いに正当性を主張し合って半済の実現を目指す、穏やかな応酬であるかのように見える。しかし、実はその基底部で激しい対立と戦闘を生み出していた。応仁二年の収穫期をむかえた八月の西岡は、東軍方西岡衆の在所を西軍方が攻撃すべく準備しているとの報が伝わり、急ぎ本拠地に帰ってきた侍衆が陣を張るに及んで、一挙に緊張を深める。東寺領下久世庄には、東軍方から大将として山名右馬助が陣を構えるとの風聞があり、東寺にその旨が注進されてきた。急いで東寺は「侘事」をしてそれを回避しようと、駿河・乗観の二人の寺官が宮仕・門指を供にして下久世に向かうが、

一、今月廿四日、下久世庄ぉ大将山名一家馬助殿可被取陣ニ風聞候由注進申之間、駿河・乗観宮仕・門指為侘事、雖被遣、已着陣之上者、不及是非罷帰了、一向当公文之所行也、言語道断之由申候処、更以不存知之由色々返答、此趣為御心得披露畢、(29)

と、すでに軍勢は着陣していた。仕方なく東寺に帰った彼らは、「このような事態を招いたのは下久世庄の当公文の所行に違いない。言語道断のことだ」と申したが、「軍勢が着陣するなど全く我々も預かり知らぬことで」というのが公文等の返答だった、と状況を説明している。しかし、下久世公文等の同意がなければ、何の抵抗も受けずに下久世に着陣できるはずがない。「一向当公文之所行」とする上使の判断は誤りではなかった。とはいえ、東寺はこの事態を受け容れるしかない。

着陣した右馬助は、直ちにこの地域の所々に配符を入れ、戦闘に備えて兵粮米の確保をはかった。久世上下庄にも

「半済残分年貢諸公事以下、可致取沙汰」との配符が入ったと注進があった。これへの対処を相談するため東寺は寺領の公文や年寄衆を呼び出すが、ここに至っては誰一人として上洛してはこない(30)。庄に下向した東寺の使者と地下人等とのあいだで、次のようなやりとりが交わされている。

半済并兵粮米配符之事、如注進之者、一向寺納不可有、然者伽藍滅亡又神用退転之条勿論歟、言語道断曲事之趣申処ニ、大将右馬助殿為成敗之間、於地下人者、更不存知之由申了、(31)

「これでは今年の年貢は全く寺納されないことになり、伽藍滅亡神用退転に陥るのは必至である」と訴える寺家の使者に対し、「大将右馬助殿の成敗によるもので、地下人としては何とも手の打ちようがない」と答えている。しかし、それに加えて「でも、もし大将右馬助方に寺家として侘言するというのなら、その使いには我々が立ってもいい」と地下人等は言う(32)。彼らは、半済や兵粮米は大将右馬助殿の成敗によるもので我々には打つ手がないとして、全く東寺には年貢を納めない。しかし、使者に立つというからには右馬助方との密接なつながりを保持していたはずである。

十月は激しい戦闘が続いた。東軍方への旗色が明らかな細川被官寒川氏が公文である上久世庄は、西軍からは敵方在所として攻撃目標にされる。「去九日、上久世庄足軽衆乱入而放火畢、寒川并利倉両人自焼云々(33)」、「就軍勢乱入、苅田(34)」、「十月九日、上久世庄エ軍勢乱入之時、大略田地稲苅取(35)」と、西方軍勢が乱入し家々に火を放ち、田の稲はほとんど苅り取られ、東軍方西岡衆である寒川や利倉は自身で家に火を付けて退却した。この時、乱入してきた「足軽衆」「軍勢」の中には、以前に公文職相論で寒川に敗れ上久世を出ていった前公文真板（舞田）がいて、「真板地下入部仕之間、為御礼参公文所(36)」と東寺の公文所まで挨拶に来ている。野田泰忠軍忠状(37)に「寒川新左衛門館上久世仁、御敵切居」とある「御敵」とは、西方に加わって攻撃してきた真板氏であった。その後、十月二十二日に東軍は谷の陣から押し寄せ、逆に真板を追い出した寒川が「地下入部」を果たす。

一、今月二十二日、退真板於寒川地下入部、敵方井上子・松本・見原以下討死了、在家少々放火、(38)

とあるように、真板方に加わっていた上久世の侍衆井上の子・松本・見原（三原）などが討ち死にし、在家も焼けたという。(39)

ところで、上久世に西方軍勢が乱入し放火や苅田を行った十月九日、下久世庄は、東方大将右馬助の軍勢がつい先ごろまで在陣していた在所だというのに、その攻撃を免れている。それは何故か。

一、（中略）自下久世庄、中尾彦六申云、畠山殿御内仁・大内殿御内仁、色々申合、地下無為仕候、然間、年貢半済分、彼面々粉骨分ニ可引給之由、折紙於進、披露之処、沙汰外之間、不可及御返事衆儀了、(40)

上久世へ西軍攻撃がかけられた直後、下久世庄の中尾彦六から届いた折紙には、東寺の予想を越えた内容が記されていた。この戦乱の中で下久世庄が「地下無為」に終始したのは、畠山義就や大内政弘の内者等と下久世庄地下人等が色々申し合わせた結果である。ついては、彼らに「粉骨分」として下久世年貢の半分を給付してもらえないだろうか。この中尾からの折紙の内容が披露されると、供僧等はとんでもないことだと憤慨している。しかし、下久世庄が「地下無為」を貫けたのは、地下に抱え込んだ年貢を切り札にして、公文以下が西方の面々と交渉し、その年貢分の半済をめぐって取引をした結果である。すぐに、下久世からは「右衛門佐殿、当国守護之間、可有知行之由」の奉書が注進されてきた。西方からの半済催促については寺家として免除状も得ているから、ともかく年貢分を早々寺納するようにと東寺は再度使者を送って申し付けたけれど、(41)下久世庄地下人等は応じない。

軍勢の乱入・放火・苅田という事態に直面した上久世庄、「地下無為」にこれを乗り切った下久世庄、東寺領の両庄は応仁二年の秋冬を対照的な状況で過ごすことになった。しかし、この年の東寺への年貢納入は、両庄そろって「一向未進」に終わっている。(42)

五、直納と指出

応仁三年（一四六九＝文明元年）四月二十二日に、東軍の谷の陣に西軍の大軍が押し寄せ、敗北した東軍方は西岡から丹波国などに退去する。ここから西岡の応仁の乱は第三段階に入る。これ以後は、西軍方が西岡をほぼ掌握する。

一、守護方自五人奉行方、以寺家人夫、西岡所々之竹木可切進之由、成奉書之間、以雑掌可有詫言(43)

一、久世上下庄、植松庄、三ケ所之庄掘之事、早々可掘立之由、守護方より地下衆ニ被申付(44)

というように、「守護」畠山義就は寺家に対しても寺領地下衆に対しても、軍勢のための竹木を切り出せ、陣所の防御のために急いで庄のまわりに堀を掘れ、などと言ってくる。

一、下久世人夫十五人、河州下向陣夫、自守護被懸之、為地下可致沙汰候、又寺家如此候(45)

畠山義就はまた、河内に下向する陣夫として下久世に人夫十五人を懸けてきた。「為地下可沙汰候、又寺家如此」という引付の記事には、寺領のことは地下人等で対応し、寺中のことは寺家で何とかするしかないというあきらめの気持ちがよく現れている。

地下人等は「惣庄談合」で切り抜けるしか術がなかった。ところで、ここにあげたすべての史料には「自守護」と明記されており、畠山義就はこの時期この地域で、「山城守護」として受けとめられ承認されている。

文明元年の年貢米をめぐって、守護畠山義就が動く。

一、下久世公文上洛仕、西岡諸本所四分一、西岡足軽ニ自守護被申付之間、当庄四分一可給之由、昨夕申候、可為如何様哉(46)、

十一月一日に上洛してきた下久世公文久世弘成によれば、西岡にある諸本所領の年貢の四分の一を「西岡足軽」に与えると守護からの命令があったので、下久世庄の年貢四分の一を頂きたいという。「可給」というのは自分達が貰うという意味である。「西岡足軽」への「四分一」給付について、稲垣泰彦はこの史料から下久世の公文以下何人かの侍分に与えられたものとし、公文―侍分―一般農民という農民的軍隊がこの時期の郷村の軍事的組織であったと結論づけている。(47) しかし私は、公文久世氏と何人かの侍衆にのみ「四分一済」が与えられたのではなく、この時に下久世は割れることなく結束して在所の維持に動き、それに対して恩賞として守護畠山義就は本所分年貢の四分一を給分として与えたと考えている。この文明元年の「西岡之足軽」への四分一済は、下久世庄年貢米算用状(48)では「庄立用」として前もって庄家で差し引くかたちで、公文の久世弘成が算用状を作成している。「西岡之足軽」への四分一済は、翌文明二年（一四七〇）も引き続き行われた。(49)

この文明元年十一月には、上久世庄からも注進があった。

一、上久世注進状案

去晦日和仁方へ可罷上之由被申候間、罷出候之処ニ、御本所諸公事等前々儀直納申候哉如何之由、御尋候之間、直納之由慥申候之処、然者一向可仕之由被申候之間、如此仕候て進之候、此外者、一切なにも約言之子細不申候、則被一向之案文進上申候、恐惶謹言、

十一月四日　　道長 判

正善 判

道林 判

上使御房まいる

彼案文云

畏申上

東寺領本年貢米之事、御百姓直納申て候、もし地下未進候へハ、公文殿より未進てうふを東寺へ御出候て、東寺の定使さいそく申□、御年貢なり候へハ、公文方より惣散用状を本所へ上申され候、諸公事同事にて候、

十月晦日　道長

正善

道林(50)

守護方から呼び出されて、本所へ年貢を納入する方法は直納だったのかどうかを尋ねられた。年寄衆三人が直納だと答えると、それを文書にして差し出せという。そこで、このような内容の文書を提出してきたのだが、これ以外には一切何も守護方とは約束などしていない。上久世庄からはこのような注進状が届いた。同時に送られてきた文書の案文には、年貢は御百姓が直納し、未進があれば公文が未進徴符を東寺に提出し、東寺から定使が催促にやってくること、年貢が納められれば公文が惣算用状を本所に進上すること、諸公事の納入もこれと同じだということ、などが記されていた。年貢納入のやり方を直接地下人等に尋ねて実態を把握したのは、守護方は「御百姓直納」に依拠して、在地から直接納入させようというねらいがあったようで、これ以後、応仁の乱中、上久世庄は東寺の手を離れる(51)。

文明三年（一四七一）八月、畠山義就は「当国所々寺領、当年悉可借用(52)」という方針を打ち出した。河内や紀伊国が「無正躰」という状態ゆえ、山城国寺社本所領への賦課を強化するのだという。しかも、今度は各所領の「指出」を要求してくる。これを「迷惑之次第」としつつも拒否できずに、東寺は「以算用状寺納分可注進」と衆議して、次のような「指出」を注進することにした。

注進　東寺八幡宮領下久世庄年貢米事
合参拾九石者寺納分廿一度神供米也、
右、注進如件、
文明三年八月廿九日　　　　納所　乗弥(53)判

しかし、閏八月になって下久世庄から公文等が上洛してきて、守護方は直接に庄家の公文を召し出し、下久世庄指出を注進せよと厳しく命じられたので提出したが、その指出三通の案文を持参してきた、と言う。「鎮守八幡宮供僧評定引付(54)」には、指出案文三通の要点が次のように記されている。

米五十弐石三斗七合此内足軽分　□四町六反半
残定米三十九石二斗三升二合
畠年貢四石六斗二升同四分一　七町一反六十歩
八幡御供御雑用十五貫四百五十文四分一
已上　文明三閏八月二日

この公文が出した指出では、下久世庄の年貢米は五十二石三斗七合となっている。そこから足軽四分一を引いた定米分が寺からの指出に記された三十九石とほぼ同じになっている。しかし、これまで下久世の四分一として東寺が認めてきたのは文明元・二年とも五石であった。ところが、守護の要請を受けて公文が出した指出には五十二石余の四分一を引くべきだと記されている。それは五石を大きく越える数字になる。ここに、地下の指出の最も主張したい点があったのではないだろうか。実際、文明三年の下久世庄年貢算用状(55)には「四分一拾参石漆升六合引之」と公文弘成によって記載されており、五十二石余の四分一にあたる十三石余を「庄立用」として差し引いている。

さらにこの年、守護方が打ち出したのは「今度寺領可半済」という方針であった。全寺領の指出を出させたうえで、半済を実施しようというのである。「一寺滅亡重事不可過之間、此間鎮守・西院ニテ一七ヶ日祈祷有之[56]」と、東寺では大変な危機感を持ち、守護方にはたらきかけて免除を得ようと画策するが、

無承引、以前寺家年貢注進奸曲之間、不可叶[57]

という結果におわった。「寺家年貢注進奸曲」と守護方が指摘できたのは、東寺からも地下からも指出を注進させたうえで、それを照合させた結果である。文明三年の畠山義就による半済は、こうして用意周到に実施された。

おわりに

以上、応仁の乱の展開を、西岡という地域に視点をおいて追いかけてきた。乱の始まりとともに侍衆が京都の合戦に参加していくなかで、西岡の地下人等は、その置かれた地理的条件からも、否応なく戦乱とかかわっていく。当初、東軍優位の戦況下では、「衆中」を構成する西岡侍衆と連携して上洛してくる西軍方軍勢の路次を塞ぎ、戦闘に加わる。恩賞として「衆中」が「半済」を認められると、年貢米を陣中に運び入れ、積極的にそれを支持する。その行動は「惣庄談合」を軸にした合意の上に成り立っていた。この東軍優位が維持されれば、京都をはさんだ東側で同じような条件下にあった山科七郷のように、郷民等が一揆して軍忠に励み、その見返りに「半済」を得るという事態を迎えることになったと思われるが[58]、西岡では、応仁二年から三年前半まで東西両軍が互いに半済を確保するため激しい戦闘をくりかえし、結局、東軍の敗退、西軍の支配確立へと向かう。

これまで、戦乱の中でなされる半済の、在地における具体的な姿はなかなか明らかにされてこなかった。しかし、

半済令が出ればそれで半済が実現するわけではない。半済給人となった者が現地で実際に「半済」を取るには、単に苅田狼藉のような実力行使以外に、どのようなやり方があったのか、それを具体的に物語る史料がない。しかし、ここに見てきたように、西軍支配下で実施された「半済」は、「御百姓直納」という地下請の達成を基盤にして、「地下指出」をもとに行われたことがわかる。それは在地で年貢米を確保している地下との交渉のゆくえにかかっていた。もちろん乱中の交渉は、常に武力を背後に背負ってなされる。地下人等も、激しい戦闘が続くなかで、「地下無為」を貫く切り札は年貢米の「御百姓直納」にあることを十分に認識していた。どちらの側にどのようにして半済を支払うかによって「地下無為」が大きく左右される。地域の保全に「村の軍勢」が軍忠を尽くしたのなら、それに対する恩賞を得るのが当然だとする認識は、こうしたなかから生み出されてくる。

注

（1）藤木久志『豊臣平和令と戦国社会』（東京大学出版会、一九八五年）、同『戦国の村を行く』（朝日新聞社、一九九七年）、また拙著『日本中世の在地社会』（吉川弘文館、一九九九年）で、村の武力の具体的なあり方を明らかにしてきている。

（2）文明六年三月日　野田泰忠軍忠状（尊経閣古文書纂編年文書二八、東京大学史料編纂所架蔵写真帳による）。なお、黒川直則「応仁の乱」（『古文書の語る日本史　4　南北朝・室町』筑摩書房、一九九〇年）がこの野田軍忠状を取り上げ、その内容を詳細に論じている。

（3）西岡の村々や侍衆の本拠地比定などは、『長岡京市史　本文編一』図一六〇に拠った。それを本章に図1として載せた（本書一〇六頁参照）

（4）『大乗院寺社雑事記』応仁元年六月十九日条には、「十七日、畠山次郎、自せトノ渡、経山崎テ上洛之処、於西岡致合戦、手者少々打死云々、於荷共者、大略取落之歟云々」とあり、畠山次郎の率いる軍勢が山崎を経て上洛する途中、西岡で攻撃を受けたことが奈良にまで伝えられている。これにより六月十七日に西岡で合戦があり畠山次郎勢に打撃を与えたことは確かで、また後に挙げる管領斯波義廉下知状にも「今月十七日」とあり、野田泰忠軍忠状の日付と合致する。ここからも野田泰忠軍忠状の内容が信頼できるものであることがわかる。

（5）室町幕府奉行人奉書案（「東百」ト函一二三）

（6）管領斯波義廉下知状（「東百」里函一〇〇）。この文書については本書一三四頁で詳細に論じた。なお「鎮守八幡宮供僧評定引付」応仁元年六月二十三日条（「東百」ね函九）に、「御教書案」としてこの管領下知状が筆写されている。

（7）「鎮守八幡宮供僧評定引付」応仁元年六月二十三日条（「東百」ね函九）

（8）「鎮守八幡宮供僧評定引付」文正元年七月十日条（「東百」ね函九）に「公文寒川依死去、公文職事孫仁与奪歳九歳云々」とあり、応仁元年十二月二十六日条（「東百」ね函一〇）に「上久世庄公文職、就寒川一法師与同弥次郎相論、自弥次郎方進書状」と見え、相論が続いているようである。

（9）「鎮守八幡宮供僧評定引付」応仁元年六月二十五日条（「東百」ね函九）

（10）室町幕府奉行人連署禁制案（「東百」ゐ函七七）

（11）「鎮守八幡宮供僧評定引付」応仁元年九月四日条（「東百」ね函一〇）、この時に久世上下庄から注進されてきた配符の正文は、「東百」そ函六九・「東百」ウ函一〇六に残されている。また『久我家文書』二五〇号、九月十日付の「山名宗全奉行人連署奉書」は、同じ奉行三人の連署で久我本庄・本久世（大薮）・東久世（築山）に対する「兵粮借米」を免除する旨、久我庄名主沙汰人に伝えている。なお、垣屋豊遠奉書の正文も「東百」ヲ函九五にある。

（12）室町幕府奉行人連署奉書案（「東百」イ函一〇五―一）

（13）同前（「東百」イ函一〇五―二）

（14）「鎮守八幡宮供僧評定引付」応仁元年九月廿七日条（「東百」ね函一〇）、正文は「東百」そ函七〇・七一にある。この半済について、田端泰子「戦国期山城の権力と村落」（『東寺文書にみる中世社会』東京堂出版、一九九九年）では、「東軍の応仁元年の半済令こそが、文明十七、八年の山城国一揆が要求した半済の前提であった」と指摘されている。

（15）「鎮守八幡宮供僧評定引付」応仁元年十月七日条（「東百」ね函一〇）

(16)「同前」応仁元年十月廿三日条（同前）

(17)「鎮守八幡宮供僧評定引付」応仁元年十月廿八日条（「東百」ね函一〇）に、以下のように記載されている。

参百疋　斎藤民部大輔　百疋　同奏者

参百疋　飯尾肥前　　百疋　同奏者

参百疋　清和泉守　　一貫文　同八郎　　一貫五百文　同奏三人

（中略）已上拾六貫弐百文（下略）

(18)室町幕府奉行人連署奉書（「東百」京函一一三）。なお同日付奉行人奉書（「東百」ヲ函九五）は同じく「西岡面々中」宛で、「東寺領山城国上野庄・拝師・東西九条・植松庄等事、混西岡半済類違乱云々、太不可然」と、西岡での半済と混同させて西岡以外の東寺領で半済徴収をしている西岡輩の、半済徴収活動の停止を命じている。

(19)応仁元年十二月十四日　室町幕府奉行人連署奉書（「東百」京函一一四）に、「東寺領当国所々事、混半済類違乱之間、被成奉書之処、猶以難渋云々」とあって、東寺領の半済免除をなお承引しない西岡輩の動きが示されている。

(20)「鎮守八幡宮供僧評定引付」応仁元年十二月八日条（「東百」ね函一〇）

(21)「同前」応仁元年十二月廿六日条（同前）

(22)応仁元年十二月廿六日　光明講方年貢米算用状（「東百」遍函一一八）

(23)永隆奉書（「東百」ヲ函九八）。この奉書の奉者永隆は細川勝元の奉行人と考えられる。高橋敏子氏のご教示によれば永隆の姓は「高安」である。

(24)『後法興院記』応仁二年五月十一日条に「当国・近江・伊勢此三ケ国寺社本所、乱中武家可被成料所之由有沙汰云々」とあり、また「鎮守八幡宮供僧評定引付」の応仁二年五月十八日条にも「自三宝院殿、被成奉書、当国半済可被成御料所之由、有其沙汰云々」（「東百」ね函一〇）とあり、『山科家礼記』応仁二年五月一日条に「今度、江州・勢州・当国三ケ国御料所被成候処、当参之公家御方者御料所之儀御免之由候」と記されている。

(25)本来の山城守護は山名是豊である。しかし、この応仁二年夏以後、東軍方には管領細川勝元、山城守護山名是豊が、西軍方には管領斯波義廉、山城守護畠山義就がいるというように、幕府組織の完全な分裂が起こっている。

（26）「大乗院日記目録」応仁二年七月十日条に「細川為管領云々、於西方者以義廉称管領者也」とあり、『大乗院寺社雑事記』文明二年五月廿四日条に「西方管領斯波治部大輔義廉」とあって、西方では一貫して管領は斯波義廉だとしている。また斯波義廉は、次のような応仁二年七月廿三日付の管領奉書（「東百」を函二四六）をもって、山城国寺領半済の免除を認めている。

東寺々領山城国所々并洛中屋地等事、任当知行旨、方々被停止綺、弥可被全寺務之由候也、仍執達如件、

応仁弐

七月廿四日　　　　　豊清（飯尾）（花押）

　　　　　　　　　　久春（甲斐）（花押）

東寺雑掌

この奉書は、『大日本古文書』『東寺百合文書目録』ともに管領細川勝元奉行人奉書としているが、これは斯波義廉の家臣である朝倉孝景が東寺との仲介役をしている（「鎮守八幡宮供僧評定引付」応仁二年八月十六日条、「東百」ね函一一）ところから考えても、西方管領斯波義廉奉行人奉書である。

（27）「最勝光院方評定引付」応仁二年八月廿四日条（「東百」け函二一）。『山科家礼記』応仁二年六月十三日条に、同じ五人の連署で「当国守護職事、任先例可有御成敗之間、近日御代官可入部也」という五月十四日付「山科沙汰人御中」宛の奉書が書写されている。この時期、畠山義就は山城国内各所の「沙汰人御中」「百姓御中」に宛てて、自分が山城守護として国内の成敗を行う旨を通達していた。なおこの奉書の正文は、「東百」え函四八にある。

（28）応仁二年十月廿九日付で同じ五人の奉行人が連署した奉書（「東百」ヲ函九九）では、義就側も「東寺領半済事」と明記している。

（29）「鎮守八幡宮供僧評定引付」応仁二年八月廿五日条（「東百」ね函一一）

（30）「同前」応仁二年九月廿一日条（同前）

（31）「同前」応仁二年九月廿七日条（同前）

(32)「同前」応仁二年十月九日条（同前）
(33)「同前」応仁二年十月十日条（同前）
(34)「同前」応仁二年十月十六日条（同前）
(35)「同前」応仁二年閏十月八日条（同前）
(36)「同前」応仁二年十月十六日条（同前）
(37)注（2）参照
(38)真板は、応仁三年四月には再び上久世庄への入部を果たしている。東寺にその補任状を要求しに来たのは、この時に討ち死にした井上の一族である（「鎮守八幡宮供僧評定引付」応仁三年四月二十三日条、「東百」ね函一一）。上久世の侍衆は、十月九日に寒川と共に自焼した利倉が東軍方、十月二十二日に討ち死にした井上・松本・三原などが西軍方というように東西両陣に分裂していた。
(39)「鎮守八幡宮供僧評定引付」応仁二年十月二十七日条（「東百」ね函一一）
(40)「同前」応仁二年十月十日条（同前）
(41)「同前」応仁二年閏十月五日条（同前）
(42)「鎮守八幡宮供僧評定引付」応仁二年十一月二十二日条（「東百」ね函一一）に「上下庄年貢一向未進之間、鎮守神用悉可有退転歟条々披露」とある。また上野庄も「当年庄家焼失間、一向無之」（応仁二年分光明講方年貢算用状、「東百」遍一一九）と、戦乱によって庄家が焼失し年貢皆未進になっている。
(43)「廿一口方評定引付」応仁三年四月廿五日条（「東百」天地三七）
(44)「鎮守八幡宮供僧評定引付」文明元年六月二十七日条（「東百」ね函一一）
(45)「同前」文明元年十月十三日条（「東百」ね函一二）
(46)「同前」文明元年十一月二日条（同前）
(47)稲垣泰彦「応仁・文明の乱」（『岩波講座日本歴史　中世三』一九七六年、のち『日本中世社会史論』東京大学出版会、一

九八一年に再録)。なお、「廿一口方評定引付」文明元年十二月廿日条(「東百」天地三七)によれば、上野庄でも四分一のことで百姓等が東寺に「列参訴訟」し、東寺は「段別一斗宛」を認め、残る分は未進分として厳しく催促することを決定している。百姓等の「列参訴訟」は、年貢減免要求の際の典型的な姿である。「西岡足軽」への四分一給付が、実質的には上野庄百姓等にとっては年貢減免であった。

(48)「東百」遍函一一二
(49)「鎮守八幡宮供僧評定引付」文明二年十一月十日条(「東百」ね函一三)、文明二年分下久世庄年貢算用状(『教王護国寺文書』一八〇七)
(50)「鎮守八幡宮供僧評定引付」文明元年十一月六日条(「東百」ね函一二)
(51)上島有『京郊庄園村落の研究』(塙書房、一九七〇年)第八章第一節
(52)「廿一口方評定引付」文明三年八月十六日条(「東百」天地三八)
(53)「鎮守八幡宮供僧評定引付」文明三年八月廿八日条(「東百」ね函一四)や「廿一口方評定引付」文明三年八月廿八日条(「東百」天地三八)によれば、この時は「自守護方、寺領悉指出可有沙汰」と厳しく要請があり、拝師庄・女御田・教令院・寺務方水田・上野庄、そして東寺境内に至るまで、全寺領の指出を斉藤新衛門や木沢など畠山義就の奉行人に届けている。ただし上久世庄についてはまったく言及されていない。上久世庄はすでに敵方所領として守護の畠山義就方が直接押さえていたからであろう。
(54)「鎮守八幡宮供僧評定引付」文明三年閏八月四日条(「東百」ね函一四)
(55)「東百」遍函一二四
(56)「鎮守八幡宮供僧評定引付」文明三年閏八月八日条(「東百」ね函一四)
(57)「廿一口方評定引付」文明三年九月五日条(「東百」天地三八)
(58)本書第一章「応仁の乱と山科七郷」参照

〔付〕西軍管領の下知状

ここでは本書一一一頁で述べた管領斯波義廉下知状の写真を掲げて、具体的にその内容を追いかけてみたい。

今月十七日、当手の軍勢が河内から京都へと攻めのぼってきたのに、西岡において東寺領の地下人等が道を塞いで妨害し合戦となった。とんでもない振る舞いで、けしからんことだ。東寺として彼らを厳しく処罰せよ。

この文書では、管領斯波義廉が東寺に対して、このように厳重な命令を下した。応仁元年（一四六七）六月のことである。

室町幕府の将軍が病死したり暗殺されたりして、次の将軍が正式に任命されるまでの空位の時期、管領が下知状を出すことはこれまでもあった。しかし、それはいずれも「仰せにより下知件の如し」とか、「仰せ下さるる所なり、よって下知件の如し」と文章の末尾が結ばれていて、あくまでも将軍の命令を受けて管領が下知する形をとっていた。

ところが、この管領斯波義廉の下知状には、「（将軍の）仰せにより」という文言がどこにも入っていない。この時、管領は独自にこのような命令を下したことになる。これは、いったいどうしてなのだろう。

応仁元年、京都を舞台にして「応仁の大乱」がおきた。山名持豊・畠山義就・斯波義廉などの西軍と、細川勝元らの東軍が衝突し、以後長く戦いが続くことになる。畠山義就の拠点である紀伊・河内からも軍勢が上洛してきた。京都を目前にした西岡で、その軍勢の通路を遮断して応戦したのが東寺領の地下人たちであった。将軍足利義政は東軍に取りこまれている。そこで西軍は、将軍の意を受けることなく、管領斯波義廉の下知状のかたちで東寺への厳重な抗議を行わざるをえなかったのである。

さて、これに先だって同じ六月の十三日、畠山義就以下凶徒等の通路を差し塞ぎ、これを討ち捕るようにと命じた幕府奉行人連署奉書が、「西岡中脉地頭御家人中」に宛てて出されている。東軍に味方して忠節を尽くせというこの命令に呼応して、上洛してくる義就方の軍勢の前に立ちはだかったのは、地頭御家人等だけでなかった。西軍から出されたこの管領下知状が示

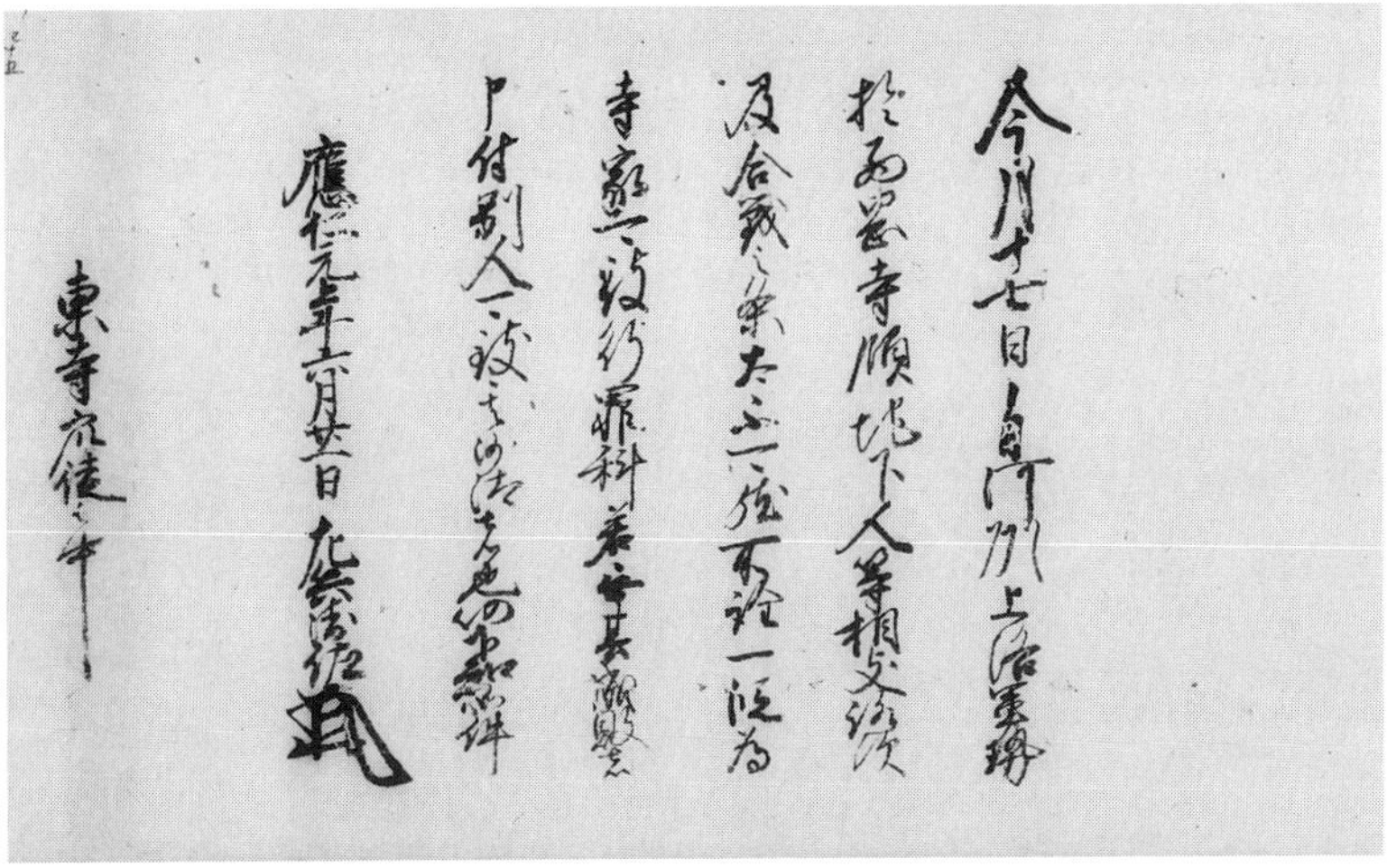

図 5　斯波義廉下知状（「東寺百合文書」里函 100　京都府総合資料館蔵）　28.9 × 47.5cm

しているように、「寺領の地下人等」も加わって一体となって応戦している。おそらく、西岡の他の多くの村々も動いたにちがいない。

　同じく「応仁の乱」のなかで、山科七郷の郷民等も一揆して東山の通路を塞ぎ、要害を構えて結番し、軍勢の通行を阻止した。通路を塞いで敵方軍勢の入京を阻止することは、東西両軍にとってとても重要なことで、そのためには京都への道筋となっている西岡や山科において、いかに地下人等の武力を味方につけるかがカギとなる。この管領斯波義廉下知状は、そうした状況をよく示している。

今月十七日、自河州上洛軍勢、
於西岡、寺領地下人等相支路次、
及合戦之条、太不可然、所詮、一段為
寺家可被行罪科、若無其成敗者、
申付別人、可致其沙汰者也、仍下知如件、
応仁元年六月廿一日　左兵衛佐（斯波義廉）（花押）
東寺衆徒御中

第三章　応仁の「大乱」と在地の武力

はじめに

戦争という語は、史料上は、日本が近代世界の国際関係の中に入って以後にはじめて出てくることばである。それ以前の日本におけるさまざまな武力衝突は、同時代の史料の中では戦争とは呼ばれず、「役」や「乱」や「変」などと呼ばれてきた。それゆえ、私たちが戦争ということばを聞いてまず思い浮かべるのは、社会の構成員すべての生活世界を巻き込んで展開していく近代戦争のイメージである。(1)

ところが、近年の日本中世史研究では、中世における兵乱を、あえて、近代戦争を意味する「戦争」ということばでとらえることによって、これまでの「合戦」や「兵乱」が持っていたイメージを、まったく一新させた。

ふり返ってみれば、最初に川合康が「戦争」という語を駆使して、治承・寿永内乱の「軍事力のあり方や戦闘の具体的な実態を復元」したのが一九九〇年のことである。(2) 氏は、この治承・寿永の「戦争」が、これまで合戦という語で表現されてきた固定的な戦闘の姿とは違って、「地方社会を巻き込んだ全国的な内乱」であり、「村落領主クラスの下層武士」さらには、「住人＝一般荘民までを含む総力的な動員体制」のもとに遂行されていたことを明らかにされた。

以来、ここ十年ばかりの間に、「戦争」ということばを用いて、中世の兵乱の実態を浮き彫りにする研究が相次いで出されている。藤木久志「村の動員」(3)では、戦争の時代といわれる中世の民衆動員に、地域防衛を軸にした「村の自前の武力」の動員と、陣夫徴集のような選抜動員の二つのあり方があったことを明確に示されて、これまで無力な被害者の位置におかれてきた民衆像を一変させた。藤木氏は、そこから一歩踏み込んで中世の「戦場」の実態解明へと視点を広げ、「雑兵」による掠奪の様相とその意味について、織田・豊臣の時期から近世の鎖国までをも視野にいれて大きな議論を展開された(4)。さらに、首都京都が戦場となった応仁の乱についても、飢饉難民や土一揆や足軽などの動きを基軸にすえて論じられている(5)。また小林一岳は、南北朝内乱も、社会の広汎な諸階層が関与する総力戦としての性格をもつ「戦争」であったとして、武士論のみにとどまることなく、中世における「戦争」の具体像を追求する作業の必要性を説かれた(6)。

このように、中世兵乱を「戦争」という語でとらえ直すことによって、それまでの固定観念にしばられることなく自由に全体を見通す目を得ることができ、結果として、全成員を巻き込んだ総力戦として戦われた中世兵乱の実態を浮かび上がらせることに成功している。ここに、近年の中世史研究における「戦争」論の大きな意義がある。

しかし、他方、中世前期の内乱から戦国時代に至るさまざまな段階の兵乱を、すべて「戦争」という語でひとまとめにすることによって、当時の人びとが抱いていたそれぞれの兵乱に対する認識の違いを見落とすことはないのか、という問題がある。たとえば、応仁の乱については、それが始まった最初の段階から「大乱」と呼ばれている(7)。これは当時の人びとが、今度の兵乱はこれまでとは違う何か大規模な変動を底にはらんでいると意識した故なのかどうか、そのような問題点が、「戦争」一般に解消することによって見えなくなる恐れがあるのではないか。また、現代的な概念には、それぞれに今日的な意味あいがまとわりついている。そのため、そのイメージに引きずられて、中世の戦乱の実態との間にズレを生じる場合もあるのではないか。そのように考えて、ここでは、応仁の「大乱」のなかで動いた在地の武力の様相について、実際の具体的な戦いの場に視点をおいて考察したいと思う。

一、通路の攻防

ちょうど京都をはさんで東と西に位置する山科と西岡は、応仁の乱で上洛してくる多くの軍勢の通り道にあたっていた。それゆえ、東山通路をかかえた山科と、西国街道や丹波道の走っている西岡とは、応仁の乱のなかで同じような問題に直面する。

応仁元年の六月は、「昨今、日々諸国大勢上洛[8]」というように諸国から軍勢の上洛が相次いだ。「諸国、近日京着、大内二千艘船ニテ上洛云々、同山名方八ケ国勢共、丹波責上[9]」「安芸・石見・備前・但馬・備後・播磨勢打破丹波通了、仍悉京都へ罷上間、丹州無人[10]」「敢テ禦留ル者一人モ無カリシカハ、在々所々へ打入テ放火シ、民屋ヲ追捕シ、財宝牛馬ヲ奪取テ[11]」とあるように、大内氏の軍勢は二千艘もの船で瀬戸内海を上ってくるし、山名氏分国の西軍方軍勢は丹波勢を打ち破り村々への略奪をくりかえしながら西岡へとなだれ込んでくる。同時に東軍方軍勢も、安富や香川の率いる讃岐勢、摂津や播磨の軍勢、淡路や和泉守護等の軍勢などが相次いで上洛して来て[12]、西岡には両方の軍勢がひっきりなしに押し寄せる事態となった。

なかでも、西軍畠山義就の猶子である畠山次郎が紀伊・河内の軍勢を率いて上洛して来た時の様子は、多くの史料に出てくるので、そこに在地の武力の具体的な動きを見て取ることができる。

『大乗院寺社雑事記』応仁元年六月九日条に、

畠山次郎 衛門佐猶子、大夫次男也、自去年紀州ニ在陣、就京都事、去四日・五日比より打出河内国、可上洛歟云々、

とあり、「経覚私要鈔」にも、

六日、庚子、霽曇不定、畠山次郎、自紀州罷上、昨日付嶽山、今日可上洛云々、熊野勢召具千四・五百在之云々、
　実説如何、
七日、辛丑、霽、畠山次郎、八幡ニ打陣札云々、上洛一定歟、

と、熊野衆などを引き連れ紀州から上ってきた畠山次郎の軍勢が河内の嶽山に到着し、さらに翌日には八幡に「陣札」を打っている動きが伝わっている。「陣札」というのは、軍勢が陣を構える場所に打った札のことで、その地域を一時的にせよ押さえていることを広く内外に表示するものであった。他に札打ちの例としては、同年八月二十六日に東山で、東軍方の和泉守護細川持久軍が自らの陣所を焼いて退却すると、

敵、打宿札於粟田口并北白川等事、[13]

とあるように、即座に西軍方が入り込んできて粟田口や北白川に「宿札」を打ち、自軍の掌握する在所であることを誇示している[14]。

八幡に陣した畠山次郎の軍勢は、山崎を経て、いよいよ西岡に入ってくる。「鎮守八幡宮供僧評定引付」には、

一、自河州上洛軍勢、可相支之由、被成下西岡中脉地頭御家人中奉書案文、
畠山右衛門佐以下凶徒等事、差塞通路、討捕之、参御方可致忠節之由、被仰出候也、仍執達如件、
応仁元
六月十三日　　忠郷
　　　　　　　貞基

西岡中脉地頭御家人中(15)

とあって、東軍方は幕府奉行人奉書によって西岡衆等に対する軍勢催促を行い、河内から上洛してくる軍勢の通路を差し塞ぎ、攻撃をかけて討ち取るようにと命じたことがわかる。

細川被官の西岡衆の一人で寺戸を本拠とする野田泰忠の軍忠状(16)によれば、彼らは、それまで安富民部丞の手に属して京都での合戦に加わっていたのだが、

一、相催畠山次郎殿河内紀伊国之勢参洛之時、可相支之由被仰付、西岡中脉之輩罷下、六月六日馳向、同十七日物集女縄手合戦仕、御敵数輩討捕、御感状在之、

と、催促を受けるとすぐに本拠地西岡に馳せ戻り、上洛軍の通路を阻んで合戦し敵方数輩を討ち取っている。

西岡衆と呼ばれる在地の侍衆の中には、当然のことながら山名氏や畠山義就などの被官となっていて、西軍方に味方して動く者も数多くいた。野田の軍忠状案には、

一、同廿四日、香川五郎次郎、安富左京亮、自讃岐国上洛之処、当国之御敵馳向之由、依其聞、自山崎武田河原支所々敵、路次案内者仕、無為京着、

（中略）

一、同九月七日、摂州・播州之御勢着陣山崎、為案内者、令放火西岡中脉之御敵在所、同十四日、着陣東寺事、

などと、東軍方軍勢の上洛に際して、敵方の在所に放火してその攻撃をくい止めながら、「路次の案内者」として通路を確保し京都まで無事に軍勢を導いている様子が記されている(17)。ここに「当国之御敵」「西岡中脉之御敵」と出てくるのが、西岡衆の中でも西軍方に与して動いている侍衆である。西岡衆は、その被官関係を軸にして、東軍に加わる者と西軍に加わる者とに分かれており、本拠地西岡を軍勢が通過するという知らせを受けると、互いに、敵方軍勢

の場合は路次を差し塞いで進路を阻み攻撃をかけて討ち取り、味方の軍勢が上洛すると聞けば、敵方の在所を攻撃しながらその通路を確保し無事に京都まで送り届ける。「相支」ことと「路次案内者仕」ことと、上洛してくる軍勢が敵か味方によって、互いにまったく逆の行動を取りながら、東西両軍に属する西岡侍衆は本拠地での攻防をくりひろげた。この結果、

一、十七日、畠山次郎、自せトノ渡、経山崎テ上洛之処、於西岡致合戦、手者少々打死云々、於荷共者、大略取落之歟云々(18)

と、畠山次郎の軍勢は、西岡での合戦で討ち死にする者も出、食料や武具などの荷物もほとんど奪い取られるという有様であった。

ところでこの時、河州からの上洛軍を「相支え」たのは、西岡衆と呼ばれる在地の侍衆だけではなかった。「鎮守八幡宮供僧評定引付」六月廿三日条に、

一、今度就洛中大乱之儀、自河州上洛軍勢、於西岡地下人等相支路次、及合戦之条、太不然、所詮寺領江可加下知之由、自管領武衛御下知之趣、令披露畢、早召上上下庄公文、可被相尋子細之由、衆儀畢、

御教書案

今月十七日、自河州上洛軍勢、於西岡寺領地下人等相支路次及合戦之条、太不然、所詮一段為寺家可被行罪科、若無其成敗者、申付別人、可致其沙汰者也、仍下知如件、

応仁元年六月廿一日　　左兵衛佐　判

東寺衆徒御中(19)

西岡で路次を相支え合戦に及んだのは、東寺領の「地下人等」であるから、厳しくそれを処罰するようにと西軍方

の斯波義廉が強く東寺に申し入れて来たのである。東寺ではそれを供僧等の評定の場に披露したところ、それならまず上久世・下久世庄の両公文を召し出して事情を聞くことにしようと相談がまとまった。そして、これに応じて実際に上久世庄から東寺にやって来たのは二人の年寄衆である。東寺は、

寺領并地下人等、無為候様仁、惣庄致談合、於自今以後者、可然様可為沙汰(20)

と、「惣庄」で「談合」して、この事態を無事に切り抜けるよう命じている。つまり、この「寺領地下人等」というのは、「惣庄」が同心合力して動く「村ぐるみの武力」だったのである。

被官関係を軸にして東西両軍に属して動く侍衆も、その本拠とする西岡を軍勢が通過するとなれば、直ちに帰って来て地下人等の勢力と連携を取りながら行動する。また軍勢催促に応えて転戦していくといっても、一族総出でこれに参加するわけではない。村には当然、父や兄弟など一族の中枢は残っている。彼らを軸に「惣庄」としての機能は十分に発揮された。ただ、西岡の侍衆には東軍に属する者もいれば西軍に属する者もいた。それゆえ「惣庄」がどちらに味方して動くかは、単に侍衆の被官関係によってのみ、左右されたわけではない。先の野田軍忠状に「西岡中脉之御敵在所」に放火するとあるように、西岡の在所は敵味方に分かれていた。同じ在所の中で、対立する双方にそれぞれ属する侍衆がいるような場合は、「惣庄」として一致した行動をとることは難しい。こうして、東西両方の大軍が通過する西岡では、村の侍衆も地下人等も、その場その場で決断を迫られるむずかしい場面に直面しながら、この乱中を過ごさなければならなかった。

二、兵粮をめぐる動き

それぞれ自軍に味方する西岡侍衆や地下人等の協力と案内によって、入京した東西の軍勢は、

八月廿三日、大内勢等一万余人、当寺（東寺）に陣トル、廿四日、北野ニ陣替、(21)

九月十四日、赤松殿ノ手浦上・明石・少寺、摂津国守護代同国人等、当寺（東寺）へ着陣、同十六日、東岩倉へ陣替、(22)

九月十四日、赤松方、細川方播州・摂州両国勢五六千人、当寺（東寺）ニ陣トル、十六日、陣替南禅寺山、(23)

とあるように、まず東寺に陣を取り、次いで北野社や東岩倉などに陣替をして、京都での合戦に臨んだ。東寺は、西岡を通って入京する東西両軍勢の、京都における最初の陣所とされたのである。ここに記されている九月十四日東寺に着陣した赤松・細川方勢というのは、野田泰忠軍忠状(24)に、

一、同九月七日、摂州播州之御勢着陣山崎、為案内者、令放火西岡中脉之御敵在所、同十四日着陣東寺事、

と見え、野田のような東軍方に属する西岡衆が案内者となって京都まで導いた軍勢であった。

この赤松勢をはじめとする東軍方軍勢の動きについて、『経覚私要鈔』が次のような興味深い記事を残している。

（九月）廿日、癸未、霽、

一、京都事ハ、赤松勢、泉両守護刑部少輔□□□并淡路守護等、東岩蔵欲入、然貝鐘ヲ鳴テ、不入立之間、南禅寺辺正護院岡崎等ニ欲取陣処、其辺ヲモ地下人不入立之間、其近辺山ニ引上テ取陣間、管領ニハ朝倉、右衛門佐ハ甲斐庄、山名ニハ垣屋、一色、土岐各一頭ツヽ出之、彼勢ヲ可責トテ罷上ケルト云、京下者申云々、

右衛門佐ハ日野焼跡ニ取陣、

（中略）

廿二日　乙酉、霽、夕雨、

一、酉刻、元次男語云、一昨日赤松手者共、懸兵粮南禅寺間、内々西方へ申合之処、急請乞候へ、可了簡之由返答之間、五百貫分請負、則可持送之由令問答之処、此段者難義候、定又自西方如此可被申間、只押入被召様ニ候ハヽ、可然由、令返答之間、甲等三百人計入之処、門ヲ指テ悉打殺了、是土岐方馳入沙汰云々、無言語次第也、不便、又云、於細川方ハ四方止道之間、一切無通路云々、実否如何、是誉田内者説也、(25)

これは奈良にいる経覚のもとに、京都から下って来た者や楠葉元次、さらには畠山の家臣誉田の内者などからの情報として伝えられたもので、京都周辺での合戦や陣取りの生々しい様子が語られている。

九月二十日条では、東軍方である赤松勢や和泉両守護・淡路守護などの細川勢が、東岩倉・南禅寺・聖護院・岡崎など東山の在々所々に入って陣を取ろうとしたけれども、地下人等が貝を吹き鐘を鳴らして集まり、軍勢の入部を阻止した。致し方がないので軍勢は、その近辺の山に陣を取らざるをえなかった。ここに、地下人等が「貝鐘ヲ鳴テ不入立」とあるのは、それぞれの在所で「村の武力」が結集して、軍勢の入部を拒んだことを示している。一方、管領斯波義廉の家臣である朝倉、畠山義就の家臣である甲斐庄、山名宗全の家臣の垣屋、そして一色と土岐の有力家臣も一人ずつ加わった西軍方の軍勢が、東山近辺の山に陣取っている東軍方を攻めようと、馳せ向かったという。

二十二日条は、兵粮を懸けてくる軍勢と在地側のかけひきが具体的に記されている。一昨日（二十日）に、赤松勢が南禅寺に兵粮を懸けてきた。南禅寺では内々、西軍方と通じていたので連絡を取ったところ、西軍方から「即刻その要求をうけなさい。こちらでは了解しているから」という返事があった。そこで南禅寺は五百貫文の兵粮を請け負うことにした。「ではすぐに、兵粮米を陣所まで持って来るように」と要求する赤松方に対して、南禅寺側は、「それについては了承し難い。なぜなら、そのようにすれば、きっと西方からも同様の要求がなされることになるだろうから、無理に押し入って奪い取った形にしてもらえるとありがたいのだが」と答えた。これを真に受けた赤松方では、三百人ばかりの兵士たちを送り込んできて兵粮を受け取ろうとした。すると、そのとたん、急に門が閉ざされ、西軍の土岐方勢が馳せ入って、赤松方の者を全員打ち殺してしまった。計略にかかった赤松方は、一挙に三百人もの兵を失うことになった。

この「定又自西方如此可被申間、只押入被召様ニ候ハヽ、可然」という南禅寺の主張は、乱中における兵粮賦課の実態を考えるうえで、たいへん注目される。兵粮を懸けられて、これを陣所まで運び入れるような場合は、その在所が明瞭にその軍勢の味方であることを表明するものである。当然、相手方の軍勢は、その在地側を敵方として攻撃するか、あるいは同様に自軍へも兵粮を運び込むようにと要求してくるに違いない。だから、無理矢理に押し入って兵粮を奪い取った形にしてもらえれば、在地側としては敵対している軍勢のどちらの味方でもないと主張できる。南禅寺のこの言い分が、当時の乱中の常識であったからこそ、赤松方もこれに乗せられて兵を送り込んできた。兵粮を懸けるといっても、力づくで奪い取るばかりでなく、在地の側と合意を成立させてこれを陣所に運び込ませることもあった。在地の側からいえば、兵粮をどのような形で軍勢に取られるか、それによって自分たちがどのような立場をとっているのかを内外に表明することにもなる。敵か味方か、その明瞭な態度表明のひとつとして、兵粮をめぐる在地の動きはとても重要であった(26)。ところで、この九月二十日の夜、

赤松次郎法師之手放火、南禅寺焼(27)

という記事が他の史料に見える。西軍と南禅寺との計略で手勢三百人を失った赤松勢は、その夜のうちに攻撃をかけ

て、南禅寺を焼き討ちしてしまったようである。この時、東山でくりひろげられた東西両軍による激しい戦闘の様子は、『応仁記』の「東山石蔵合戦并南禅寺炎上之事」に描かれていて、

諸大名ノ軍勢ト京中辺土ノ乱妨人、乱入テ数日ヲ経テトル間、諸商人受之、奈良ト坂本ニハ日町（市カ）ヲ立テソ売買シケル、(28)

と軍勢や乱妨人による略奪のありさまが強調されている。けれども、先にあげた『経覚私要鈔』の記事が示すように、軍勢を立ち入らせまいと貝鐘を鳴らして結集してくる「村の武力」の動きや、兵粮をめぐる軍勢と在地側との交渉の実態なども、乱中の現実として同時に見すえる必要がある。

三、在地の選択

応仁二年の秋、西岡は転期をむかえていた。

その局面を変える大きな契機となったのは、西軍方の畠山義就が、山城国守護職を「先例に任せて成敗」すると主張したことである。すでに東軍方に属する山名是豊という山城守護が存在し、将軍は東軍方にあってその任命を受けたわけでもないのに、畠山義就は山城国内の「百姓中」に宛てて奉行人奉書を出し、自分が守護である、ついては国内の諸庄園を知行し半済を取り立てるつもりだと宣言した。(29)

もちろん、いくら守護だと宣言しても、それだけで一国の知行を実現し半済を徴収できるわけではない。二人の守護が並立する中で、その知行を実現するために東西両軍は激しく争うことになる。東軍方では、八月二十七日に山名右馬助を大将とする軍勢を谷の堂に集結させ、西岡衆もこれに加わった。二十四日には丹波勢も嵯峨に陣取っていた。

これに対して、九月七日に京都から西軍方が攻め下ってきて合戦となった(30)。

この戦乱の中で、東寺領の上久世庄と下久世庄は対照的な姿を見せる。上久世庄の公文寒川は細川氏の被官であり東軍方として参陣していた。西岡で決戦だというので上久世庄に戻って来ていたが、

（十月）九日、上久世庄足軽衆乱入而放火畢、寒川并利倉両人自焼云々(31)、

と、西軍の「足軽衆」が乱入し放火する事態になり、寒川と利倉は自分の館に火を放って没落した。この時、乱入してきた「足軽衆」の中には、以前に寒川と公文職を争って敗れ庄外へ追われていた真板（舞田）などがいて、彼らは上久世の寒川館を占拠した。これに対して、十月二十二日には谷の堂から東軍勢が押し寄せて合戦となり、東軍方西岡衆は、西軍方に属する鶏冠井の城を攻撃するため、寺戸山に陣取る(32)。

退真板於、寒川地下入部、敵方井上子・松本・見原以下討死了(33)、

と、寒川は真板を追い出し再度地下に入部するが、西軍方に付いていた上久世の侍衆井上の子と松本・見原（三原）は、この時の戦闘で討ち死にした。この後、公文の寒川は、

十月九日、上久世ェ軍勢乱入之時、大略田地稲苅取間、明日中ニ可有御検知(34)

と東寺に注進してきた。軍勢の乱入によって田地の稲は苅田狼藉され、さんざんな状態なのが明らかなのに、今になって検知のことを言ってくるなど言語道断だと東寺は書下を出している。東軍方の寒川・利倉、西軍方の井上・松本・三原というように上久世庄の侍衆は分裂し、「惣庄」としての一味合力＝「村の武力」を結集することがまったく不可能な中で、双方の軍勢が庄内に乱入し、そのたびに放火や苅田狼藉がくりかえされた。

一方、同じように両軍が衝突する場にあって、下久世は「地下無為」にこれを切り抜ける。まず八月の末頃、東軍方の大将山名右馬助勢が下久世に陣取るという風聞があり、東寺は詫び言してそれを拒むため、急いで二人の上使と

宮仕・門指を下久世に送った。しかし、右馬助勢はすでに着陣していて、為す術もなく使者たちは東寺に帰ってきた。「一向当公文之所行也、言語同断」と言う上使に対して、下久世の公文久世は「更以不存知」と答えている。[35] しかし、在地の側の了承なしに、しかも戦闘に及ぶことなく、すんなりと軍勢が着陣することなどありえない。実際に着陣しているからには、当然、公文をはじめとする在地側の同意があったに違いない。これが上使の判断であった。けれども公文はまったく知らないと言い張った。次いで、十月九日、上久世に西軍方の軍勢が乱入し放火や苅田を行った時も、下久世は「地下無為」であった。すぐ直前に東軍方大将の陣所がおかれていたこともある下久世で、「地下無為」が実現できたのは、

畠山殿御内仁・大内殿御内仁、色々申合[36]

とあるように、西軍方の畠山義就や大内政弘の家来たちといろいろ申し合わせをしたからである。「地下無為」はひとえに畠山内者や大内内者の計らいによるのだから、彼らに「粉骨分」として年貢の半済分を与えてはくれないか、と中尾彦六という下久世の侍が東寺に申し入れてきた。東寺は「沙汰の外」「不可及御返事」と取り合わなかったけれど、在地側と軍勢との「申し合わせ」＝交渉があったからこそ、「地下無為」が可能だった。公文を中心に地下の総意を作り上げて交渉に臨むことができた下久世と、侍衆が大きく分裂して全く地下の同心合力を形成できなかった上久世と、乱中の在地の村の命運を左右する大きなポイントがここにある。

応仁三年四月二十二日、京都の西軍方に山城・摂津十七か所の諸勢が加わって、東軍方の陣する谷の堂に攻め寄せた。

雖合戦仕、破一陣、不叶諸口、彼城没落仕、引退丹州穴太畢、[37]

と、東軍方はこの戦闘で完全に敗北し、山を越えて丹波の穴太へと敗走する。以後、西岡は西軍方の山名義就の勢力下に入る。義就は、「西岡之足軽」に本所領年貢の四分一を兵粮として与えると明言し、それを受けて下久世公文は

東寺に年貢の四分一を頂きたいと申し入れた[38]。実際この年の年貢米算用状では、「除庄立用分」として「足軽四分一」を納入分から前もって差し引いて、在地側に確保している[39]。これは、彼らの軍忠に対する恩賞である。もちろん当然のことながら、「西岡之足軽」といってもすべての西岡衆に四分一済が与えられたはずはなく、西軍方に与することを表明し、またそのように行動した在所に限られる。

西岡から退却した東軍方は、これ以後も何度か西岡への復帰を試み攻撃をかけてきた。文明二年四月には、

於西岡日々合戦、開田城并勝龍寺城、山名弾正并丹波勢責之云々、弾正近日ニ可打入八幡之由云々[40]、

山名是豊と丹波勢が西岡の勝龍寺城などを攻めるため、まもなく八幡に打ち入ってくるという。畠山義就とその配下の軍勢は、西岡の勝龍寺城と京都の東寺に陣取って、西岡の領域的な掌握を計ってきたのだが、東軍方が勝龍寺城に攻撃をかけてくるという動きが伝えられるなかで、東寺にいる味方の軍勢とすばやく連絡を取りあうことが緊急課題となっていた。東寺の「廿一口方評定引付」文明二年四月廿七日条に、

一、遊佐越中方ヨリ申候、勝龍寺鐘鳴候者、下鳥羽鐘可突候、然者当寺之鐘可被突候由、以折紙申候間、披露之処、可被突由御返事、乍去、下鳥羽鐘事者、此方へ不聞間、吉祥院鐘可被突之由、以雑掌、御返事有之[41]、

とある。畠山義就の有力家臣遊佐盛貞から折紙をもって、勝龍寺の鐘が鳴れば下鳥羽の鐘を突くので、そうすれば東寺の鐘を突きたいのだが、と申し入れてきた。東寺は承知の旨を伝え、けれども、下鳥羽の鐘の音はこちらまでは聞こえないから、間に吉祥院の鐘を突いたほうがいいと、雑掌が返事をした。敵方の襲撃があれば、ただちに東寺に陣取っている味方に連絡し、援軍を要請する。そのための「鐘によるリレー」を考えたわけであるが、下鳥羽の鐘の音が東寺までは届かず、途中に吉祥院の鐘をはさむ必要があることを知らなかった（勝龍寺は西岡の「神足」にあり。「下鳥羽」や「吉祥院」と東寺との位置関係については、本書四七頁の図1を参照）。在地の状況や地理的な関係は、こ

の地域に住む者や西岡と古くから関係の深い東寺でなければ、正確にはつかめない。「案内者」が必要なのは、何も路次の案内の時ばかりではない。乱中に地域を領域的に掌握しようとするなら、必ず在地側との緊密なつながりが必要となる。鐘を突くことも、在地の側の了承なくしてはできなかったし、在地の側のもっている情報を得ることなしには、正確に鐘の音を伝えることができなかった。「鐘のリレー」をめぐる遊佐と東寺とのこのやりとりは、そのことをよく示している。

四、在地の武力、三つのあり方

京都の東に位置する山科も、東山通路を通って京都に入ろうとする軍勢に対しては、「郷々村々」が「寄合」「一揆」して、これを阻止した[(42)]。

敵通路事堅差塞之、随見合可加誅伐、於御方往反者、致警固、可抽忠節之旨、方々被成奉書訖、若有不同心之在所者、為物速可令発向之由、被仰出候也、仍執達如件、

応仁二

四月七日　貞基

忠郷

山科名主沙汰人中[(43)]

敵方が通る時は「相支え」、味方の軍勢の往反は「警固」し案内する。先に見た西岡の侍衆や地下人等の行動と同じである。しかも、郷々村々のうち同心しないような在所があれば、「惣として速やかに発向」して山科七郷として

の「一揆」を維持するよう、東軍方は強く要請している。東山通路の確保は、ひとえに山科七郷の惣としての結束力と統制力にかかっていたのである。

西岡と同様に、山科にも応仁二年六月十五日に畠山義就の奉行人連署奉書[44]が届いた。やはりここでも義就は、先例に任せて自分が山城守護職を沙汰すると宣言している。これに対して、六月二十日に、七郷々民は武装して「野寄合」を行った。敵方同意の在所があれば、即座に押し寄せるためである。郷々村々からは、中老と年寄一人の合わせて十人ずつが出ていった。しかし結局、そういう動きをみせる在所は七郷内十六の村々には一村もなかったので、この軍勢は解散ということになった[45]。

ところで、この畠山義就の奉書を届けに来たのは、山科七郷内竹鼻の兵庫という侍であった。竹鼻兵庫は、畠山義就方の被官として西軍に属して転戦していたと思われる。東軍方の勢力範囲である山科へ畠山義就の奉書を届けるには、竹鼻兵庫のように山科の住人で在地の様子にも詳しく顔見知りも多い者でなければ、路次で捕らえられたり討たれたりして、無事に通行することなどできなかった。兵庫はたまたま使者として奉書を届けにきたのでその動きが明らかになったが、他にも、西岡の野田泰忠などと同じように、被官関係を軸に東西両軍の軍勢編成のなかに組み込まれて行動する山科の侍衆もいたに違いない。

七月に、東山の吉田や岡崎が西軍方の攻撃を受けた。吉田では西軍方の者を七人討ち取ったが、吉田衆も十余人討たれてしまったという。東軍は山科七郷に、東山に出張って忠節をするようにと要請した。これに対し、

七郷々民野寄合沙汰、子細者、今度就世上、東山令出張可致忠節之由、先度被成御奉書了、仍以後令出張事難儀也、吉田・岡崎儀如此成行上者、当所事可為同前、他所可馳向事□分間、各当所儀堅可持之由、（下略）[46]

吉田や岡崎はこのような事態に陥った、七郷にとっても、明日は我が身である。だから東山に出張るわけにはいか

ない。各郷々村々は当所を堅持することに専念する。七郷はこのように返事をした。山科七郷は、これまで東山や醍醐や宇治など、広く近隣の郷々と日常的にさまざまな合力関係を取り結んできた。だから東軍方は、その態勢を動かして西軍方に対抗しようとする。しかし、村の軍勢は「各当所儀堅可持」と主張して、他所への動員には応じようとしない。いつ何時、自分たちの村も同じ目に会うかわからない状況下で、在所の堅持こそが最優先されている。

「山科通路事、敵第一の通路」というわけで、西軍方は近日中に郷中に出張ってくるという雑説があり、事実山科上野では敵方の者が二人捕らえられた。郷民等は汁谷口を塞いで当所の守りを固めた。敵が寄せて来る、敵足軽が来る、と伝えられるたびに花山で鐘が鳴り郷民等は集結した。「今夜、皆々山陣也」と、汁谷越道近辺の山に陣を取って、敵の攻撃にそなえた。東軍方の足軽衆も援軍として山科に入ってきた。山科家の家司大沢長門守久守が足軽の頭六人と対面し、百疋（一貫文）を渡した。しかし、彼らは大沢や郷民等の制止を聞かずに、汁谷越道に一手、清水坂に一手と分かれて、鳥辺野道場と清水坂コウセン院を焼き討ちに出かけ、院内に籠っていた敵方の反撃に会い敵方足軽の追撃を受けて逃げ帰って来る。そのため、敵方が花山近辺まで迫って来て近所数か所を焼き、賀茂川の河原で鬨の声をあげ、火をともして敵勢数百人が山越えして来る様子が見えた。(47) 足軽衆の行動は、かえって山科に危機をもたらした。

八月になると、敵方軍勢が清水山に上って来た。花山では御陵・安祥寺・四宮の郷民等が番をしていたが、敵が大勢なので防ぎ切れないと判断し、郷民等は引き退くことにした。

大宅村・野村いつものことく南の山に上候、長門守・予皆々上候、

と、郷民等は南の山に籠もり、大沢等も同じようにここに籠もった。使節として三百人ほどの軍勢を率いて着陣していた飯尾肥前守之種も共に籠もると言っていたが、そうはしなかった。七郷からの使者が来て、郷民だけでこの猛勢を防ぐことはできないから陣を引くことにすると、七郷の総意を伝えてきた。これに応えて、東軍方から援軍として

赤松衆や武田衆が山科に下ってきた。十九日に、山科西山の上に敵方が二百人ほど陣取ったが、郷民等の軍勢は武田衆と談合して、鬨の声を合図に同時に西山に押し寄せた。油断していた敵方は楯や槍などを打ち捨てたまま急いで落ちて行った。(48)

このように、在地の武力には、被官関係を軸に東西両軍の軍事編成の末端に組織されて動く「被官たちの武力」、郷々村々の一揆を軸に自らの生活の場の堅持を目的とする「村の武力」、そして傭兵集団として自己の利益を優先する「足軽衆の武力」、この三つがあった。村の武力は、軍勢催促を受けても自己の基盤となる郷々村々を離れず、在所堅持を何よりも優先させて動く。形勢不利と見れば村の山に籠もって猛攻をかわし、在地に根を張った強みを発揮し、時には味方諸将の軍勢と連携して敵方を攻める。足軽衆は、こうした判断とは関係なく、戦乱に乗じて焼き討ちして物を取ることを目的に行動し、そのため味方が不利になることがあっても顧慮しない。敵方から猛勢がかけられそうな危機的状況になると、足軽衆は一体どこでどう動いているのかまったく把握できなくなってしまう。当代の史料の多くは、在地で動いているさまざまな勢力による武力をひっくるめて、正規の軍事編成からはずれたものとして、すべて「足軽」と呼んでいる場合がほとんどである。『山科家礼記』のように在地の武力のあり方を、このように明瞭に詳細に描き分けた史料は珍しい。『山科家礼記』の書き手の大沢久守や重胤は在地の郷民等と共に密着して乱中を過ごしたので、これほどはっきりと在地の武力のそれぞれの違いを識別することができたのである。

おわりに

奈良の興福寺にいる尋尊のもとまで伝えられた情報によると、文明二年七月頃の東西両勢力は、

東方様ハ、只如籠中鳥也、

という状況であった。宇治・水牧・山科の東方勢は没落してしまって、後から東軍の畠山政長や武田勢が山科に入ってみると、全く跡形もない有様だったという。(49) 六月晦日条には、「自西方、責落山階了、七郷之内六郷焼失云々(50)」という記事があるので、山科七郷が跡形もないほどの大打撃を受けたのは確かなようである。

六月廿七日に山科郷で合戦があった。敵方を数輩討ち取ったが「郷中輩以下、或討死或被疵(51)」と郷民側も大きな痛手を受けた。「郷中粉骨不可過之候」「必々可達上聞候、七郷々民之御感奉書被下付飯尾加賀守候、定被成下候(52)」と細川勝元も大沢久守に書き送っている。『山科家礼記』の文明二年八月以後の記事を見ると、山科言国は「このたび七郷てきはつかうにつき候て、名字地の知行ふんことく〳〵くむそくつかまつり候(53)」という書状を出して、山科に敵方が発向してきたので東荘は無足の地になってしまったと嘆いている。けれども、八月一日には東荘の政所新右衛門入道が「年貢始」を納め、以後も引き続き米や栗や柴などが納められている。(54) 郷民等は、年貢米を抱え置いて、この激しい戦闘をなんとかくぐり抜けたようである。

しかし、もはや東軍の求めに応じて郷々村々同心合体して東山通路を塞ぐなどという行動に出ることはなかった。西軍の勢力下となった山科東荘からは年貢納入はなくなり、山科言国はもちろん雑掌の大沢氏も東荘に下ることはない。山科郷民等に東山通路の警固が再び命じられるのは、応仁の乱が終わった文明九年十一月、美濃国守護土岐氏の軍勢が没落していく時である。(55)

考えてみると、村ぐるみで動く「村の武力」が、このように軍事上大きな意味のある「軍勢」として認められ、その軍忠に対する兵粮として半済が給付されたり、乱後という条件つきとはいえ郡中関の設置が認められることなど、応仁の乱以前には見られなかったことである。それだけ、在地は深く戦乱と関わるようになり、対立する勢力は互いに在地への浸透をはかり、「村の武力」との密接な関係を作り出そうと努め、結局それが双方の領域的な対立へとつながっていく。応仁の乱が、ひろく「大乱」と呼ばれる理由の一つは、在地の武力を取り込み組織しながら進んでいく、その流れの大きさを当時の人びとが感じ取っていたからではないだろうか。

注

（1）西谷修『戦争論』（岩波書店、一九九二年）
（2）川合康「治承・寿永の「戦争」と鎌倉幕府」（『日本史研究』三四四、一九九一年、のち『鎌倉幕府成立史の研究』校倉書房、二〇〇四年に再録）
（3）藤木久志「村の動員」（『中世の発見』吉川弘文館、一九九三年、のち『村と領主の戦国世界』東京大学出版会、一九九七年に再録）
（4）藤木久志『雑兵たちの戦場』（朝日新聞社、一九九五年）
（5）藤木久志「応仁の乱の底流を生きる―飢饉難民・徳政一揆・足軽たち―」（『ものがたり日本列島に生きた人たち4　文書と記録　下』岩波書店、二〇〇〇年）
（6）小林一岳「南北朝の「戦争」と安全保障―兵粮米と半済―」（『日本中世の一揆と戦争』）校倉書房、二〇〇一年）
（7）応仁の乱が「一天大乱」「天下大乱」などと呼ばれるのは、応仁元年五月、東西両軍が最初に衝突した時期からである（『大乗院寺社雑事記』応仁元年五月二十一日条）。以後、戦乱が続く時期にもくりかえし「天下大乱」の語が見える。なお「大乗院日記目録」も、この応仁の乱について「天下大乱」と表現する。これまでも、「承久大乱」「建武大乱」などと「大乱」の語は用いられてきているが、応仁の乱勃発後は「応仁大乱」「一乱以後」という表現が多くの史料に頻出するようになる。
（8）『後法興院政家記』応仁元年六月二日条
（9）『大乗院寺社雑事記』応仁元年六月四日条

（10）「経覚私要鈔」応仁元年六月廿九日条（『大日本史料』第八編―一）
（11）『応仁記・応仁別記』（和田英道編、古典文庫三八一、一九七八年）
（12）文明六年三月　野田泰忠軍忠状（尊経閣古文書纂編年文書二八、東京大学史料編纂所架蔵写真帳による）
（13）「宗賢卿記」（『大日本史料』第八編―一）
（14）清水克行氏のご教示によれば、『太平記』巻第八「山徒寄京都事」に、山門大衆が京都に入って適当な宿所に押し入り財宝をも手中にしようと、「宿札」を二十～三十ずつ持って結集する様子が描かれている。
（15）「鎮守八幡宮供僧評定引付」応仁元年七月条の最後（「東百」ね函九）。なお、この室町幕府奉行人奉書案は「東百」ト函一二三にある。本書第二章参照。
（16）野田泰忠軍忠状　前掲注（12）に同じ
（17）軍勢を案内する在地側の編成については、藤木久志「戦場の村の危機管理」（『荘園に生きる人々』和泉書院、一九九五年）で日根野庄の例を引いて示されている。
（18）『大乗院寺社雑事記』応仁元年六月十九日条
（19）前掲注（15）。この管領斯波義廉下知状の正文は「東百」里函一〇〇にある。ここで東寺の供僧等は、これを「御教書案」として引付に書き写しているが、これは御教書ではないし、また将軍の仰せをうけたまわった形をとる通常の管領下知状でもない。東軍から出される命令が幕府奉行人奉書など将軍の意を受けたものであるのに対して、当時の西軍には将軍あるいはこれに替わる存在がいないので、このような管領斯波義廉自身の直状としての下知状が出されたのである。本書一三四頁〔付〕論参照。
（20）「鎮守八幡宮供僧評定引付」応仁元年六月廿五日条（「東百」ね函九）
（21）「東寺長者補任」（『大日本史料』第八編―一）
（22）「見聞雑記」（同前）
（23）「東寺長者補任」（同前）

(24) 野田泰忠軍忠状　前掲注(12)に同じ
(25)『経覚私要鈔』第七(史料纂集)。
(26) 同じ頃、西岡でも、「西岡郷民等、細川陣兵粮入之」という動きがあり、管領斯波義廉は東寺の雑掌を呼びつけ、この動きを停止させるようにと厳しく命じている。しかし、実際に陣所に兵粮を運び入れているのは在地の地下人等であり、東寺としては「召地下人、堅可被仰付」と評定するぐらいしか手の打ちようがなかった(「鎮守八幡宮供僧評定引付」応仁元年十月七日条、「東百」ね函一〇)。
(27)「二条寺主家記抜萃」(『大日本史料』第八編―一)
(28)『応仁記』前掲注(11)に同じ
(29) 応仁二年八月十五日付で木沢助秀以下五人の奉行人連署奉書が「柳原之内東寺領百姓中」宛に出され(「最勝光院方評定引付」応仁二年八月廿四日条「東百」け函二一)、また閏十月以前に下久世庄にも「当国守護之間、可有知行」との奉書が届き、それが地下から東寺に注進されている(「鎮守八幡宮供僧評定引付」応仁二年閏十月五日条「東百」ね函一一)。
(30) 野田泰忠軍忠状　前掲注(12)に同じ
(31)「鎮守八幡宮供僧評定引付」応仁二年十月十日条(「東百」ね函一一)
(32) 野田泰忠軍忠状　前掲注(12)に同じ
(33)「鎮守八幡宮供僧評定引付」応仁二年十月廿七日条
(34)「同前」応仁二年閏十月八日条
(35)「同前」応仁二年八月廿五日条
(36)「同前」応仁二年十月十日条
(37) 野田泰忠軍忠状　前掲注(12)に同じ
(38)「鎮守八幡宮供僧評定引付」文明元年十一月二日条(「東百」ね函一二)
(39) 文明元年十二月日　下久世庄年貢米算用状(「東百」遍函一二二)

(40)『大乗院寺社雑時記』文明二年四月十八日条
(41)「東百」ち函一九（『大日本古文書東寺文書　四』）、この史料は高橋敏子氏のご教示による。
(42)『山科家礼記』応仁二年二月条の最後に筆写されている二月廿一日付の室町幕府奉行人連署奉書案。なお、応仁の乱中の山科については、本書第一章「応仁の乱と山科七郷」参照。
(43)室町幕府奉行人連署奉書案（『山科家礼記』応仁二年六月廿八日条）
(44)応仁二年五月十四日　畠山義就奉行人連署奉書案（『『山科家礼記』』応仁二六月十五日条）
(45)『山科家礼記』応仁二年六月廿日条
(46)『同前』応仁二年七月四・五日条
(47)『同前』応仁二年七月十九・廿三・二十四・廿八日条
(48)『同前』応仁二年八月七・八・十九日条
(49)『大乗院寺社雑事記』文明二年七月廿三日条
(50)『同前』文明二年六月晦日条
(51)文明二年六月廿八日　室町幕府奉行人奉書案（「従応仁二年至文明九年乱中山科郷執達状写」田中穣氏旧蔵典籍古文書、国立歴史民俗博物館所蔵）
(52)文明二年六月廿八日　細川勝元書状案（「従応仁二年至文明九年乱中山科郷執達状写」前掲注（51））
(53)『山科家礼記』文明二年八月十九日条
(54)『同前』文明二年八月・九月の記事
(55)文明九年十一月七日　室町幕府奉行人連署奉書案（「従応仁二年至文明九年乱中山科郷執達状写」前掲注（51））

第四章　経覚の描いた「応仁の乱」

はじめに

応仁の乱は、社会のありようを大きく変化させた戦乱であった。それだけに、この重要な戦乱に関する史料も、同時代の貴族や僧侶や武士の日記、関連する地域の古文書、さらには後代にまとめられた軍記物など、実に多岐にわたっている。

同時代人の日記は、応仁の乱について考えるうえで最も信頼できる史料であるが、その時に書き手が居住している地理的な位置の違いだけでなく、彼らがとり結んでいる政治的・社会的な関係によっても入手しうる情報に違いがあり、結果として、それぞれの日記の内容に差違が生まれる。また、書き手の関心の所在や彼らが抱く願望などによっても、記事の内容に偏りが生じてくる。興福寺大乗院の前門跡で、応仁の乱の時期には奈良の南に位置する古市に居住し、応仁三年（一四六九＝文明元年）四月には四度目の興福寺別当に就任し、文明五年に七十九歳で死去する経覚[1]が書いた「経覚私要鈔」には、情報の入手ルートにおいても、また戦況への関心のあり方においても、たいへんに偏った傾向が読み取れる。それは、一言でいえば、経覚は明らかに西軍方へ肩入れしているのである。大和永享の乱以来ずっと、越智・古市方対筒井方という大和の武士を二分する対立が続いており、経覚はつねに越智・古市方を支持し、自らも禅定院の背後に築いた鬼園山城に籠もって筒井方と対峙した経験をもつほどである。応仁の乱の勃発とともに、彼の日記には西軍優勢という情報が数多く書き付けられる。そこには、乱の推移を冷静に見守るという姿勢ではなく、西軍方の勝利を願い歓迎する心情が色濃くにじみ出ている。

そのため、これまでも、応仁の乱について書かれた著作や論文では「経覚私要鈔」だけに記されている情報をそのまま事実として取り上げるのにはいずれも慎重で、他のいくつかの史料と共通する事柄については経覚の記事もそこに組み込むというかたちで叙述されている。

けれども、「経覚私要鈔」にのみ記された単独の情報であっても、それを歴史的事実ではないとしてしりぞけるのではなく、経覚の書いた記事にこうした偏りが顕著であることを十分に意識しながら、彼の描いた応仁の乱像を追いかけてみるのも、それはそれで意味のあることではないか、このように私は考えるようになった。そこで本稿では、その情報源や情報伝達ルートをできうるかぎり特定しながら、「経覚私要鈔」の記事の内容を検討し、応仁の乱の一断面を明らかにしたいと思う。

一、「文正二年正月・二月」冊の冒頭記事について

表紙題簽に「安位寺殿御自記　六十四」とある『経覚私要鈔』の「文正二年一月・二月」冊[2]は、「文正二年正月丁亥正月小」と通常の記事が始まる前に、

臨闇《リンキン》　抱《イタキテ》日ヲ達《メクル》孤稜《コレウヲ》　夏雲層々《カウンソウく》トシテ擘《ササク》紅《コウ》日ヲ

という漢詩の一部(3)が原表紙の裏に記され、さらに一月・二月の出来事を箇条書きにした一紙がある。そこには、

一、正月朔日無武家往飯事

一、同八日管領事被仰付治部大輔義廉事、

一、同十一日評定始、義廉出仕、以中二日計略出仕之条、天下称美云々、

一、同十五日入夜者、細川右京大夫・京極生観入道・細川讃岐守・赤松次郎法師、令一揆、室町殿参籠、畠山右衛門佐義就御治罰事欲申沙汰之処、此事自女中山名方早聞付、遮而治部大輔・右衛門佐三人防禦申間、支度相違了、仍此面々尾張守ニ心替シテ歎申云々、比興次第也、

一、畠山右衛門佐与尾張守合戦事、

一、当今・上皇渡御室町殿事、

一、興福寺心経会事、

一、権別当孝祐服忌也、寺務補任事、可為如何様哉之由不審事、

一、越智弾正忠家栄上洛事、

一、日野大納言勝光卿内府昇進事、

という内容が記されている。寺内の問題や、九条家の家来筋に当たる日野勝光の違例の昇進など、経覚自身の関心事を除くと、ほとんどが京都の両勢力の動きを記したものである。特に、正月朔日に管領畠山尾張守政長が細川勝元や両佐々木・赤松などに路次を警護されながらとはいえ垸飯を行ったのに(4)、ここでは「無武家往飯」としたり、その政長に代わって管領に補任された斯波治部大輔義廉が中二日という短期間に出仕を遂げたことを「天下称美」と評した

り、正月十五日入夜、細川勝元・京極持清・細川成之・赤松政則らが一揆して室町殿への参籠を計ったが、それを察知した山名宗全・斯波義廉・畠山右衛門佐義就がすばやく対応した経緯を記したりというように、ここには明らかに山名方大名たちの優位性を示す事項がならんでいる。

経覚の日記の本文を追いかけてみると、正月十日条に、

一、今日自古市方、与三男并楠葉新右衛門上之、礼於武衛申処、楠葉自路次馳帰云、古市ニ自武衛□□在之由、朝倉状到来之間、楠葉計罷帰云々、

とある。斯波義廉が八日に管領に就任したのをうけ、十日に古市の若党与三男と経覚の家来楠葉元次が上洛していったが、古市方に斯波の家臣朝倉孝景から書状が届いたので、楠葉だけが急いで奈良に帰ってきたという。『大乗院寺社雑事記』(5)の正月十一日条には「管領職事、去八日被仰付斯波治大輔義廉云々(中略)兵庫物語」とあり、これを尋尊へ伝えたのも古市の長田兵庫助家則であった。

経覚は正月五日に、

一、今朝光宣法印上洛云々、畠山弾正小弼政長当管領也、畠山右衛門佐旧冬上洛、宿千盆寺、為政長敵人也、若是小弼為合力歟、上下五十人計云々、

と記しており、昨年暮れに畠山義就が上洛し両畠山の京都での対立が激化するなか、畠山政長への合力のため筒井成身院光宣が軍勢を率いて上洛したのではないかと経覚は推測している。その直後の管領交代劇である。両勢力の対立はいよいよ激化する。

十一日に古市の荻左京亮と共に上洛していた楠葉元次が、十六日の晩に馳せ下ってきて、

一、戌刻楠葉新右衛門尉馳下云、昨日十五日、山名往飯事終時分、弾正小弼山名孫、室町殿馳参之間、内者共同馳

参了、其故者、畠山小弼政長・右京大夫勝元・京極生観等令同意、室町殿於執申、右衛門佐於可有御退治之由欲申、令治定之処、山名早聞付、遮而山名・武衛等警固申間、支度令相違云々、以外次第也、仍今出川殿、若公以下一所御座之間、近日可有□事云々、

と十五日の緊迫した様子を語った[6]。これについて『大乗院寺社雑事記』十六日条には、

一、京都之儀、色々雑説、自畠山政弘（長）[7]方可奉取今出川殿之由、内々及全之間、今出川殿并諸若君悉以奉入室町殿、而山名入道・畠山義就等防禦申云、事実歟如何、

と記されている。

「室町殿於執申」あるいは「奉取今出川殿」など、将軍足利義政や足利義視の身柄を取って事を優位に運ぼうとする動きは、応仁の乱が始まろうとするこの段階からすでに見られたのである。

「雪霰事外寒気」とある十九日の経覚の記事は、次のように時刻を追って伝えられる情報を書き連ねている。

未剋、自或方告示令申、京都事十七日後夜時分、畠山小弼屋形懸火、只須河原打出取陣、京極者室町ヨリ上テ御所ノ南ニ取陣、細川右京大夫自北下テ御所ノ西ニ取陣、三四方ヨリ御所ヲ取巻申為体也、

一、御所ニハ山名・畠山ノ右衛門佐・一色・土岐等祗候、武衛ハ昨日七時分参御所云々、然而未及合戦云々、以外事歟、

一、古市来申云、為武衛合力、京都へ可罷上候、（中略）

一、戌剋、昨日罷上使帰来云、細川止小弼扶持、山名止右衛門佐扶持之間、右衛門佐与小弼勝負也、仍昨日十八日、及合戦間、右衛門佐方ニハ甲斐庄・須屋被打了、小弼方ニハ神保兄弟・遊佐新右衛門尉三人被打云々、其外四五十人両方ニ打死云々、甲斐庄処廿人計被打云々、実否如何、虚説満巷之間、無実説者也、

一、朝倉状ニハ、尾張守殿昨夜没落、於北白河合戦候、いかにも忩々可上洛之由、古市方へ有状返事、

未剋に「或方」から届いた情報では、十七日後夜時分に畠山政長が自邸に火を懸け只須（糺）河原に陣取り、京極・細川方が室町殿を取り囲むかたちで陣取り、室町殿内には山名宗全・畠山義就・一色義直・土岐成頼が祗候し、その後斯波義廉も参集したが、なお合戦は始まらないとのこと。古市胤栄が経覚のところに来て、斯波義廉に合力のため京都に上ると告げた。戌刻に、古市が昨日京都に上らせた使者が帰ってきて、細川が政長への扶持をやめ、山名も義就への扶持をやめることになったので、両畠山の勝負になり、双方に討ち死にする者も出た。朝倉からの書状では、政長は没落し北白河で合戦となっているから、古市は急いで合力のため上洛するようにと要請があった。

二十一日、古市胤栄は辰剋に出陣することになり、一族・若党、三十余騎を召し連れて経覚に暇乞いに来た。小者や中間三、四人を伴い、甲は七十ばかり、楠葉元次も同じく出陣した。一日で京都に着くという。しかし、古市勢は途中から引き返し、上洛しなかった。

一、未剋、自京都、古市不可罷上、其故ハ、尾張守方事、去十八日細川・京極并讃州・赤松二郎法師心替シテ、尾張守ヲ捨、公方へ有歎申旨間、重々御問答子細在之、其間ニ畠山右衛門佐一身罷向合戦之間、右衛門佐方ニハ隅田・須屋被打了、尾張守方ニハ遊佐八郎左衛門・神保兄弟被打了、而山名右衛門佐合力墻屋孫右衛門ニ備後衆相副、朝倉又右衛門合力ニ罷向テ、夜ノ明ヲ相待之処、後夜時分尾張守護令没落間追懸、朝倉手ニモ可然頭共取了、仍敵方無之間、上洛無用之由申送使、サカ中ニ馳合之間、自其古市罷帰了、幸運至也、楠葉新右衛門尉・下村与三両人、此子細為申之罷上云々、

と、細川方の心変わりで畠山政長は孤立し、畠山義就と合戦になり、双方の家臣に死者も出た。義就に合力するため山名方の垣屋孫右衛門・斯波方の朝倉又右衛門が準備して夜明けを待っていたところ、暁に政長方が没落した。敵方

がいなくなったので、古市に「上洛無用」の使者が送られ、それが南山城の相楽で古市の軍勢とちょうど出会ったから、古市はそこから引き返した。こうした事情を朝倉方に伝えるため、楠葉元次と下村与三は上洛したという。二十三日夜前、畠山義就の家臣誉田方から古市に連絡が入った。政長は依然として行方が知れないが、寄子・若党少々討死、名字の者が一人打たれ、政長自身も負傷している。義就方でも須屋が討死にし不憫極まりない。それにつき矢を五百・楯を五帖援助して欲しいとのこと。古市はこれを了承し、すぐに手配をした。

このように文正二年（＝応仁元年）正月の経覚の日記を追いかけてみると、その情報はいずれも古市方の動きと密接に関わっていることがわかる。若い古市胤栄は何かと老練な経覚を頼りにし、京都の朝倉孝景や畠山義就から古市に使者が送られてくれば直ちにそれは経覚の耳にも伝えられ、両者は次々と伝えられてくる情報を共有している。応仁の乱が本格化する五月以後も、こうしたあり方は変わらない。

二、応仁元年五月、「京都既破」との情報

応仁元年五月十日、経覚が召し使っている木阿が、

京都ニハ、大内介可上洛之由、依有風聞、自右京大夫方可沙汰破之由結構歟旨、有其聞云々、大内介ハ右京大夫与有公事故也、

と語った。大内政弘が上洛するという風聞があり、細川勝元は戦闘停止命令を破ろうと画策しているという。大内はこれまでも細川と対立してきたいきさつがあり、今度の山名と細川の争いに加勢するため上洛してくるのだろうかといわれている。十六日の経覚の日記には

一、京都事、有種々浮説、実否如何、

一、楠葉柔道語云、大内介・大友可罷上云々、兵船ヲ狩催、上洛支度云々、依如此事歟、如何、

とあり、楠葉西忍入道が大内政弘等が軍船を駆り集めて上洛の準備をしていると述べている。西忍は以前に二度遣明船に乗って日明貿易にたずさわった経験をもち、その時に瀬戸内海の船を調達したことがあった(8)ので、大内の動きもいち早く察知できたのかもしれない。

十七日には神戸四箇郷の一つである桶原(9)の武士中山から伊賀国で合戦があったことが伝えられ、十九日には楠葉元次から、「摂津国ハ事外物忩」で勧進も途中でやめて帰京したら京都も「物忩」だったという猿楽尊若の情報が伝えられた。

二十二日に、経覚が懇意にしている醍醐寺三宝院の義賢から久しく上洛がないのは何故かと問い合わせがあり、

京都事者、細川与山名両家物云、近日可破之由、有其沙汰計也云々、

と京都では細川と山名が一触即発の緊迫した事態で、辛うじて保たれている均衡が「近々破れるに違いない」とのうわさでもちきりだという。

そして二十六日、経覚は合戦についての第一報を得る。

一、申下刻歟、或者申云、京都既破云々、自光宣法師方飛脚、箸尾・筒井へ馳重云々、子細不分明者也、於帰古市路次、笠間奥西自古市罷帰、石塔辺ニ行向、此法師申云、自成身院方中御門へ申遣様ハ、今日巳剋武田一色屋形へ馳入之間、京都ハ既破候之由申云々、又云、細川屋形へハ山名・畠山右衛門佐・管領武衛相向責之間、(以下記載なし)

その情報は、二十六日の夕方に経覚にもたらされた。「京都はすでに破れた。成身院光宣方から急を告げる飛脚が

箸尾や筒井のもとに次々に送られているが、詳細は不明とのことだ」という。経覚は続いて、この報を得た事情について記している。「奈良の禅定院まで尋尊を訪ねて古市に帰る途中で、古市から帰ってくる笠間の奥西に石塔あたりで出会った。奥西法師が申すのには、成身院方から官符衆徒の中御門に入った連絡によれば、今日の巳剋、武田信賢が一色義直の屋形に攻撃をかけたので、京都はすでに破れた。細川勝元の屋形には山名宗全・畠山義就と管領の斯波義廉が押し寄せ攻撃している」という。京都の両勢力のあいだで辛うじて保たれてきた均衡が破れ、すでに合戦が始まったという情報は、このように古市への帰路、偶然ともいえるような状況下で、経覚の知るところとなったのである。「近日可破」から「既破」へと、一気に局面が変わり事態が動いていく、その様子が「破」という一語に凝集されている。

二十七日には斯波義廉の使者として山城山田の中黒氏が古市に来て、越智家栄が上洛したので古市も同様に上洛するように伝えた。

戦乱の詳細が経覚に届いたのは二十八日のことだった。一昨日から上洛していた古市の若党下村与三男が夜に帰ってきて語った。

廿六日、自彼方出大勢、一色屋形馳入了、然一色山名方へ罷出留守之間、於屋形焼払了、其勢ヲ又為打、自山名墻屋、自右衛門佐甲斐庄、自武衛朝倉処、一番京極勢墻屋ト戦所へ、朝倉馳向テ追崩了、次赤松二郎法師手、朝倉与馳合戦之処、甲斐庄落合テ相戦之間、赤松方者多被打了、以其勢讃州へ押寄戦処、自内打出ハシカク防戦之間、矢戦計ニテ未事行云々、京都式以言詞難述也云々、

一、室町殿ニハ近習者友三番ニシテ、門々ヲ閉テ奉警古(警固)云々、但両方右京大夫山名被立御使、先無為之計略ヲ廻候ヘト被仰付云々、

一、去廿六日、百万反并講(革)堂消失云々、

まず細川方が一色義直の屋形を攻撃し、ちょうど山名方に出かけて留守だった一色邸を焼き払った。与三はこれを「自彼方出大勢」と述べており、明らかに西軍方に立った視点で語られている。山名宗全方から垣屋、畠山義就方から甲斐庄、斯波義廉方から朝倉が出て、京極勢と垣屋が戦っているところに朝倉が援軍となって追い崩し、赤松勢と朝倉が合戦中に甲斐庄が合流して赤松方に打撃を与えるといった具合で、三者の連携によって戦況は有利である。そのままの勢いで細川成之の屋形を攻撃したが中から俊敏に防戦するので、まだ矢戦だけで決着がつかない。

他方、尋尊が写して経覚に届けた興福寺雑掌柚留木重芸注進状が、経覚の日記の五月三十日条に筆写されている。それには、

今度京都疑時宜、廿六日早旦、細川方より山名方へ被取向合戦始候、一色ハ其暁開屋形、山名一所被成候、於所々合戦候、又細川和泉守護・淡路守護・備中守護屋形焼候、山名方一族之美作守護・岩見守護屋形焼之、講(革)堂・百万反・小御堂・一条窪寺其近辺悉焼候、浅増式候、雖連日之合戦候、互角之義候、雖手負・死人多候、可然仁者未無之、細川殿ハ殿中ニ祗候候、上意ハ御同心候、但面々雖被仰出子細候、不相替候、天下大遍候哉、伊勢守自公方被召上候、率関・長野か勢、可今日京着之由申候、此由可有御披露候、恐々謹言、

五月廿九日　　(柚留木)重芸　判

尊藤殿

袖云、朝倉廿七日合戦、内者多手負候、殊なる儀無之候、

とあって、五月二十六日に細川方から攻撃をしかけて戦乱が始まったとする点は共通しているものの、以下の動きに

ついては異なった情報が記されている。

特に注目されるのは、この時に将軍足利義政はどのように動こうとしていたのか、室町御所はどのように警護されていたのか、という点である。

京都から急いで下向した古市若党下村与三男などが語った情報によれば、「室町殿ニハ近習者友三番ニシテ、門々ヲ閉テ奉警古（警固）云々、但両方右京大夫山名被立御使、先無為之計略ヲ廻候ヘト被仰付」とあり、近習の者を三番に分けて室町殿を閉門して警固させ、将軍は細川勝元・山名宗全の双方に事態が無事に収まるよう計略を廻らせよと合戦停止命令を発した。他方、尋尊のもとに届いた寺門雑掌柚留木重芸注進状では、「細川殿ハ殿中ニ祗候候、上意ハ御同心候」とあって、細川勝元が室町殿に祗候しており、将軍義政は勝元に同心しているという。将軍は御所を近習たちに警固させ、中立の立場から両軍に対して停戦命令を出しているのか、御所には一方の大将細川勝元が祇候し、将軍は勝元に同心しているのか、与三男の情報と寺門雑掌柚留木の情報とでは、まったく相反する内容になっている。

古市の若党下村与三男のものはこれまでの経緯から見ても、西軍の斯波義廉と朝倉孝景につながる勢力から得た情報であることは明らかである。他方の寺門雑掌注進状は、東西両軍の大名たちの屋形が焼かれたことを記し、連日の合戦で形勢は互角、死者や負傷者は多く出ているが両軍の名のある武将には死傷者は出ていない、とするなど広く情報を集めて注進していることがうかがえる。しかし「上意は御同心」としたり、伊勢守を将軍が召し上げ今日にも京着するなどの情報は、明らかに東軍側に情報源があるものと考えられる。さらに袖に「朝倉廿七日合戦、内者多手負候」と注記されているのは、経覚と斯波―朝倉ラインとの密接なつながりを意識したもので、朝倉勢に多数の負傷者が出たとの報をわざわざ写して経覚に届けた尋尊の思惑もこのあたりにあったものと思われる。

東西両軍の合戦が続き諸国から軍勢が次々に上洛してくる六月、なぜか経覚は自分自身が上洛することを決めた。

古市迎福寺内の居所を出て奈良の上生院に入り、進物用の榼なども準備し、明日にも出発という二十二日になって、尋尊からの使者が経覚のもとにきて、成身院光宣からの申し入れを伝えた。それは「為無越度如此申」としているが、明らかに脅しであり警告であった。

紙面に載せてわざわざ成身院光宣が尋尊に申し送ってきた内容は、

其趣ハ、愚老事、治部大輔知音之間、上洛無心元候、又楠葉新右衛門尉朝倉令昵懇候、仍走舞候、旁以無覚束之間、只今上洛事ハ、門跡までも不可然候、可被申止之由、載紙面申送了、

というものである。経覚は斯波義廉と知音の間柄で、経覚の家来の楠葉元次も朝倉孝景と昵懇にしており、乱の勃発以来その関係を軸に活発な動きを見せている。そのような経覚一行がこの緊迫した情況下の京都に上ってくるということになれば、不測の事態も起きかねない。ひいては大乗院門跡の尋尊にも累が及ぶに違いないので、このたびの上洛は何としても思いとどまらせるべきだというのである。成身院からの書状を受け取った尋尊は、急いでこれを経覚に送りつけてきた。それを受け取った経覚は、

此条、存外無極者也、愚老非弓矢取、雖合力可有何子細哉、

と自身が弓矢を取って合戦に加わるわけでもないのに、ただ合力するだけのことのどこに問題があるのだと、憤懣を日記にぶつけながら、心ならずも上洛を中止し、進物用に用意した榼だけを京都に運ばせた。たとえ上洛を強行したとしても、奈良から京都への通路を光宣方の軍勢が塞いで、経覚の一行を阻止しようと動くのは目に見えていたからである。このできごとは、経覚という存在と彼が取り結んでいる人間関係を、まわりの人々が当時どのように認識していたのかをよく物語っている。たとえ自らは「弓矢」を取らなくても、経覚の「合力」がもたらす影響力は大きなものだと受けとめられていたことがわかる。

三、西軍大名八人の連署状

前節の最初で触れたように、大内政弘が上洛に向けて動いているという情報は、五月十日という早い時点から経覚の耳に届いていた。大内上洛の動きは、京都の停戦が破局をむかえた五月二十六日よりも以前から始まっていたのである。そして、東西両軍の合戦が続く六月四日に、

早旦元次男来、夜部下向畢、京都事、先無殊事云々、山名・武衛・右衛門佐・一色・土岐・六角・富樫・畠山大夫・山名相模以下同意無替篇者也、相待大内介・伊予高野上洛ヲ相待者也、其京着者可合戦之由、クミノ衆一揆云々、

とあって、楠葉元次が京都から帰ってきて、山名宗全・斯波義廉・畠山義就・一色義直・土岐成頼・六角高頼・富樫政親・畠山義統・山名教之などの大名が「クミノ衆」として一揆し、大内政弘と河野通春の上洛を待って打って出ると決めていることを経覚に伝えた。

六月九日には、

又楠葉新右衛門申云、武衛ハ去五日自山名方令帰宅候、中御門屋形ヨリ三町処取陣候、土岐東へ二町処陣ヲ取候、山名相州又二町処取陣、山名ハ一条ヨリ中御門西処、悉以彼禅門内者ニテ候、西国大内介・大友・伊予高野、大舟六百艘ハカリニテ罷上、可付境之由口遊之間、境内騒動無申計云々、

と西軍方の斯波義廉や土岐成頼・山名教之と山名宗全の家来たちが一条から中御門西までに陣取り、さらに大内・大友・高野の軍勢が六百艘の船団で堺に到着とのうわさも流れ、意気軒昂な西軍方の様子が伝えられた。

西軍諸将からその到着を待たれていた大内勢について、六月二十五日の東大寺戒壇院の注進状[10]によれば、

　六月廿五日注進之、
大内方上洛衆
　陸衆
豊田殿　杉修理殿　杉七郎殿　其外石見衆
　海上衆
大内殿　山名小弼殿　スエトノ　杉右京亮殿　内頭（藤）駿河殿　宮内殿　杉九郎次郎殿　安富左衛門大夫殿　江口兵庫助殿　見尾七郎殿　其外安芸・九州衆悉上洛、
　海賊衆先陣
ノウヘ　クラハシ　クレ　ケコヤ
其外九州面々、五月十日山口を出陣、六月二日周防野上マテ御付候、同三日屋内ト申在所マテ出陣、同十三日乗船一定候、社ノ嶋陸まて御付候、
　上洛国々分
周防　長門　筑前　筑後　安芸　豊前　石見　伊予　以上八ケ国、

海賊衆を先陣として、大内方は海路と陸路の両方から八か国の軍勢として上洛してきた。山口を出陣したとされる五月十日は、経覚が最初に大内介上洛の報に接した時期と符合する。京都での風聞や楠葉西忍入道が察知した情報は、正確なものだったのである。

大内勢の入京は八月二十三日で、『後法興院記』の八月二十四日条に、

是日、筑紫大内猛勢上洛云々、此間赤松并和泉守護・池田等、於摂州辺、雖相支、池田依令内通、大内上洛云々、

とあるように、京着までに相当の日数を要したのは、東軍方が摂津国あたりで通路を塞ぎ攻撃をしかけて大内軍の行く手を阻んだからである。西岡の細川被官衆等も、

一、大内新介上洛之時、為京都之御敵、迎罷下之由、就有其聞、可相支之旨、被仰付西岡中脉衆之間、八月九日、陣取摂州神内山芥川入江、相供致忠節事、(11)

と、大内新介の上洛を阻止するため八月九日に摂州まで出張っている。こうした東軍方の妨害をくぐり抜け、大内勢は入京する。

八月二十四日、経覚の甥の不動寺聖円が来て京都の状況を伝えた。

一、申剋不動寺被来、内府計会無方角、殊大内介上洛東寺取陣、近隣物忩之間、商売等一向無之、偏赴首陽古跡之間、可如何哉、言語道断之次第也、又被語云、一条前関白殿、此間随心院門跡ニ御座、而依大内介上洛、九条辺モ物忩之間、可有下向之由、被申送禅定院、明日夜叉塚マテ可被進迎云々、則奘舜可参之由被申付云々、

大内の大軍が入京し東寺に陣取ったため、「近隣物忩」となり商売も行われず、九条家にいる九条政忠も困り果て餓死を心配しなければならない羽目に陥っているという。一条兼良は息子の随心院門跡のところに避難していたが、その随心院のある九条富小路あたりも物忩になったので、同じく息子の尋尊がいる奈良に下向することにし、迎えを要請したという。(12)

大内勢による救援に力をえて、西軍は猛攻撃を開始し三宝院や土御門内裏を占拠した。洛中での合戦が続くなか、十月五日に楠葉西忍入道が来て、

相国寺者悉焼了、其跡ニ朝倉取陣、古市勢モ朝倉同陣云々、

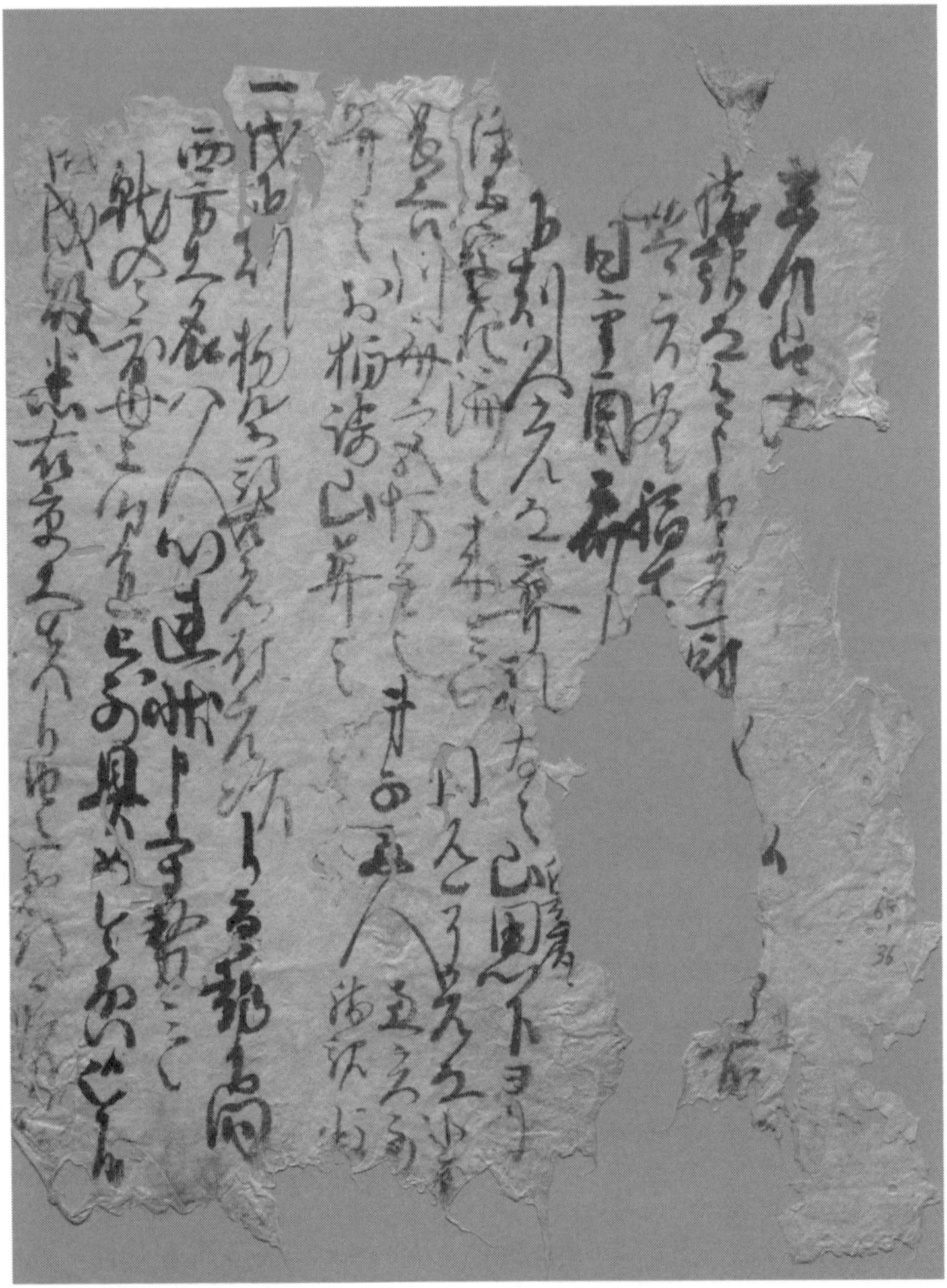

「安位寺殿御自記　六十六」応仁元年10月29日条（内閣文庫蔵）

と語った。また興福寺西金堂衆の栄清が京都からの書状を経覚のもとに持参した。

其面ハ、畠山右衛門佐内者遊佐并一色右（左）京大夫、武田陣ヲ取タル勝定院を追落テ焼払、□□（今出カ）川殿元三条実政公宿所并伊勢守屋形・誉田□□□マテ焼之、其跡ニ陣ヲ取了、右衛門佐ハ細川下野并伯宿所ヲ惣門ノ前両所ヲ焼払了、其跡ニ

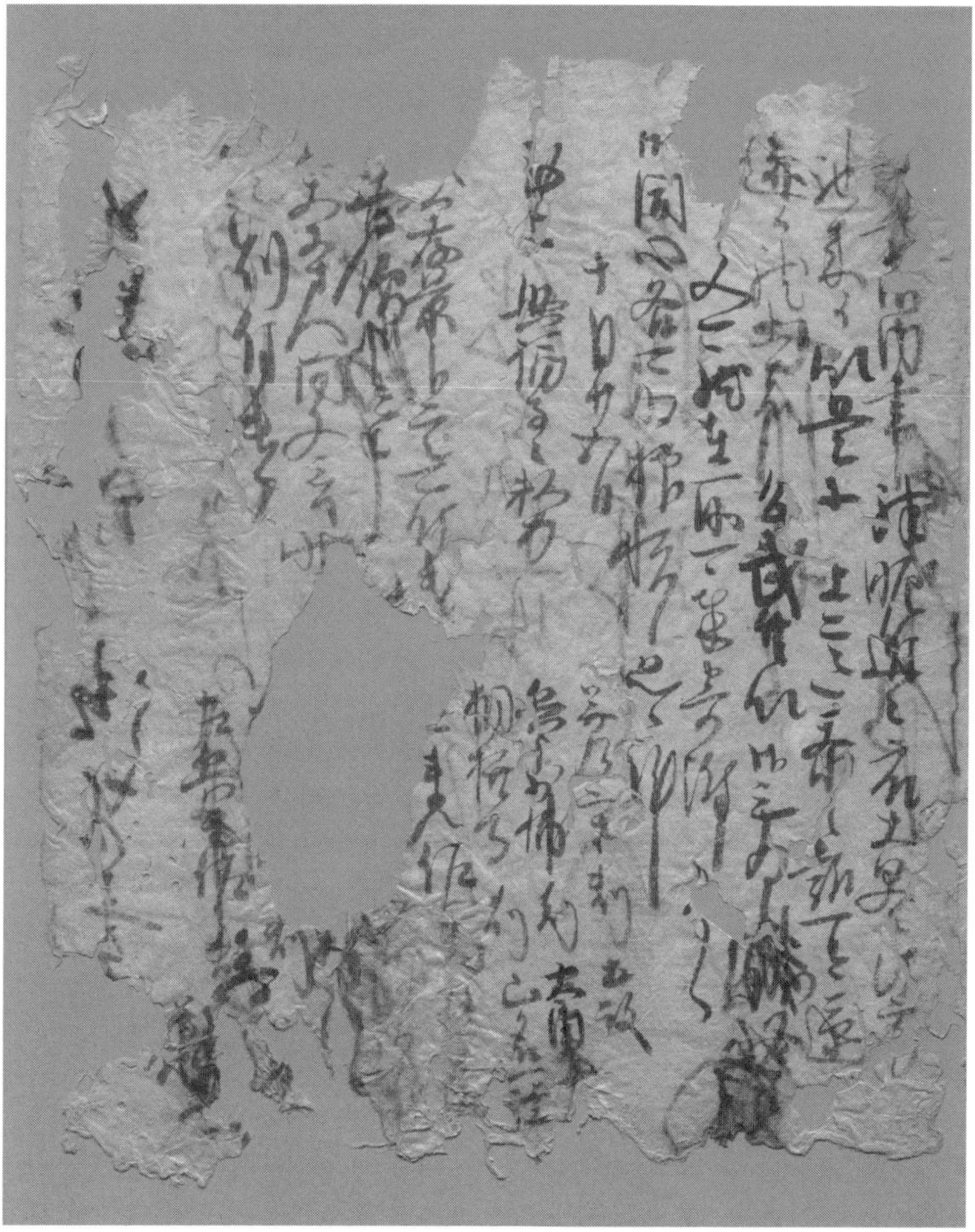

陣ヲ取之間、

と西軍方が東軍方の拠点を追い落とし焼き払い、その跡に陣を張ったという情報が続々と届いた。また栄清によれば、東大寺と興福寺に対して、

右衛門佐《武衛》・管領・山名三人連状ニテ、

西軍に味方してくれれば領知を寄進すると申し入れがあり、東大寺は「朝夕天下安寧懇祈致之条不珎次第也、殊如此承候

上者、可致精誠」しと返答したが、興福寺の返事については未詳とのことであった。

ところが一転して十月九日の経覚の日記には、「山名右衛門督入道宗全□□□（治罰之カ）院宣言□（并）御内書之在」とあり、それを経覚が知った経緯についてはまったく記さず、ただ東軍方から出された後花園上皇院宣と将軍足利義政の御内書・幕府奉行人連署奉書の三通が書き写されている。おそらくこれは当時興福寺別当であった東門院孝祐かあるいは大乗院門跡尋尊から経覚に伝えられたものと思われる[13]。東軍方からこのような院宣・御内書・奉行人奉書がセットで出されたのに対して、西軍方としては、それへの対抗として山名宗全・管領[14]斯波義廉・畠山義就の三人連署状で南都寺院への扶持要請を行ったのである。

その後、西軍方の大名三人による連署状は、八人の大名連署状へと拡大する。しかもそれを興福寺別当孝祐に伝えるにあたって、西軍方は経覚に仲介を要請してきた。経覚の日記の十月二十九日条に（一七四・一七五頁写真）、

一、戌下剋、楠葉新右衛門尉元次自京都下向、西方大名八人以連状申寺務云々、

就今度世上時宜、已前具如令啓候、近日御成敗悉右京大夫自由之所行候、既被成勅書・御内書[15]、殊昵近之衆大略此方馳来候、以是等　上意忝之趣、可有景迹候、然上者公武共以御無為之儀必□候、又可然在所可奉寄附候、尚々御同心各可為朴悦候、恐々謹言、

十月廿五日　　美乃守　判　土岐

謹上　興福寺々務　　兵部少輔　判　大内介

相模守　判　山名一族

□衛門佐　判　能登守護

□（朝）倉孝景自是可付遣　　□□□□　判　一色

□管領申云々、

東大寺へ同文言状
□之、則付遣了、
□□□□ 判 □□
□□□□ 判 □山
左兵衛佐 判 武衛管領

とある。西方大名八人連署状を日記に書き写したその奥上に、朝倉孝景は、これを経覚から寺務孝祐に付けるようにとの斯波義廉の意向を伝え、東大寺に対しても同じ文言の状があり、いずれに対しても経覚の方からその状を届けた旨が記されている。

　これからほぼ一年後、同じく西方大名八人連署状が出されている。この時には越智家栄から興福寺別当と大乗院・一乗院の両門に宛てて三通分が到来し、尋尊がその日記『大乗院寺社雑事記』にこれを書き写している。

　一、自別会五師定清方、西方大名状送給之、自越智方、両門并寺門三通分到来、於寺門分者令付供目代云々、

君臣不図而入国、世上猶以不令静謐候之条、併勝元濫悪之所致候歟、
抑今般右京大夫令牒送于南都之子細在之由候、誠招禍之儀候哉、若云寺門之衆徒云国中之徒党、対当方之衆不儀顕現之躰候者、先以分国寺社領押置之、可及一段之計略候、為此方忠節之儀候者、付寺門可賀申候、
云満寺之衆徒云国中御坊人、可被相触候之由、大乗院家可被申入候、恐々謹言、

十月廿八日　成頼 判　政清 判
　　　　　　教之 判　義統 判
　　　　　　義直 判　宗全 判
　　　　　　義就 判　義廉 判

松林院僧正御房(16)

応仁元年に経覚が書き写したものと、応仁二年に尋尊が書写したこれとを比べてみると、応仁元年のものは官途名をもって署名しているのに対し、尋尊の分は実名を二段に連ねたかたちになっている。通常は官途名を用いると思われるので、尋尊は署判の部分を実名に書き換え簡略に写したものと思われる。

ここで注目されるのは、経覚の写した応仁元年十月十五日連署状の二番目の連署名の下に「大内介」という注記が加えられている点である。経覚の日記に写されたこの連署状案には、「官途名　判」を書いたそれぞれの下に、たとえば美乃守なら「土岐」、相模守なら「これは山名の一族だ」とか左衛門佐は「能登守護」というように、経覚自身の注記が加えられている。美濃守は土岐成頼、相模守護は確かに山名一族の教之である。左衛門佐は能登守護の畠山義統、以下「一色」「山名」「畠山」そして「管領斯波」と正しく注記されている。しかし、二番目の兵部少輔は山名政清であって大内政弘ではないのに、なぜか「大内介」と書かれている。

経覚はこれまで、主として西軍側から伝えられる情報をもとに応仁の乱の動向を把握してきた。特に大内介が率いる軍勢の圧倒的な数やその強さについて、強烈な印象を脳裏に刻みつけていた。そして、そこに届いた西軍大名八人の連署状を目の前にして、ここに大内介の名もあるにちがいない、そう思って経覚は「兵部少輔判」の下に「大内介」と注記を加えたのではないだろうか。経覚の日記に見られる西軍贔屓の姿勢、西軍方大名たちが「クミノ衆」として一揆し結束を強めてこの闘いに勝利してほしいと願うその心情を考えると、彼が「大内介」という注記をここに書き込んだのは無理からぬことなのかもしれない。尋尊が日記に写した応仁二年の連署状を引用して、桜井英治は「大内政弘がその卓越した軍事力にもかかわらず署名者から排除されたのも、大内家がもともと幕政に参加しうる家柄ではなかったため(17)」とした。大内氏の家柄についてはさておくとして、経覚が日記に写した応仁元年十月の西軍大名八人連署状にも(18)、実際は大内は加わっていなかったと思われるのである。

四、朝倉孝景と経覚とのつながり

もともと北国荘園の支配をめぐるつながりがあり、経覚にとって朝倉孝景は、応仁の乱が始まる以前から近しい存在であった。

『経覚私要鈔』文安六年（一四四九＝宝徳元年）六月十七日条によれば、越前国河口庄大口郷政所職に朝倉が六千疋分で所望してきているが補任すべきかどうかと、大乗院門跡尋尊から古市にいる経覚に相談があったので、

六千疋分にて歎申候ハヽ、当時之儀不可有相違歟、

と返答している。六十貫文という補任料は当時、他にひけを取らない額であった。越前の有力な国人として朝倉孝景が現存する経覚の日記に登場してくるのは、この頃からのことである。

経覚は、以前から再三にわたり斯波氏の守護代甲斐常治には贈り物を届け、円滑な所領支配をはかるために密接な関係を保っていた。その甲斐常治と組んで朝倉孝景は、守護斯波義敏と対立するようになる。長禄二年（一四五八）七月のことで[19]、越前から帰った楠葉元次は、

凡於越前国者、過半者焼失[20]、

と語り、越前国内の戦乱の激しさを伝えている。この長禄合戦を機に朝倉は斯波氏の有力家臣として大きな力をふるうようになり、興福寺が直務支配を行い公方御倉の籾井を代官に起用しても、朝倉の違乱にあって実質的な現地支配は不可能であった。

寛正五年（一四六四）六月、経覚の知行分細呂宜郷下方の百姓三人が、朝倉の被官人によって召し捕られたとの報

があり、経覚はすぐ京都の朝倉孝景のところに楠葉元次を遣わして抗議した(21)。朝倉からは、直ちに国元に命じて拘禁している召人は解放するとの返事があったが、楠葉元次の弟四郎が帰って来て報告するのには、七月になっても百姓等は解放されておらず在地の百姓等は逃散の動きさえみせているという。再度、元次が朝倉のもとに走った。楠葉元次と朝倉との緊密な関係を軸に、経覚は朝倉とのあいだにパイプをつなぎながら事態の打開をはかろうとしていた。

実はこの直前の五月朔日から経覚は上洛し、八月まで九条邸に長逗留しながら旧知の三宝院義賢の誘いで賀茂競馬などを見物している。五月末から六月初めは、義賢からの再三の招きにこたえて三宝院の京門跡に出向き、数日そこに滞在し旧交をあたためた。その間、六月朔日には、

> 入夜、朝倉弾正左衛門来、則見参了、馬・太刀賜之云々、寺訴事歎申故也、以其次此門跡へ可申礼歟如何哉之由令相談之間、尤可然之由返答了、仍進折紙千疋、被対面了(22)、

とあって、京都にいる朝倉孝景が経覚を訪ねて来て、馬や太刀などを進上した。経覚はすぐに対面した。「則見参了」という経覚の記事に、二人の間柄がよく示されている。朝倉は、興福寺から自身の進退について訴えられている旨を伝え援助を求めた。また、この機会に三宝院門跡義賢にも挨拶したいが如何なものかと相談するので、それはいいことだと経覚が返答し、折紙銭千疋を義賢に進上して対面した。経覚というツテを通じて、越前の一国人朝倉はその人的ネットワークをひろげようとしていたのである。

興福寺は朝倉に対して「寺訴」するだけでなく、同年六月二十四日には、

> 朝倉教影(景)名字於修正手水所釜内呪詛之由、昨日自学侶両堂司ニ仰之了(23)、

と朝倉の名字を籠め呪詛するという手段に打って出た。経覚は七月十八日に楠葉元次を奈良に下向させ、「朝倉進退事」について興福寺の意向を打診した。すると納所宗秀律師と定清・宗算五師から、朝倉が興福寺への忠誠を誓う「告

文」を提出すれば学侶集会への取り次ぎをする用意があるという連署状を得た。そこで経覚は朝倉に「告文」を書かせるから、それを検知するため急ぎ人を上洛させるようにと楠葉を奈良に送って伝えさせた。その返事が、

就朝倉弾正左衛門告文沙汰事、被誘仰之趣、両三人於学侶集会致披露候之処、自今以後可止庄家之乱吹、并於悪行被官人者任寺門之所存可放扶持之由、領納申上者、寺門大慶且神慮之至候哉、仍来八日両寺官令参洛、翌日九日必致告文候之様、兼日能々被尋仰候者可目出候、綺之儀不令遅々様、被整仰付候者、誠御興隆之専一之由、学侶衆儀之趣、可有洩御披露候、恐々謹言、

八月四日　　両三人

宗秀

定清

宗算

畑蔵人殿

というもので、以後は庄家の濫吹を止め悪行被官人等を放逐する旨の告文を九日に必ず書くようにと学侶たちは求めてきた。六日に楠葉元次を朝倉孝景のところに遣わし、承知しましたとの返事を得た。

八月十日、二条持通邸で告文を持参した朝倉と、寺官の定清・宗算五師、興福寺雑掌柚留木重芸との対面が実現する。

於愚老前告文判形加之、其後出盃了、愚老盃可能(与　以下同)孝景之由両寺官ニ気色為之、後能朝倉、二条殿上人取酌能之、対寺官至極令色代受用之、其躰凡神妙也、其盃能定清、々々又指朝倉、々々盃能宗算、如此自他忘意趣之様沙汰了、時儀事外快然也、神妙〳〵、

と朝倉が経覚の目の前で「告文」に判形を加えると、互いに指しつ指されつ、無事に手打ちの儀礼は終了した。寺官

の両五師に対する朝倉の態度は神妙で、「時儀事外快然」と経覚はご満悦であった。朝倉から柳樽三荷・麺と饅頭の折二合が進上された。そのうち柳一荷・麺の折一合は二条殿下に贈り、柳一荷は両寺官に、柳一荷と饅頭の折は九条邸に配分された。こうした直接的な関わりを経て(24)、経覚は朝倉孝景に対して単なる寺領の「職人」という関係を越えた親密感を感じるようになっていた。

寛正六年（一四六五）十一月二十日には、

朝倉弾正、馬於天川右衛門佐遣《太刀》云々、元次男来語云、

又云、西国右兵衛佐事、今月初被召甲斐・朝倉於御所、両人心中無子細者、如元武衛ニ可被成之由被仰出、然ニ老者共令談合、不可叶之由申切之間、重不及御沙汰云々、

と朝倉孝景が天川にいる畠山義就に馬と太刀を送ったこと、斯波義敏の復帰を将軍から打診された甲斐と朝倉が宿老衆談合の結果これを拒否したことなど、楠葉元次の語る朝倉の動向に大きな関心をよせている。これ以後も、経覚の朝倉に対する関心は薄れることなく、応仁の乱の本格的な始まりとともに、さらに朝倉勢の活躍がその日記に書き連ねられていくことになる。まず五月二十六日の合戦では、山名方から垣屋、畠山義就方から甲斐庄、斯波義廉方から朝倉が出陣し、

一番京極勢墻屋ト戦所へ、朝倉馳向テ追崩了、次赤松二郎法師手、朝倉与馳合テ戦之処、甲斐庄落合テ相戦之間、赤松方者多被打了(25)、

と垣屋・朝倉・甲斐庄が協力しあって戦う様子が記され、六月十五日条には、

西初点元次来申云、只今四条時衆自朝倉方下之、昨日武田二条辺へ下之由聞及、朝倉待受相戦之間、武田勢八十計残少被打取了、

とあり、東軍方の武田信賢の軍勢を朝倉勢が攻撃し大打撃を与えたと、四条道場の時衆が使者となって、まだ上洛していない古市胤栄のもとに下って来て伝えた。七月十四日に、

元次男下人下了、京都ニハ無殊合戦云々、京極・武田・赤松三人、取向武衛責戦、然朝倉打出間、六・七人可然者共被打了云々、

と斯波義廉邸を攻めた京極・武田・赤松勢に、朝倉が反撃して名のある武士を数輩討ち取ったと楠葉元次の下人が知らせてきた。九月十日は京都四条道場時衆の知らせとして楠葉西忍の語るところによれば、

西忍入道語云、夜前四条時衆道西所へ罷下、京都之儀色々演説云々、六角者六角大慈院取陣、畠山右衛門佐等持　寺取陣、土岐已屋形移住云々、

一、三宝院焼失子細者、武田手、右衛門佐在所等持寺へ矢入為之間、《畠山》手者共追懸之間、三宝院内へ馳入、於路次武田手九人被打了、畠山并朝倉手共、追〳〵馳重焼之云々、

と東西両軍の闘いの中で三宝院京門跡が焼失した。朝倉勢は主人斯波義廉邸の防御だけでなく、畠山義就勢とも連携して大きなはたらきをしている。

八月二十四日から京都の朝倉の陣に加わっていた楠葉元次が九月十一日の夜に帰ってきて、翌十二日、

巳剋楠葉新右衛門尉元次来、夜前下向云々、古市上洛事猶計略之処、山名禅門状以下下了、自朝倉方是へも申賜了、

と再三上洛を要請されていながら、九月のこの時点でも上洛しない古市胤栄に山名宗全から書状が下され、朝倉からも経覚に古市への説得を願う書状が届いた。経覚は翌十三日に古市一族の稲垣（長田）兵庫助家則を召して、朝倉からの状を示しどのように返事をするかを計らい仰せている。古市胤栄は戦闘への参加には消極的だった。九月二十五日になって、

今日古市甲十五大将荻左京亮・一族・若党、相副楠葉元次男、上遣了、これへも朝倉申子細在之間、此子細遣状於朝倉了、

やっと古市勢は、甲冑を帯びた騎馬武者十五人・一族・若党等、これに楠葉元次が加わり上洛する。この件では朝倉から経覚に状が届いていたので、このたびの事態の詳細を経覚から朝倉に書状で伝えた。しかし古市勢を率いて上洛した大将は荻左京亮宗正で、当主の古市胤栄は古市に残ったままであった。九月二十七日条に、

上京都古市勢者、黒谷法然房寺ニ取陣、其辺ニ朝倉取陣故也云々、是赤松勢南禅寺辺山ニ取陣之間、是ニ向テ取陣、朝倉外土岐同近辺ニ取陣云々、

と上洛した古市勢は京都黒谷法然房の寺である金戒光明寺に陣取っている。これは朝倉軍がその辺に陣を敷いたからで、東軍の赤松勢が南禅寺辺の山に陣取ったのに対向して、西軍の土岐勢も近辺に陣を取った。十月五日に、

楠葉入道来語云、相国寺者悉焼了、其跡ニ朝倉取陣、古市勢モ朝倉同陣云々、

このように古市勢は終始朝倉勢に同行し、共に戦闘に参加した。古市若党下村与三男が負傷して帰ってきたが傷は大事に至るものではないという(26)。そして十一月八日、

自古市上武衛勢、今日先遣暇間、酉剋罷下云々、去九月廿五日上洛間、四十余日兮罷下了、

斯波義廉勢の一翼を担うため上洛していた古市勢が、四十余日ぶりに暇を得て帰還した。

五、朝倉の西軍離反をめぐって

応仁二年（一四六八）五月二十二日に、楠葉西忍入道が早朝から来て語った内容は、朝倉にかかわる重大事であっ

た。

楠葉入道早旦来語云、昨日向成就院、日連歌時分、前殿御母儀号東御方、被出成就院南向縁、被申云、越前国ヘハ義敏打出、於朝倉党類者、悉被追出国中畢、有領知者、忩可付才学之由、只今自京都申下云々、仍罷向木阿所、自京無申下子細歟之由相尋之処、不存知之由返答之間、然者彼一説ハ例方様説歟之由存云々、[27]

尋尊を頼って奈良の成就院に一条兼良の家族が滞在していた。楠葉西忍がそこで行われた連歌会に出かけた時、兼良の妻で前関白一条教房の母にあたる東御方が縁まで出てきて西忍に、「越前国では斯波義敏方が力を得て、朝倉方の勢力を悉く国内から追い出している。だから越前国内に所領を持つ者はすぐに手を打った方がいいと京都から知らせてきた」と言った。木阿に確かめるとそういう情報はないというので、例の一方的なデマだとは思うのですが、一応お知らせに参上しましたとのこと。

経覚の日記はこの五月までは日を追って書かれているが、六月と七月はそれぞれ数行分を記すのみで、以後は応仁三年（一四六九）三月まで残っておらず、十か月ほどの空白期間がある。また尋尊の日記も応仁元年七月から応仁二年九月までが欠けているので、東御方の語る越前国情報が伝わった経緯やその後の動きは不明だが、国元で対抗する反対勢力の動きが活発化するなか朝倉党類は苦境に立たされ、朝倉が京都での戦闘に全力を傾けられなくなってきたことは確かなようである。

けれども朝倉孝景自身が西軍方の主力部隊として応仁二年八月時点まで京都とその周辺で活動していることは、山科七郷大宅地下人中に宛てて出した次のような奉行人奉書案に明らかである。

奉行并大澤以下緩怠人、可令誅罰之由注被仰付候、于今拘置彼等於地下上者、不移時分可被発向云々、若又可致忠節者、早其趣可令注進之由候也、仍執達如件、

応仁二
八月八日　　　　　　　　弘国 判
山科大宅地下人中　　　　豊職 判
　　　　　　　　　　　　孝景(28) 判

幕府奉行人飯尾之種や山科家雑掌大澤久守と共に、一貫して東軍方に味方して行動する山科郷民等に対して、西軍方から出されたこの奉書には、大内政弘・山名宗全・斯波義廉のそれぞれの奉行人杉弘国・田公豊職・朝倉孝景が連署している。(29) 朝倉は単独でも、

度々雖被成奉書、于今無一途之儀、剰語敵方、種々致緩怠之由其聞候、言語道断之次第也、所詮今日中不及一途之御返事、可致発向之由候也、仍執達如件、

応仁二
八月八日　　　　　　　　孝景
山科大宅地下人等中(30)

このような奉書を出しており、東軍方への忠節姿勢を崩さない大宅郷地下人等に圧力をかけている。

尋尊の日記『大乗院寺社雑事記』の応仁二年十月二十五日条に、

一、兵庫来、明日上洛、自武衛方相語故也、

とあって、斯波義廉の要請を受けて上洛することを古市の長田兵庫助家則から告げられている。閏十月十四日条には、

一、古市代官兵庫参申、此間法性寺ニ在陣、越前国大略義敏打取之間、国方難義也、仍今日朝倉、兄弟両三人相具、令下向彼国云々、子息一人ニ手者二百計相加、可置京都云々、明年三月ニ上洛之由、惣大名ニ申置了、

と古市代官長田兵庫から、京都では法性寺に在陣していたこと、越前国が斯波義敏に奪われ危機的状況なので、今日朝倉孝景は息子三人と共に下国することになったこと、子息の一人と手勢二百ほどを加えた軍勢は京都に残しておくこと、来年三月には再び上洛すると西軍方惣大名に朝倉は言い残していることなどを告げられている。経覚の日記が欠けているので詳細は不明だが、この情報は明らかに斯波・朝倉―古市・経覚のラインを通じて伝わってきたもので、それを古市代官の兵庫が尋尊に伝えたのである。以前と同様に斯波義廉から要請されて十月二十五日頃に上洛した古市勢は法性寺に陣取っていたが、そこで朝倉勢下国という事態を知らされる。明年三月には必ず上洛すると西軍方の全大名に約束した朝倉であったが、しかしそれは果たされなかった。

明年つまり文明元年（一四六九）の七月になって、経覚の日記に朝倉に関する記事が現われる。

一、覚朝来語云、越州事、朝倉弾正左衛門与立町一ニ成テ、義敏方馳加之間、国儀甲斐一身ニ罷成之間、可生涯計云々、希代作法也、(31)

越前では朝倉孝景勢と斯波義敏勢がたちまちのうちに一つになって動き始めたので、甲斐方は孤立し命さえも危うい事態に陥っているという。経覚は「希代の作法なり」と驚きを隠せなかった。しかし、二日後の日記には、

越州事、雖有種々雑説、今日自虎松方有音信、不能是非注進之間、朝倉属義敏方之事虚説、不能左右者也、然者国儀先無為歟、神妙、(32)

とある。越前国内の情況については種々雑説が聞こえてくるが、北国に下っている虎松から音信があり、朝倉が義敏の手に属したというのは虚説だとのこと。経覚は「国の儀まずは無為、神妙」と安堵している。

けれども、越前国に帰った朝倉と経覚は意外なところでつながっていた。文明元年九月十日の経覚の日記には、

坪江政所事、朝倉有申子細之間、可仰楠葉備中守歟由、自門跡以披露之次、内々仰学侶并勅願衆了、(33)

とあり、坪江郷政所について朝倉からくわしい事情を申してきたので、「楠葉元次を任じてはどうか」と大乗院門跡尋尊から内々に学侶等に仰せた、という。「朝倉有申子細」というのだから、シナリオは経覚と朝倉との談合によって練られたものであろう。学侶等は講衆や神人等に命じて坪江郷の直務支配を実現しようとしたが「正体無」「失知行」のありさまであった(34)。経覚は門跡尋尊を動かしただけでなく、

一、召別会五師宗算処、恒例一切教転読在之、其後可有学侶集会間、其後可参云々、仍酉剋来、先坪江郷政所楠葉備中所望事仰含(35)、

今日坪江政所事、楠葉備中守所望 披露勅願衆、返答云、大方不可有子細、但今日集会狭候、重整評議可治定申云々、宗算五師且返答者也、先以神妙也(36)、

一、坪江政所、楠葉備中所望事、立請人者可然云々、副上使上者、請人沙汰如何之由返答了(37)、

坪江郷事、厳密仰遣之間、可為備中守由、勅願衆状到来了、為悦(38)、

と次々に手を打ち勅願衆の了解を取りつけ、楠葉元次の坪江郷政所への就任を実現した。

しかし尋尊はこれに賛同してはおらず、十月五日に自ら袖に花押をすえた次のような補任状を成身院光宣に与えている。

(花押)

一、細呂宜・坪江以下直務御判事ニ、光宣法印ニ可計略旨仰付了、

越前国河口庄・細呂宜郷・兵庫郷公文・政所、同国坪江郷政所・鶴丸・三ケ浦以下御直務事、被申沙汰候者、可目出候、随而御代官職事被仰付候、御判并官領御儀可被存可令申入之由被仰出候也、恐々謹言、

十月五日孝□

成身院法印御房[39]

楠葉元次への対抗馬として尋尊は成身院光宣をかつぎ出そうとした。しかし光宣はこの年の十一月二十日に八十歳で死んでしまい尋尊のもくろみは当てが外れる。しかし尋尊は、すんなりと楠葉元次の政所就任を認めたわけではなかった。

楠葉元次は兵庫郷政所について、京都で越中守護斯波義廉の書下を得ると十月七日には京都を発ち、越中国に下ったが、

根本又坪江郷政所職事也、

と経覚は記しており[40]、双方の主導権争いは続く。文明二年（一四七〇）正月の尋尊の記事では、

一、北国使節武友仕丁、虫火十廷進之、一切経衣服ハ大略到来、小未進云々、供料ハ近年七百貫到来也、此内半分計到来云々、
坪江方事、楠葉新衛門事ハ不可承引旨、地下人等令申云々、但相語北方乱入歟[41]云々、

とあり、北国使節の武友仕丁から楠葉元次は地下人等の抵抗にあって所務を遂行できずにいると告げられた。他方経覚の記事には、

一、楠葉備中守元次男来、去十一日京着、今日罷下云々、虫火五十丁持来了、坪江事委細演説了[42]、

とあって、武友の妨害や納所宗秀僧都とからむ北方氏が乱入するなど現地支配は困難な情況であると訴えた[43]。そこで経覚は、別会五師のもとに訴えに行くという楠葉元次に策をさずけた。

一、楠葉備中守向別会五師所由申間、朝倉申状之趣仰遣了、其子細者、

坪江政所事、被仰楠葉之由承候処、不及一所務之条迷惑候、武衛判等申能処、如此間、向後就寺門難致奉公、然者以前沙汰進告文被召出可被返下由申之、いか様可返事哉旨、令披露集会、可申左右旨仰遣了、(44)

「朝倉からの申状の趣」として経覚は元次に、「坪江郷政所に楠葉を任命されたと承っていたが、所務は一本化されておらず困惑している。斯波義廉の判まで元次に与えてもらっているのにこのような状態では、今後興福寺に対して奉公するのは難しい。そこで以前に自分が出した告文を返してもらいたい」と申します、どのように返事をすべきでしょうか、集会の場に披露してもらって判断を仰ぎたい。そのように言えと命じた。しかし、果たして本当にこのような内容の「朝倉からの申状」が経覚のもとに届いていたのかどうかは不明である。楠葉の政所職に一本化されていないのはけしからん、もはや寺門への奉公は叶い難いから、以前に経覚が尽力して書かせたあの興福寺への忠誠を誓った「告文」を返せと朝倉が言ってきているというのは、あまりに出来過ぎた内容である。楠葉元次の政所就任へ反対する興福寺内部の勢力に対して、恫喝するための手段として「朝倉からの申状」なるものを捏造したと見るべきではないだろうか。

以後、興福寺内部では、この問題をめぐってさまざまな対立が生じるが、(45)四月三日には「坪江郷政所事、今日一決了、楠葉備中守可下分也」(46)、四月十日には「楠葉新衛門尉、北国へ下向了、朝倉方条々仰遣了、又兵庫郷事、左兵衛佐（斯波義廉）方へ遣状」(47)と経覚の思惑どおりに事が進み、元次から朝倉方に言伝をさせ、斯波義廉方へも書状を送っている。もちろん、これは経覚の日記に記された事態であって、この時期になお、越前に下国した朝倉と斯波義廉のラインがつながっていたかどうかは不明である。

文明三年（一四七一）正月二十八日、越前国から楠葉元次が上ってきた。

一、楠葉備中守元次、申剋来、只今罷上云々、就其自朝倉方給状、用脚三千疋進之云々、不思寄芳志也、世上物忩、

定料所等令無足歟、奉察之間、愚老存命之間可進由申云々、誠異他芳志也、(48)

経覚は朝倉からの音信と三十貫文の用脚進上に喜びを隠せない。朝倉孝景は「愚老存命のあいだ」は今後も援助を惜しまないという。しかし、実際には興福寺の北国庄園はほとんど朝倉方に押さえられ、尋尊は二月二十九日に、細川方からの情報として、

朝倉弾正孝景、背治部大輔義廉命、為直奉公分令参東方公方、子息同没落、下向越州、成兵衛佐義敏被官、神妙云々、(49)

朝倉孝景が将軍に直接奉公するかたちで東軍に加わり、子息も越前に下って斯波義敏の被官になったと記している。経覚も六月には、

一、畑来申云、只今自京都有風聞、朝倉孫次郎去八日夜、馳入細川讃州屋形、心替云々、於国定朝倉弾正罷成敵方云々、(50)

一、朝倉孫次郎西方ヲ落テ東へ参之間、昨日十日懸公方御目云々、於国親父孝景心替分明歟云々、(51)

と朝倉孫次郎氏景が細川方の陣に馳せ入り、公方足利義政とも対面を果たして東軍への帰属を明瞭にしたことを認識している。

思い返せば、朝倉孝景が越前国に下った翌年の文明元年七月に、いち早く「越州事、朝倉弾正左衛門与立町一ニ成テ、義敏方馳加」との報を得たのも経覚であった。これは虚説として退けられたものの、経覚の得る情報は朝倉孝景との直接的な関係を軸にしたもので、その動きを正しくとらえているところも多かった。朝倉が東軍に転じたことが明らかになって以後も、経覚の日記には朝倉孝景に関する情報が書き載せられている。文明四年（一四七二）八月に至っても、

一、楠葉元次男申云、朝倉弾正左衛門打入長崎以下云々、元次弟兼家只今罷下申云々、実否如何、(52)

一、越前国合戦事、朝倉打勝之間、入府中之由、楠葉申之、実儀如何、(53)

越州合戦事、甲斐打負之間、朝倉如所存成下之由、自所々申之、神妙、年久令知音之間、可祝着事也、(54)と記して、「年久令知音」の朝倉が合戦に勝利し、府中に入り、国中「朝倉如所存成下」ったことを「可祝着事」と喜んでいる。この段階の経覚にとって、応仁の乱における東軍・西軍の勝敗という問題を越えて、「愚老存命之間」の援助を約束した朝倉との私的なつながりが、その主要な関心事になっている。

おわりに

以上見てきたように、応仁の乱に関する同時代の記録のなかで、前大乗院門跡経覚の日記「経覚私要鈔」はたいそう偏向した内容をもっており、その記事をそのまま史実として受けとめることは到底できない。しかし、その情報源として西軍方からのものが大半を占めていることや、応仁の乱の始まる以前から経覚と関係の深かった古市氏や越智氏、さらに朝倉孝景や畠山義就などの動きについて大きな関心がはらわれていることなどを意識しながら読み込んでいけば、そこから見えてくるものが数多くある。たとえば西軍大名八人連署状が応仁元年と二年では連署者の構成に差違があるかに見えるものの、実は同じ連署者であったと判断されること、また、朝倉孝景の西軍離反の動きが始まった時期についても、経覚のもとに届いた情報が他の記録よりもずっと早かったこと、などが注目される。

応仁の乱に関する史料がすべて、必ずしも中立性を保ち正しい事実を伝えようとして書かれたものでない以上、こうした問題をつねにはらんでいる。経覚の場合、特に偏っている方向性が顕著な分、その偏向の具合が記事の内容に明瞭に反映され浮かび上がってくる。その情報源を特定しながら読み込んでいくことによって、応仁の乱の姿をより立体的に追いかけることができるのではないだろうか。

注

（1）経覚については、田中健夫「遣明船貿易家楠葉西忍とその一族」（『中世海外交渉史の研究』東京大学出版会、一九五九年）、安田次郎「尋尊と『大乗院寺社雑事記』」（五味文彦編『日記に中世を読む』吉川弘文館、一九九八年）、拙著『夢から探る中世』（角川書店、二〇〇五年）などで詳細に論じている。

（2）『史料纂集　経覚私要鈔　第七』（八木書店、二〇〇八年）、以下『経覚私要鈔』は史料纂集本に拠る。「経覚私要鈔」と記すのは、史料纂集未刊分で東京大学史料編纂所架蔵写真帳に拠ったものである。

（3）「闔」が御所・宮城を意味するところから、乱の勃発とともに後土御門天皇や後花園上皇が急ぎ室町殿に移住した後の内裏や仙洞御所のさまを想って作った漢詩かと推測されるが、詳細は不明である。

（4）『後法興院記　二』（『増補続史料大成』臨川書店、一九六七年）

（5）『大乗院寺社雑事記　四』（三教書院、一九三二年、のち『増補続史料大成』臨川書店、一九七八年）

（6）京都郊外西岡の細川被官たちは、正月十五日の「京都の乱」で上京し、十六日には安富元綱の手に属して安楽光院の「御構」に祗候している（文明六年三月日　野田泰忠軍忠状　尊経閣古文書纂編年文書二八、東京大学史料編纂所架蔵写真帳）。この点から考えると、細川方は十五日の「室町殿参籠」「室町殿於執申」を実行するため、京都近郊の被官たちを京都に集結させ周到に準備していたことがわかる。

（7）この時期、尋尊は畠山政長を畠山政弘と誤記している。

（8）注（1）拙著参照

（9）拙稿「中世後期の在地社会」（『日本史研究』三七九、一九九四年、のち「徳政一揆と在地の合力」と改題し拙著『日本中世の在地社会』吉川弘文館、一九九九年所収）で「桶原」についてふれている。

（10）この注進状は、七月三日に定清五師が経覚のところまで持参した（『経覚私要鈔』応仁元年七月三日条）。

（11）野田泰忠軍忠状　前掲注（6）

（12）「東寺長者補任」には、「八月廿三日　大内勢等一万余人、当寺ニ陣トル、廿四日　北野に陣替」（『大日本史料』第八編—一）

とあり、「宗賢卿記」には「八月廿三日　大内新介上洛、其勢三万余云々、為山名合力也、則住舟岡山」とあり（同前）、大内勢は東寺に陣取った翌日に北野や舟岡山に陣替している。

(13) 尋尊の日記『大乗院寺社雑事記』は、応仁元年七月から応仁二年九月まで一年余り、残された記事に空白部分があり、この間の経緯は不明である。

(14) これまで西軍では斯波義廉が、将軍の仰せを奉わらない「管領下知状」をもって命令を発してきた（本書一三四頁、第二章〔付〕「西軍管領の下知状」。桜井英治『室町人の精神』（『日本の歴史12』講談社、二〇〇一年）の三一三頁「西軍諸将連署状」の項では、「西軍では当初、斯波義廉が発給する管領下知状がもっとも格の高い文書として用いられてきたが……大内政弘が上洛したころから……諸大名の連署状を用いるようになる」と指摘され、斯波義廉の管領下知状の位置づけを行っている。

(15) 十月三日の院宣・御内書は、東軍方の立場から「山名宗全治罰」を命じたものであるが、この文脈からはそれとは別に西軍方も「細川自由所行」を非難する勅書・御内書を得たと主張しているようにみえる。足利義視が西軍に走った西幕府成立以後ならばともかく、この応仁元年十月の時点で実際に勅書や御内書を得たとは考えられない。これも乱中の駆け引きの一つと見るべきなのだろうか。また、十月三日に「山名宗全治罰」の院宣・御内書も、院宣では「就今度兵革事、可致忠節之由、可令相触満寺賜旨、院御気色所候也」とあるのみで、御内書の「山名右衛門督入道宗全事、被成治罰　院宣候上者、不移時剋参御方、致忠節者可為神妙」と組み合わせることによってはじめて「宗全治罰」の院宣という内容が明示される仕組みになっており、後花園上皇は「天下静謐事、可致懇祈」を求めているだけで、直接に「宗全治罰」を命じているわけではない。

(16)『大乗院寺社雑事記　四』応仁二年十一月六日条

(17) 桜井英治前掲注（14）著書三一四頁

(18) 家永遵嗣「将軍権力と大名との関係を見る視点」（『歴史評論』五七二、一九九七年）は「応仁元年のものでは山名政清でなく大内政弘が署判しているから場合により多少異同があるようである」とされているが、このように経覚の日記の記事を追ってきてみると、「大内介」という記載は経覚の思いこみによる注記の可能性が高い。それゆえ、西軍大名八人連署状は、応仁元年・二年の両通とも同じ八人の大名たちによる連署状だったと考えられる。

(19)『経覚私要鈔　第四』長禄二年八月二十三日条
(20)『同前』長禄二年九月十四日条
(21)『経覚私要鈔　第六』寛正五年六月二十六日条
(22)『同前』寛正五年六月一日条
(23)『大乗院寺社雑事記　三』寛正五年六月二十四日条
(24)この間の詳細は、前掲注(1)拙著一二九～一四八頁参照。
(25)『経覚私要鈔　第七』応仁元年五月二十八日条
(26)『同前』応仁元年十月二十四日条
(27)『同前』応仁二年五月二十二日条
(28)『史料纂集　山科家礼記　第二』応仁二年八月九日条（続群書類従完成会、一九六八年）
(29)興福寺別当宛の大名連署状には加わっていない大内政弘が、在地郷民宛のこのような奉行人連署状では斯波・山名と並んで自らの奉行人を参加させ、実質的な力の在処を示している。
(30)『経覚私要鈔　第七』応仁二年五月二十二日条
(31)「経覚私要鈔　七十」文明元年七月十日条
(32)「同前」文明元年七月十二日条
(33)「同前」文明元年九月十日条。『大乗院寺社雑事記　十二』（補遺六）文明元年九月の記事に「一、楠葉新衛門備中守元次申、坪江郷寺門直務使事、望申条々」として楠葉元次の進上した文言を載せているが、尋尊は自分が学侶等に披露したとは記していない。
(34)『大乗院寺社雑事記　十二』（補遺六）文明元年九月二十八日条
(35)「経覚私要鈔　七十」文明元年九月十一日条

(36)「同前」文明元年九月十九日条
(37)「同前」文明元年九月二十二日条
(38)「同前」文明元年九月二十五日条
(39)『大乗院寺社雑事記　四』文明元年十月五日条
(40)「細呂宜郷下方引付」(『大日本史料』第八編之三)の文明元年条
(41)『大乗院寺社雑事記　四』文明二年正月十三日条
(42)「経覚私要鈔　七十一」文明二年正月十四日条
(43)『大乗院寺社雑事記　四』文明二年正月十七日条
(44)「経覚私要鈔　七十一」文明二年正月十七日条
(45)『大乗院寺社雑事記　四』文明二年三月十一日条・二十六日条・五月二十一日条などに詳しい。
(46)「経覚私要鈔　七十一」文明二年四月三日条
(47)「同前」文明二年四月十日条
(48)「経覚私要鈔　七十五」文明三年正月二十八日条
(49)『大乗院寺社雑事記　五』文明三年二月二十九日条
(50)「経覚私要鈔　七十六」文明三年六月十日条
(51)「同前」文明三年六月十一日条
(52)「経覚私要鈔　八十二」文明四年八月十日条
(53)「同前」文明四年八月十四日条
(54)「同前」文明四年八月十七日条

〔付記〕本稿作成にあたっては、「経覚私要鈔を読む会」に参加されている方々の毎回の報告から多くの示唆を得た。記して感謝を申しあげたい。

第五章　戦場の中の東寺境内

はじめに

応仁元年（一四六七）五月に応仁の乱が本格的に始まり、京都とその周辺地域は東西両軍による激しい戦闘の舞台になった。その中で、東寺とその境内はいったいどのような状況下におかれたのだろうか。

応仁二年（一四六八）十月十九日の細川勝元奉行人奉書案[1]には、「東寺事、御敵同意候上者、寺領備中国新見庄事、被成御料所」と記されている。西軍方に押さえられてしまった東寺に対して、東軍方はそれを「御敵同意」とみなし、東寺の領地を幕府の御料所にする旨を現地の庄官等に通告してきたのである。また、文明元年（一四六九）九月二十三日の新見庄三職連署注進状[2]によれば、徴収した年貢や夏麦を京都の東寺に上せようと思うけれど、「てきちん《（敵陣）》の方ニ御座候間、通路たやすからす候」とあり、目下のところ東寺は「敵陣の中にある」ような状態なので、備中国新見庄から上洛した百姓も東寺へ通じる道を塞がれてしまっており、うまく年貢の納入ができないのだと述べている。

西軍方の関与は寺内の各所に及んでいた。たとえば、不動堂預職の補任をめぐって、文明二年（一四七〇）九月に、次のような動き[3]がある。

一、斉藤新衛門方ヨリ、不動堂預職事、定観ニ可有補任由、以書状申候（中略）

一、佐々木江海方ヨリ、敬観不動堂預職事、本利相当分以テ可被請返由申候（中略）

と、畠山義就の家来斉藤新衛門と山名宗全の家来である佐々木近江守が共に介入してきている。この問題をめぐっては、十月[4]になって、

一、就不動堂預職事、山名殿内左々（ママ）木之近江方ヨリ申子細（中略）今日中ニ定任・敬観両人雑掌召具、屋形へ可給由、以使者申候（以下略）

と、争っている両人を山名宗全の屋形に直接連れてくるようにとの指示が東寺に下された。西軍大将山名宗全が直々に裁定するというのである。しかし、佐々木の推す中綱敬観が十二月三日夜に「寺中宝蔵之木切取」の罪で境内追放、家検符に処せられたため、十二月十五日には、再び畠山義就方の遊佐越中守から定観を補任するよう強く申し入れている。[5]

こうして見てくると、応仁の乱中の東寺境内はおおむね西軍方の支配するところで、東寺はその干渉と保護の下におかれていたと言わざるをえない。もちろんこれは、東寺の側が望んで積極的に選び取った結果などではなく、東西両軍の争いが展開していく中でやむをえず陥ってしまった事態であった。

本稿では、東寺が置かれていたこのような応仁の乱中のあり方を示す事例の一つとして、足軽に関する記事を取り上げて考察する。足軽は、応仁の乱を象徴するような存在として同時代においても注目され、また近年の研究ではその行動形態や人的構成をめぐって議論が深められてきているが、[6]ここでは東寺内の寺官や下部層、境内百姓等が足軽とどのような関わりをもっていたのか、その実態を明らかにしたいと思う。

一、東寺境内での足軽徴募

「廿一口方評定引付」文明三年（一四七一）正月二十五日条には、(7)

一、近日八条ニ足軽取立大将馬切衛門五郎、遍照心院領者也、而ニ寺領者共少々加其衆歟之由、風聞之間、昨日二十四日以内談之儀、寺家衆不可加彼足軽之由、於不動堂之前、起請有之、其人数、公人、諸坊中々居・小者・力者、境内百姓等也、但以前既足軽衆ニ相加輩、増長院奉公五郎次郎・宝輪院力者徳松等、起請衆ニ可有御免之由申、夜前年預坊門前マテ、足軽共来、訴訟之間、無力免許之、自余輩悉加判形之由、披露畢、

とある。「近日、京都の八条では足軽に取り立てるからと人集めをしている。その大将は遍照心院領に住んでいる馬切衛門五郎である。東寺領内の者たちも少々その足軽衆に加わっているとの風聞があったので、昨日の二十四日に供僧等が内談して、寺家衆は彼の足軽に加わらない旨を誓う起請文を不動堂の前で書かせた。起請に加わったのは、公人（寺官）と諸坊中の中居・小者・力者、そして境内百姓等である。但し、すでに足軽衆に加わっている五郎次郎や徳松を起請衆からはずしてくれるようにと、昨夜は年預坊の門前まで足軽たちが押し寄せて来て訴えたので、仕方なく許可することにした。それ以外の輩は全員が起請文に判形を加えて誓約した」というのが、この引付に記されている内容である。東寺境内で足軽を徴募するこのような動きについては、すでに永原慶二(8)や藤木久志(9)によって取り上げられ論じられてきた。

応仁の乱中の京都では、この史料に出てくる馬切衛門五郎のような者が足軽大将になり、寺院の奉公人や境内百姓等を募って武力集団を作り、東西双方の傭兵となって戦ったり、戦場を稼ぎ場として略奪を重ねていった。この記事

は、そうした足軽集団の大将や構成員の実態を示すものとして興味深い。しかも、その動きを阻止しようとして寺内の全員に起請文を書かせることを決めた東寺供僧等に対して、その年預の坊舎の門前まで集団で押しかけ、すでに足軽衆に加わっている者の免除を要求し力づくで認めさせてしまう様子からは、足軽の武力集団としての脅威が強く印象づけられる。

じつは、この足軽大将の馬切衛門五郎は、これ以前の東寺の史料にすでに登場しているのである。それは、「廿一口方評定引付」寛正四年（一四六三）七月二十三日条(10)で、

一、八条衛門五郎馬切還住境内御免事、歎申之旨、致披露之処、凡彼物進退趣、諸事緩怠也、仍雖難被免、如此歎異抄申之間、以別儀可被免、但堅可進請文、不然者不可叶之由、衆儀治定了、

と記されている。八条の馬切衛門五郎は、もともと東寺境内に居住しており、これ以前に何らかの罪科によって境内から追放されていたのだが、この時に還住を許されたことがわかる。その所行については、「諸事緩怠」とあるように日頃から東寺の統制に従わない要注意人物で、本来ならば還住も許可し難いのだけれども、このように嘆願してきているので厳密の請文を出させた上で認めることにしようと、供僧等は決めた。

ところが、それからわずか半年後の寛正五年（一四六四）一月二十四日の「廿一口方評定引付(11)」には、

一、八条寺領衛門五郎、遍照心院領三郎衛門五郎、就口論事、自所司代方、公人下、可罷出由申間、則罷出了、此由披露申候了、

とあり、特別の計らいで還住が許されたにもかかわらず、翌年の正月早々、八条の東寺領内に住む衛門五郎は遍照心院領の住人二人と口論をして、幕府の所司代方から呼び出され即刻召喚されている。恐らく、この問題によって馬切衛門五郎は再び東寺境内から追放され、以後は東寺境内と隣接する遍照心院領内に居住するようになり、文明三年に

は先に見たように足軽大将として姿を現すことになるのである。

東寺境内に居住する力者や小者などの下部たちは、喧嘩口論といった問題だけでなく、さまざまなトラブルを引き起こしている。境内で博奕を行うことも多く、同じ寛正五年の「廿一口方評定引付」二月二十六日条[12]にも、「寺内力者以下博奕」が評定の議題に上り、浄任がその宿をしたとのことで同罪とされ「境内居住之事不可叶」「家之事可検符」との処分を受け、他に四人が「寺内追出」と記されている。そして、同晦日条には、

一、就博奕事、諸坊中并境内、上者六十、下者十五、限来二日、於不動堂前、起請可被書由、衆儀了、仍寺内へハ別当執行方へ申送了、於其外者、此方ヨリ申付了、

とあり、諸坊内（院家）に住む者や境内居住の者たちに対して、上は六十歳、下は十五歳を限って、全員が不動堂前において博奕禁制の起請文を書くように命じている。

二、足軽禁制の起請文

さて、文明三年正月二十四日に不動堂前で書かれたと「引付」に記されている「足軽禁制起請文」そのものが、「武内文書」[13]の中に残されている。

（端裏書）「足軽禁制起請文　寺官　坊中奉公　境内百姓等　文明三　正　廿四」

再拝々々起請文事

右子細者、於寺家寺官并御坊中々居・御力者・小者、境内百姓以下輩者、一切不可加所々足軽衆者也、其謂者、於寺家衆者、為伽藍守護、公方足軽既御免上者、可加自余足軽事、堅所被禁制也、若有背御成敗輩者、堅可預御

罪科者也、此等条々、雖為一事、令違越者、
梵天、帝釈、四大天王、惣而日本国中大小神祇、天照太神、八幡大菩薩、稲荷、五所大明神、大師伽藍三宝両部
諸尊御罰、可罷蒙各身者也、仍起請文状如件、

文明三年辛卯正月廿四日

公文所（花押）	豊後	越前（花押）
上総（花押）	備後（花押）	美濃（花押）
岩見（花押）	土佐（花押）	乗観（花押）
慶連（花押）	乗円（花押）	筑後（花押）
乗敬（花押）	越後（花押）	徳松
松法師（花押）	伊予（花押）	浄珎（花押）
菊名（略押）	定円（花押）	近江（花押）
虎法師（略押）	亀法師（略押）	尾張（花押）
小阿ミ（略押）	招阿ミ（花押）	円覚（花押）
竹阿ミ（略押）	亀（略押）	善徳
亀石（花押）	尺阿ミ（花押）	弥三郎（略押）
岩松（花押）	乗蔵（花押）	鶴阿（略押）
証阿ミ（花押）	乙松（花押）	松若（略押）
鶴松	桂林（花押）	幸若（花押）

乗幸（花押）
五郎三郎（略押）
孫二郎（略押）
与五郎（花押）
三郎（略押）
彦五郎（略押）
石（略押）
左衛門五郎（略押）
又二郎（略押）
左衛門四郎（略押）
弥四郎（略押）
丹波（花押）
彦四郎（略押）
但馬（花押）
孫三郎（略押）
彦九郎
太郎二郎（略押）
兵衛次郎（略押）

石（略押）
野洲
敬宗（花押）
又三郎（略押）
五郎二郎（略押）
左衛門三郎（略押）
三郎太郎（略押）
五郎四郎（略押）
弥九郎（略押）
助八（略押）
彦六（略押）
道慶（略押）
三郎五郎（略押）
彦二郎（略押）
道祐（略押）
三郎五郎（略押）
彦三郎（略押）
左衛門次郎（花押）

金阿ミ（花押）
彦二郎（花押）
福善（略押）
道仲（花押）
彦太郎（略押）
兵衛三郎（略押）
四郎（花押）
彦三郎（略押）
四郎三郎（略押）
弥二郎（略押）
彦四郎（略押）
掃部（略押）
左衛門二郎
次郎（略押）
徳全（略押）
掃部（花押）
孫三郎（略押）
太郎三郎（略押）

了蔵（花押）　　六十余 浄金　　二郎三郎
左近二郎　　讃岐（花押）　　彦五郎
中坊次郎（略押）　　真勝（花押）　　浄見（花押）

この起請文には、東寺の寺官ならびに諸坊中の中居・力者さらに小者と境内百姓以下、一〇五人の名が書き連ねられている。そのうち、花押や略押をすえていない者が十一人いる。すでにもう足軽衆に参加してしまっているからとして起請文に加わることを免除してもらった「徳松」も、ここに書き判をすえていない。もちろん判をすえていない者のすべてがすでに足軽衆に加わっていたというわけではない。たまたま不在で判を書き載せられなかった場合もあるし、先にあげた博奕禁制の起請文で上は六十歳、下は十五歳を限ってと定められたように、六十歳に余る年齢の浄金はこの起請文に判をしていない。

最初に署判を加えている「公文所」というのは、当時公文所の惣公文であった駿河法眼宮野聡快である。以下には国名を持つ寺官たちが続くが、富田正弘「中世東寺の寺官組織について」[14]を頼りに追いかけてみると、豊後（宝荘厳院方公文宝俊）、越前（弘慶）、上総（最勝光院方公文増祐）、備後（宮野聡秀）、美濃（元秀）、岩見（宮野聡我）、土佐（慶増）、乗観（若狭法橋祐成）、乗円（越後法橋祐深）、筑後（玄増）、越後（良清）、伊与（敬蓮英玄）、尾張（定慶）、丹後（浄祐）、但馬（秀玄）、讃岐（定増）、さらに「乗幸、野洲」[15]が見える。また、「納所」の乗珎・乗敬[16]、「不動堂護摩承仕職」の慶連[17]、「大炊職」の定円などの中綱層がいる。

それ以下の俗体の下部層としては、「門指」の道仲・四郎・五郎四郎・弥二郎・道祐・浄見などが名を連ねている。先に足軽衆にすでに加わっているから起請文への参加を免除するようにと申し出てきたのが、「増長院奉公の五郎二郎」「宝輪院力者の徳松」であったことに明らかなように、諸坊中には「力者」の他に、「中間」「所従」「下人」など

「奉公」の者がいた。「奉公」の者の中には寺官等の「中間」「下人」もいた。また、鎮守八幡宮の宮仕なども境内の住人である。この起請文の連署者には、このような下部層の名が数多く見られる。たとえば、虎法師は金光院の力者であり、彦四郎は祐清の中間(18)、助八は若狭法橋祐成の下人(19)である。また寛正二年（一四六一）祐成・祐深が上使として新見庄に入る前に現地に下り、直務代官祐清が到着するまで新見庄で活動した了蔵(20)も、この起請文に顔を出している。彼は道仲・道祐・弥二郎などと同様に「門指」の一人であり、新見庄だけでなく他の東寺領にも「定使」として下っている。了蔵は新見庄から京都への帰還がなかなか許されない時に、

我もかうさく《（耕作）》と申、よろつ罷上候て、私の用をもかなえ度候間、しかるへきやうに御ひろ《（披露）》候て給候はゝ、畏入候(21)、

と、自分は早く京都に上って「私の用」として耕作をしたい旨を東寺に訴えている。下部層の多くは、家族で境内や寺辺の田地を耕作する「境内百姓」という一面も持っていた。

三、東寺境内の棟数と田数

このような「寺家寺官并御坊中々居・御力者・小者、境内百姓以下輩」が居住していた東寺境内には、この頃いったいどれくらいの棟数があったのだろうか。

時期は下るが文明十八年（一四八六）の「廿一口方評定引付(22)」に、

五月二日

（評定に参加した僧名は省略）

一、棟別事、斉藤民部代中沢備前内者小林雑色以下、坊中并在家可記之由、雖申候、種々加問答之間、明日可来之由

令返答了、次明日今度棟別事、有免除之在所否、対馬守遣雑掌、可相尋之由衆儀了解

同四日

（同前）

一、棟別事、注文棟数百十八此内坊中三十也、棟別十疋宛、但於坊中者、可有免除之由、重而対馬方へ可被申合分也、

昨日対馬方返答、棟別免除支証有之者、給可申入之由申、但宝徳以来引付撰ニ免除之儀無之也、

とあり、幕府から内裏修理料のために棟別銭や地口銭が懸けられた時に、「東寺境内の棟数」は一一八、その内に「坊中」は三〇であると記されている。とすると、院家数の三〇を引いた残り八八棟が、この起請文に加わっている「坊官や下部層、境内百姓等」の家数ということになる。

この棟別賦課に対して免除を幕府に願い出るため東寺奉行の松田数秀に相談したところ、以前に免除を受けた支証があればそれを以て申し入れるとの返答があった。しかし、宝徳以来の引付を検索してみたが、免除の先例はなかったので、結局のところ東寺は鎌倉時代の「後宇多院御起請符」を持ち出して、やっと「東寺境内棟別」催促停止の奉書を得ることができた。

境内の田数については、起請文の書かれた同じ文明三年（一四七一）の「廿一口方評定引付(23)」の八月二十八日条に、

一、自守護方所々寺領、悉指出可有沙汰之由、堅申懸之間、無力可出云々、廿一口方ヨリ遣分、指出注進了、

東寺境内内田南田田数之事、合七町者、反別六斗代本斗升、都合四十二石、

文明三　八月廿八日　　納所　乗珎判

乗円判

教令院五段三百ぶ　六斗代

已上両所　斉藤新衛門方　今井渡

上野庄七町　六斗代　四十二石　　乗観　乗円 両判
此ハ木沢方エ渡畢、

と記されている。西軍方では畠山義就が山城国の守護だと称して、半済をはじめさまざまな役を山城国内の所領に賦課してきた。東寺に対しても寺領の田数や年貢高を記した「指出」を出すように強硬に要求してきたので、供僧等は仕方なくそれに応じた。その時、東寺が提出した「指出」によれば、東寺境内の田数は七町、六斗代で合計四十二石の年貢高である。先の起請文で「境内百姓」と呼ばれた人々は、この境内の田や隣接する寺辺の田を耕す百姓等であった。

ところで、この頃の東寺境内の様子を示すものとして、東寺霊宝蔵に宝徳二年（一四五〇）の「東寺境内差図写」が残されている。この差図を掲載している図録『東寺文書百万通の世界』の解説[24]によると、これは天和二年（一六八二）観智院杲快が写した差図で、端裏に「銘裏封飯尾肥前永祥筆跡　宝徳二年」とあり、裏中央に写されている花押は室町幕府奉行人飯尾永祥のものであるから、宝徳二年の差図の正確な写しとして間違いはないという。この「東寺境内差図写」に描かれている範囲は、北は八条、南は九条、東は大宮、西は朱雀の各大路で囲まれた左京九条一坊十六町である。

この境内差図によると、境内全体は十六町のブロックに分かれており、そのうち、現在も東寺の境内として大師堂・金堂・講堂・食堂・五重塔・宝蔵などの建ち並ぶ地域、東は大宮、西は壬生、北は唐橋、南は九条通りで囲まれた四町については、「此四町寺内仏閣」と記されている。そして、その北側に広がる四町の注記には「此四町外院坊舎」とあり、特に櫛笥・壬生・針小路・八条で囲まれた一町には「号款冬田」と記され、「為供花、大師自植款冬給故也」と注記されている。弘法大師が供花として「款冬（やまぶき）」を植えたところからそう呼ばれていると由来が書か

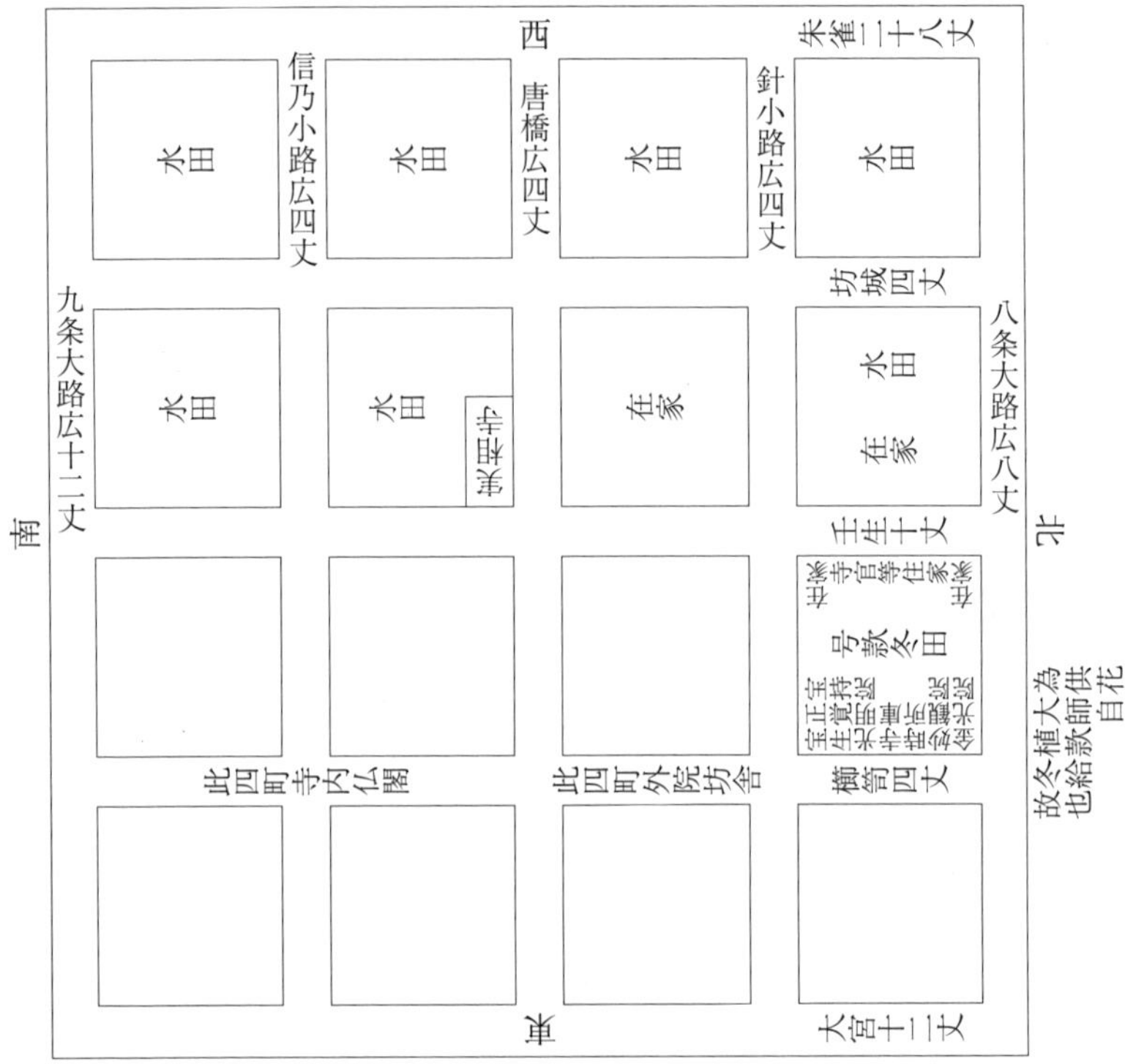

東寺境内差図写

れているその一町には、光明・妙観・金光・宝生・正覚・宝持などの院家と寺庫や時所があり、さらに「寺官等住家」「在家」などがあったと記されている。寺官の乗観祐成が「山吹中殿」と呼ばれるのも[25]、彼の住家がここ款冬にあったからに違いない。壬生通りから西側の八町は、実相寺を除いてほとんどが水田で、その中に「在家」があった。この「在家」は、下部層や境内百姓等の住屋である。

四、「公方の足軽」と「所々の足軽」

この文明三年正月二十四日に書かれた「足軽禁制起請文」には、その意趣として次のように記されている。

右子細者、於寺家寺官并御坊中々居・御力者・小者、境内百姓以下輩者、一切不可加所々足軽衆也、其謂者、於寺家衆者、為伽藍守護、公方足軽既御免上者、可加自余足軽事、堅所被禁制也、

東寺の寺家衆は伽藍守護を本務とするものだから「公方の足軽」を免除されているのに、「所々の足軽」に加わるなんてとんでもないことだ、というのが足軽禁制の理由である。ここで、対比され明瞭に区別されている「公方の足軽」と「所々の足軽」と、この二つの足軽にはどのような違いがあったのだろうか。

一般にこの時期、「公方」といえば室町幕府の将軍を指すのが普通である。しかし、これより以前に将軍から東寺に対して「足軽」を免除されたという記事は見あたらない。けれども、この足軽禁制起請文が書かれた数か月後の五月十三日に、

一、一昨日十三日、足軽被停止之由、自管領、以公人、被相触寺家畢、所々之儀、皆以如此云々、其由披露之間、境内諸坊中、可相触此趣、若有無承引之輩者、可被処罪科之由可申[26]云々、

と、東軍方管領細川勝元から幕府の公人をもって東寺に「足軽停止」の触れがあった。「もしも承引しない輩があれば、罪科に処する」とのことなので、東寺としては急いで境内の諸坊中にこの旨を通達することにした。諸坊中にいる「中居」「力者」「小者」への周知を徹底させようというのである。しかも、こうした触れがもたらされたのは何も東寺に限ったことではないという。「所々之儀、皆以如此」と記されているように、管領が「足軽停止」を命じなければな

らない事態は、京都の町の「所々」で起こっていた。

他方、同じ頃、西軍方は次のような動きをしている。

一、南小路散所申、畠山殿構之掘夫并新衛門方ヨリ勝龍寺陣夫等被懸候、地下迷惑之至候、為寺家免除之由可預御了簡候云々、衆儀云、当時之儀何トモ難及御了簡、地下可致侘事之由可申云々、(27)

南小路散所に対して、畠山義就の「構」の堀を掘るための掘夫役や勝龍寺の陣所に物資を運ぶための陣夫役が懸けられてきた。「構」というのは、洛中諸所に築かれた要害で周囲に堀などを掘って固めたものである。「上京には、武衛構・実相院構・白雲構・田中構・柳原構・讃州構・御所東構・伏見殿構・北小路構・御霊構などがあった(28)」という。この時、畠山義就の構がどこに築かれたのかは不明だが、掘夫や陣夫を懸けられた南小路散所の住人等は、これを「迷惑之至」として、東寺から免除してもらえるよう畠山義就方に働きかけてほしいと訴えてきた。しかし、東寺は「当時之儀、何トモ難及御了簡、地下可致侘事之由可申」と、さまざまに攻勢を強めてくる畠山義就の動きに対して手の打ちようがなく、現地の者たちで何とか侘事を申すようにと言うよりほかにすべがなかった。

また同年の「廿一口方評定引付」十二月二十日条には、

一、誉田以折紙、急度年預公文所等召之間、罷向之処、昨日守護内者今岡、就花薗田年貢事、公文所ェ使ヲ付之処、石見・乗観以下、帯兵仗出向、欲及喧嘩之条曲事也、雖可令発向、大伽藍之間、召年預申彼等可被放寺官、次近日寺官等足軽ヲ取立、彼本人速可有追出、（中略）公文所乗観召衆座被相尋子細、明日廿一日、宝輪院原永両人罷出、可有侘事之由衆議畢、(29)

とあり、畠山義就の家臣誉田から、廿一口方供僧の年預原永と惣公文駿河法眼宮野聡快を緊急に呼び出す折紙が届いた。二人が誉田のもとに出向くと、次のような厳重抗議がなされた。

①昨日（十二月十九日）守護畠山義就の内者今岡が、花薗田の年貢を取り立てに使者を東寺公文所に遣わしたところ、石見（宮野聡我）と乗観（祐成）が兵仗を帯びて出てきて喧嘩に及ぼうとの構えを見せて年貢の引き渡しを拒んだ。守護である畠山義就方としては直ちに発向するところだが、東寺は大切な大伽藍であるので、年預を召喚して彼らを寺官の地位から放出するよう勧告することにした。

②近日、寺官等が足軽を徴募しているとのことだが、そうした行為に及んでいる寺官は速やかに寺中を追い出すべきである。

この抗議を受けて開かれた供僧等の評定では、惣公文聡快と乗観祐成を衆座に呼んで事情を聞き、明日二十一日に宝輪院と年預原永の両人が誉田のもとに侘事に出向くことになった。翌二十一日の「廿一口方評定引付」には、

一、宝輪院・原永、誉田許ェ罷出、一昨日於公文所ニ緩怠之由蒙仰、山名大夫殿内者後藤、国方内今岡、花薗年貢相論之間、落居以後年貢可渡申、譴責事可被閣由申計也、更以対申国方、無緩怠之儀、所詮相論之年貢、今岡ェ可渡申、可ト預御免、次足軽事、相尋両人乗観石見之処、不存知申之由申、（中略）誉田返事云、公文所トテ狼藉人先可被放寺官、次足軽事、不存知由申者、向後不可加之由、可捧起請文、(30)

とある。誉田の所に赴いた供僧二人は、

①については、一昨日、公文所で不届きなことがあったとのことですが、山名方内者後藤と守護方内者今岡とが花薗年貢をめぐって相論していたので、それに決着がついてから年貢を渡そうと考えて、今岡の使者に譴責を止めるよう申したまでで、国方に対して刃向かおうなどとは毛頭考えておりません。相論になっている年貢は今岡に渡しますから、ご容赦ください。

②に対しては、足軽の事については、乗観と石見に尋ねましたが、全く知らないと申しています。

そのように佗事をした。これに対して誉田は、「たとえ公文所の構成員だといっても狼藉人であるからには寺官から放出せよ、足軽の事に全く関知しないというのなら今後それに加わらない旨の起請文を書いて出すように」と命じている。

応仁の乱中、東寺をその支配下に置き、意のままに動かしているかに見える西軍方ではあったが、寺領の年貢をめぐって同じ西軍方の畠山方内者と山名方内者が対立し、そのため受け取りに来た畠山方の使者を公文所の寺官等が武装して出合い、追い返すという事態が起こっている。西軍方による東寺支配は一本化されておらず、山名方と畠山方の家臣たちが互いに対立してもめごとが絶えなかった。これは応仁の乱中、西軍方も東軍方も、諸大名勢力の寄せ集めであったことの一つの現れである。山城国の守護である畠山方としては即刻東寺に発向したいところだが、「大伽藍」を損なうことがあっては如何なものかということで武力的な対応は避け、供僧等を召喚して厳重に抗議することにした。

西軍方の諸将は、東寺の伽藍を擁護し、その祈祷の恩恵に浴することに大いなる関心を持っていた。畠山はこの年の二月から遊佐越中をもって「屋形祈祷之事」を申し入れており、「畠山殿母儀」も東寺の西院に参詣して祈祷を依頼している。(31) そこには、東寺の「大伽藍」は乱中であっても損なうべきでなく、「伽藍守護」を任とする東寺衆はその持ち場を離れず任務を全うするべきだとする認識が共有されていた。

応仁の乱が展開していく中で、東軍方も西軍方も、それぞれに公方―管領―山城守護として、足利義政―細川勝元―山名是豊（東幕府）、足利義視―斯波義廉―畠山義就（西幕府）を押し立て、互いに自分の陣営こそが「公方」であると主張し対立を深めてきた。(32) 東西両軍は共に「公方」を掲げて事に臨んだのである。それゆえここで「公方の足軽」と表現されているのも、東西両軍のどちらか一方だけを指すものではなく、「公方」によって徴集される足軽という意味で用いられている。それは、東寺衆ならば「伽藍守護」を、町や村の住人であればその日々の生産活動の維持を優先させつつ、夫役として賦課される足軽のことであり、たとえば先に見た南小路散所に懸けられきた「掘夫」や「陣夫」のようなものだと考えられる。

他方、そのような「公方」の思惑をはるかに越えて、京都の町のあちこちで豪腕の者を大将にして「所々の足軽」が徴募される動きが目立ってくる。自らが所属する社会集団とは関わりなく、個別的かつ自発的に、自らの持ち場を離れて足軽衆に加わり戦乱の中に稼ぎ場を見出そうとする動きは、公方の度重なる禁制にもかかわらず、それをはねのけ各所で繰り返し行われた。一つ一つの動きは砂粒のようであっても、結果的には京都の都市生活の根底を揺るがし、本来あるべき「公方」の秩序を崩壊させる力となっていくのである。

おわりに

応仁の乱が続く中、おおむね西軍方の支配下におかれていた東寺境内の具体的な様子を、ここまで追いかけてきた。主として、これまでも注目されてきた足軽徴募の動きとそれに対する禁制起請文を俎上にのせて考察を加えた結果、ここで明らかになったのは以下の点である。

(一) 東寺境内において足軽徴募に応じる動きを示すのは、東寺の所領支配の武力的側面を担ってきた寺官等とそれ以下の下部層、境内百姓等である。

(二) 宝徳二年（一四五〇）に書かれた「東寺境内差図写」（近世初期の写し）によれば、室町時代の東寺境内は、大宮・朱雀・八条・九条の各大路で囲まれた範囲を占めており、仏閣が建ち並ぶ四町のほかは、諸坊舎、寺官等の住屋、下部や百姓等の在家、そして水田から構成されていた。その棟数は一一八戸あり、そのうち三〇が坊舎であった。また、応仁の乱中に西軍方に東寺が差し出した「指出」によると、境内の田数は七町である。

（三）文明三年（一四七一）の足軽禁制起請文に記されている「公方の足軽」と「所々の足軽」とは、その徴集される原理が根本的に違っている。「公方の足軽」は村や町などの在所に対して賦課される夫役の一種で、乱中には掘夫や陣夫などが懸けられたが、本来的にはそれぞれの集団の構成員が持ち場を維持していくのを妨げない範囲にとどめられた。他方「所々の足軽」は京都の町のあちこちで徴募され、その所属する集団が何であるかに関係なく、個別的に自発的に加わってくる者たちを集めて形成された。彼らは傭兵集団として東西両軍の戦闘に参加するとともに、戦場を稼ぎ場として放火や略奪行為を繰り返した。「所々の足軽」は幾度も禁制の対象となったが、東西両軍共にその武力を必要とし、それぞれが利用したので、結果的には「所々の足軽」はおおいに隆盛し、長期化する応仁の乱を象徴する存在とさえ位置づけられるようになる。

以上、東寺の境内という限られた場での検討にとどまったが、応仁の乱中の足軽の実態が浮かび上がってきたのではないかと思う。今後も、できるだけ在地の側から応仁の乱を考える作業を継続していきたい。

注

（1）「東百」サ函一九七
（2）「東百」サ函三三九
（3）「廿一口方評定引付」（「東百」ち函一九、『大日本古文書　東寺文書四』）文明二年九月二十九日条
（4）「同前」文明二年十月十三日条
（5）「同前」文明二年十二月三日・同十五日条

（6）藤木久志「応仁の乱の底流に生きる」（『ものがたり日本列島に生きた人たち4　文書と記録　下』岩波書店、二〇〇〇年、のち藤木久志『飢饉と戦争の戦国を行く』朝日新聞社、二〇〇一年所収）、小島晃「足軽と応仁・文明の乱」（『相剋の中世』東京堂出版、二〇〇〇年）、拙稿「応仁の「大乱」と在地の武力」（本書第三章）、神田千里『土一揆の時代』（吉川弘文館、二〇〇四年）、早島大祐「応仁の乱への道」（『中世都市研究』一四号、二〇〇八年）

（7）「東百」天地之部三八

（8）永原慶二「東寺の下部たちまでが足軽に」（『東寺百合文書を読む』思文閣出版、一九九八年）

（9）藤木久志前掲注（6）論文

（10）「東百」天地之部三六

（11）「東百」ち函一八

（12）「東百」ち函一八

（13）「武内文書」（東大史料編纂所架蔵影写本）。これが、先の「引付」に記された経緯で書かれた起請文であることは、すでに黒川直則が「東寺の起請文と牛玉宝印」（『資料館紀要』第八号、京都府立総合資料館、一九八〇年）で「東寺関係起請文一覧表」に文明三年一月二十四日「寺官并境内百姓等起請文」として載せられ、さらに藤木久志前掲注（6）論文にも「一〇五人もの男達による足軽禁制」と述べられているように、すでに先学諸兄姉の多くが周知のこととは思うが、ここではその全文を示して考察を加えた。

（14）『資料館紀要』第一三号（一九八五年）

（15）「最勝光院方評定引付」寛正六年七月十九日条（「東百」け函一八号、一九八六年刊『岡山県史　第二〇巻　家わけ史料』史料番号八二六、以下、『岡山県史』八二六のように略す）に、新見庄代官職所望の者として「上総・乗観・乗幸・野洲」と出てくる。乗幸は「角坊乗幸」（同前・二月七日条）と呼ばれる。

（16）辰田芳雄「納所乗珎の注進状について」（東寺文書研究会編『東寺文書にみる中世社会』東京堂出版、一九九九年、のち『中世東寺領荘園の支配と在地』校倉書房、二〇〇三年に再録）

(17)「最勝光院方評定引付」寛正四年八月二十八日条(「東百」け函一四、『岡山県史』八二四)
(18)寛正四年十月二十二日　本位田家盛注進状(「東百」サ函一一五、『岡山県史』三七一)など。
(19)寛正六年十月十六日　新見庄三職注進条(「東百」ツ函二五七、『岡山県史』一四三)
(20)辰田芳雄「中世東寺における門指の活動」(柴田一先生退官記念事業会編『日本史論叢』柴田一先生退官記念事業会、一九九六年、のち『中世東寺領荘園の支配と在地』前掲注(16)著書に所収)
(21)寛正三年二月二十三日　了蔵書状(「東百」サ函九九、『岡山県史』三五八)
(22)「東百」ワ函七九
(23)「東百」天地之部三八
(24)図録『東寺文書百万通の世界』「Ⅲの一　東寺霊宝蔵中世文書　九五」(東寺宝物館編集発行、一九九七年)
(25)(応仁二年)二月十二日　新見庄三職連署注進状(「東百」サ函一七六)などに見える。
(26)「廿一口方評定引付」文明三年五月十五日条(「東百」天地之部三八)
(27)「廿一口方評定引付」文明三年六(七?)月七日条(「東百」天地之部三八)。これは「同七日」条であるが、すぐ前の記事が五月二十五日、後には「同十九日」そして「八月十六日」条が続くので、これは六月か七月の記事である。
(28)高橋康夫「応仁の乱と都市空間の変容」(『京都中世都市史研究』思文閣出版、一九八三年)
(29)「廿一口方評定引付」文明三年十二月二十日条(「東百」天地之部三八)
(30)「同前」文明三年十二月二十一日条(同前)
(31)「同前」文明三年二月五日・同七日・六(七?)月十九日条(同前)
(32)百瀬今朝雄「応仁・文明の乱」(『岩波講座　日本歴史7　中世3』一九七六年)

第六章　いなか―京の情報伝達と応仁の乱

はじめに

寛正二年（一四六一）八月三日、備中国新見庄から一通の百姓等申状[1]を持った使者が、京都の東寺にやってきた。新見庄の百姓等は、それまで七十年あまり続いてきた武家代官の請負による在地支配を拒否して、東寺による直務を求めてきたのである。

庄園領主の東寺にとって、新見庄は自領でありながら身近な庄園ではなかった。十五世紀の初めに年貢などを定額で請け負う武家代官に庄園の支配を任せて以来、ずっと長いあいだ、在地の状況がどうなのか、年貢や公事の収取がどうなっているのか、庄官がいったい誰なのか、東寺はまったくその実態を把握してこなかった。何年にもわたって武家代官の年貢未進が続いても、東寺にできることは代官に対して「堅く催促あるべし」「此の子細を堅く問答致す」[2]といったことぐらいで、実際の庄園の所務は、細川京兆家の重臣である安富氏の手に完全に委ねられていたのである。ところが、この日、新見庄からの使者がやって来て以来、これまで疎遠であった東寺と新見庄との関係は一変する。東寺は百姓等の要求に押されて幕府に訴え、直務を認める幕府の奉書[3]を得て、新見庄の直務支配に乗り出すことになる。これ以後、新見庄と東寺のあいだを頻繁に文書が行き交い、緊密な情報伝達が行われた。新見庄関係の東寺文書のうち、この寛正二年以降、応仁の乱の時期までに出された文書の情報量はとても多くて、『岡山県史　第二〇巻家わけ史料』所収文書の頁数によると全体のほぼ六分の一に相当する。

ここでは、「いなか」の庄園と「京」の領主のあいだに交わされた文書の詳細を追いながら、応仁の乱前夜から乱中へとつながる戦乱の時代の都鄙間情報伝達の実態について考えてみようと思う。

一、いなか―京の情報交換一覧

まず最初に、使者がやってきた寛正二年（一四六一）から文明三年（一四七一）までの十一年間にわたる情報交換の様子を一覧表にして次に掲げてみることにする。

表の中の矢印の傍に書き添えたのは、関連文書からそれを届けた使者の名前や身分を明らかにできた者たちである。また届けるまでに要した日数を数字で書き入れた。たとえば、寛正二年八月に使者が持ってきた百姓等申状の日付は七月二十六日である。この申状が書かれて、そのすぐ翌日に使者が新見を出発したとすると、それが京都に届くまでに七日を要したことになるので、ここに7と記入した。以下の表中の数字も、同じようなやり方で算出した。

いなか―京情報交換一覧表

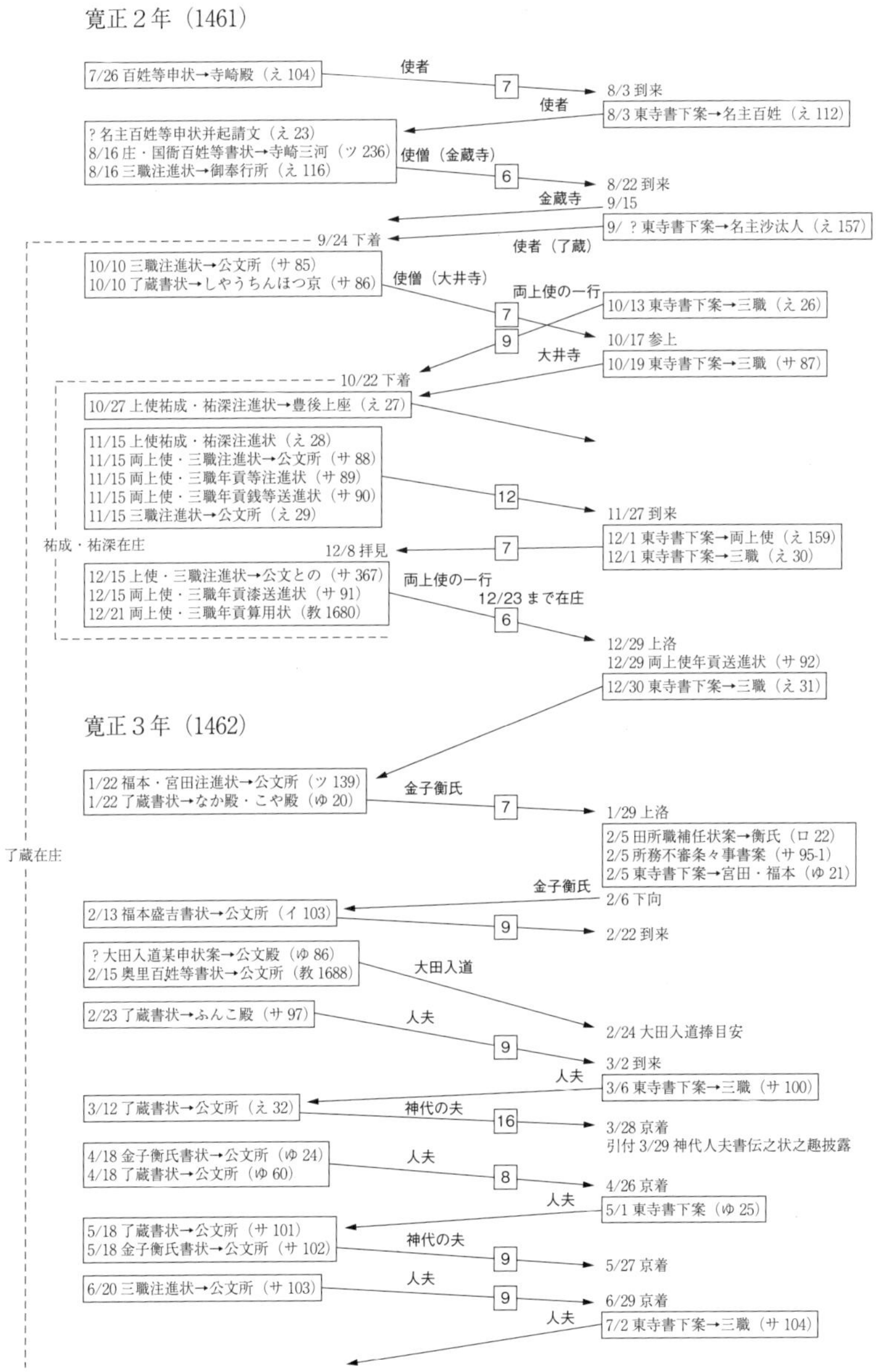

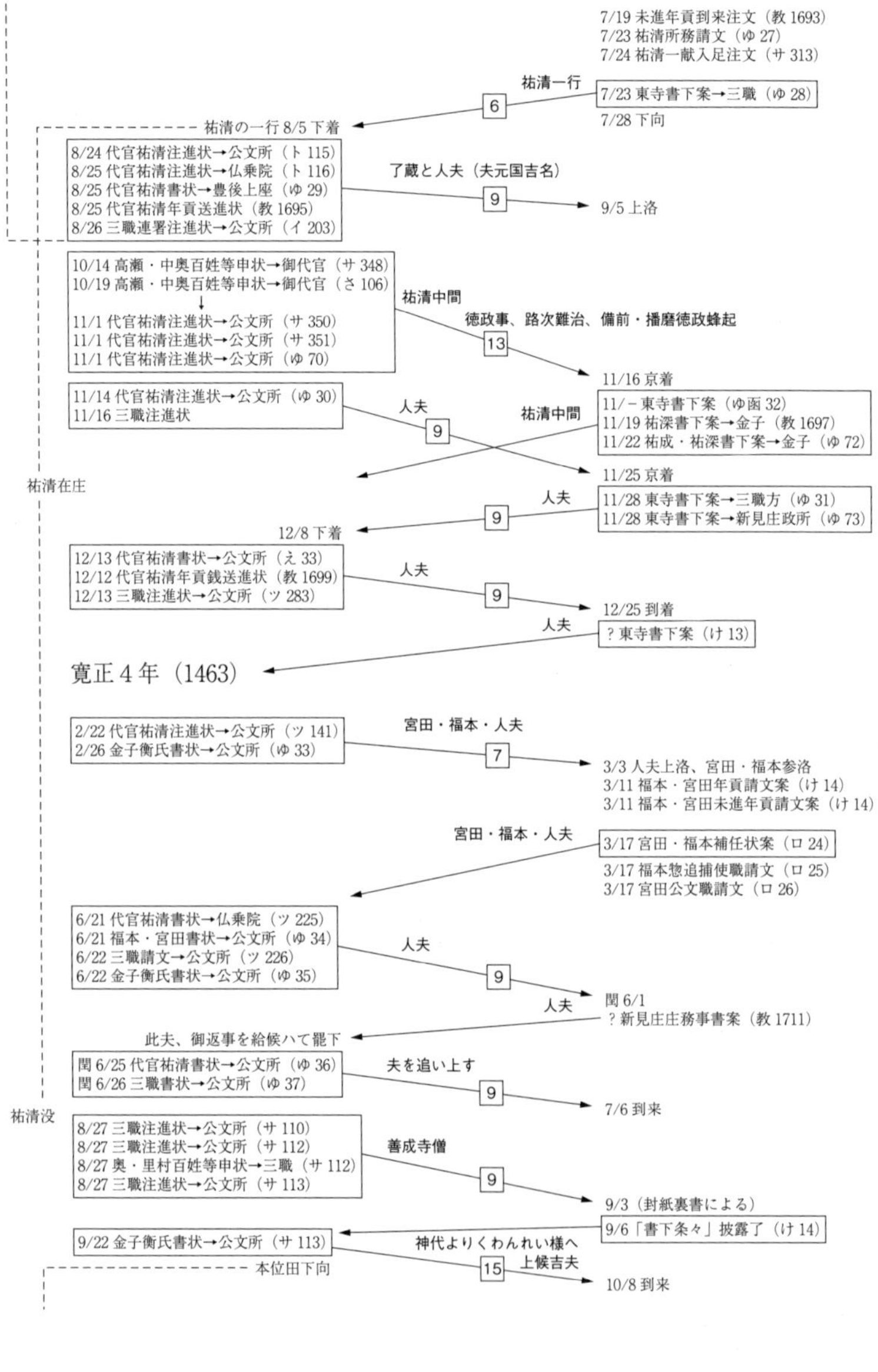
7/19 未進年貢到来注文（教 1693）
7/23 祐清所務請文（ゆ 27）
7/24 祐清一献入足注文（サ 313）
祐清一行
6
7/23 東寺書下案→三職（ゆ 28）
7/28 下向
祐清の一行 8/5 下着
8/24 代官祐清注進状→公文所（ト 115）
8/25 代官祐清注進状→仏乗院（ト 116）
8/25 代官祐清書状→豊後上座（ゆ 29）
8/25 代官祐清年貢送進状（教 1695）
8/26 三職連署注進状→公文所（イ 203）
了蔵と人夫（夫元国吉名）
9
9/5 上洛
10/14 高瀬・中奥百姓等申状→御代官（サ 348）
10/19 高瀬・中奥百姓等申状→御代官（さ 106）
11/1 代官祐清注進状→公文所（サ 350）
11/1 代官祐清注進状→公文所（サ 351）
11/1 代官祐清注進状→公文所（ゆ 70）
祐清中間
徳政事、路次難治、備前・播磨徳政蜂起
13
11/16 京着
11/14 代官祐清注進状→公文所（ゆ 30）
11/16 三職注進状
人夫
9
祐清中間
11/－東寺書下案（ゆ函 32）
11/19 祐深書下案→金子（教 1697）
11/22 祐成・祐深書下案→金子（ゆ 72）
11/25 京着
祐清在庄
人夫
9
11/28 東寺書下案→三職方（ゆ 31）
11/28 東寺書下案→新見庄政所（ゆ 73）
12/8 下着
12/13 代官祐清書状→公文所（え 33）
12/12 代官祐清年貢銭送進状（教 1699）
12/13 三職注進状→公文所（ツ 283）
人夫
9
12/25 到着
人夫
？東寺書下案（け 13）
寛正 4 年（1463）
2/22 代官祐清注進状→公文所（ツ 141）
2/26 金子衡氏書状→公文所（ゆ 33）
宮田・福本・人夫
7
3/3 人夫上洛、宮田・福本参洛
3/11 福本・宮田年貢請文案（け 14）
3/11 福本・宮田未進年貢請文案（け 14）
宮田・福本・人夫
3/17 宮田・福本補任状案（ロ 24）
3/17 福本惣追捕使職請文（ロ 25）
3/17 宮田公文職請文（ロ 26）
6/21 代官祐清書状→仏乗院（ツ 225）
6/21 福本・宮田書状→公文所（ゆ 34）
6/22 三職請文→公文所（ツ 226）
6/22 金子衡氏書状→公文所（ゆ 35）
人夫
9
閏 6/1
人夫
？新見庄庄務事書案（教 1711）
此夫、御返事を給候ハて罷下
閏 6/25 代官祐清書状→公文所（ゆ 36）
閏 6/26 三職書状→公文所（ゆ 37）
夫を追い上す
9
7/6 到来
祐清没
8/27 三職注進状→公文所（サ 110）
8/27 三職注進状→公文所（サ 112）
8/27 奥・里村百姓等申状→三職（サ 112）
8/27 三職注進状→公文所（サ 113）
善成寺僧
9
9/3（封紙裏書による）
9/6「書下条々」披露了（け 14）
9/22 金子衡氏書状→公文所（サ 113）
神代よりくわんれい様へ
上候吉夫
15
本位田下向
10/8 到来

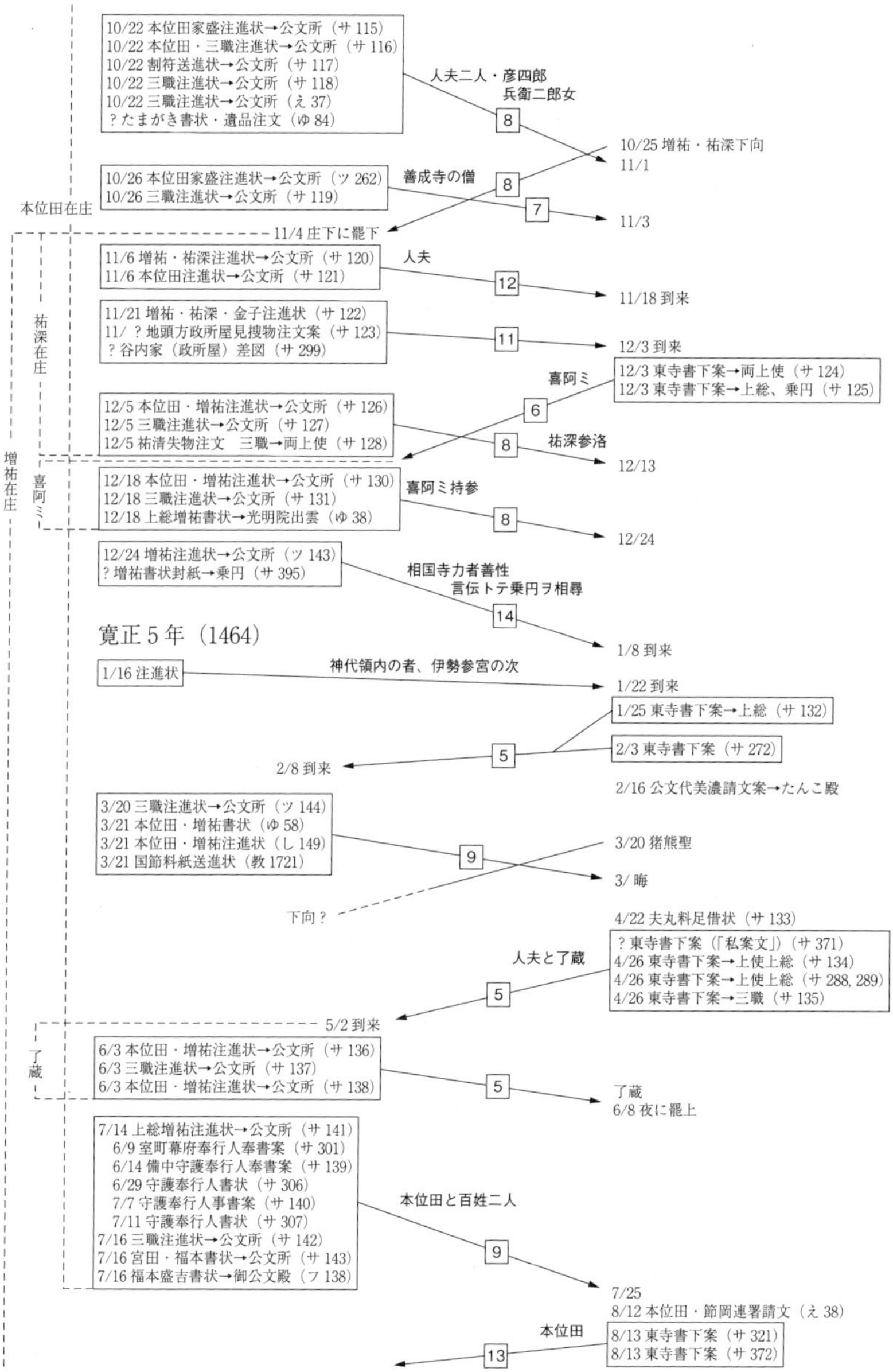
10/22 本位田家盛注進状→公文所（サ 115）
10/22 本位田・三職注進状→公文所（サ 116）
10/22 割符送進状→公文所（サ 117）
10/22 三職注進状→公文所（サ 118）
10/22 三職注進状→公文所（え 37）
？たまがき書状・遺品注文（ゆ 84）
人夫二人・彦四郎
兵衛二郎女
8
10/25 増祐・祐深下向
11/1
10/26 本位田家盛注進状→公文所（ツ 262）
10/26 三職注進状→公文所（サ 119）
善成寺の僧
8
7
11/3
本位田在庄
11/4 庄下に罷下
11/6 増祐・祐深注進状→公文所（サ 120）
11/6 本位田注進状→公文所（サ 121）
人夫
12
11/18 到来
祐深在庄
11/21 増祐・祐深・金子注進状（サ 122）
11/ ？地頭方政所屋見捜物注文案（サ 123）
？谷内家（政所屋）差図（サ 299）
11
12/3 到来
喜阿ミ
12/3 東寺書下案→両上使（サ 124）
12/3 東寺書下案→上総、乗円（サ 125）
6
12/5 本位田・増祐注進状→公文所（サ 126）
12/5 三職注進状→公文所（サ 127）
12/5 祐清失物注文　三職→両上使（サ 128）
8
祐深参洛
12/13
増祐在庄
喜阿ミ
12/18 本位田・増祐注進状→公文所（サ 130）
12/18 三職注進状→公文所（サ 131）
12/18 上総増祐書状→光明院出雲（ゆ 38）
喜阿ミ持参
8
12/24
12/24 増祐注進状→公文所（ツ 143）
？増祐書状封紙→乗円（サ 395）
相国寺力者善性
言伝トテ乗円ヲ相尋
14
1/8 到来
寛正 5 年（1464）
1/16 注進状
神代領内の者、伊勢参宮の次
1/22 到来
1/25 東寺書下案→上総（サ 132）
2/3 東寺書下案（サ 272）
5
2/8 到来
2/16 公文代美濃請文案→たんこ殿
3/20 三職注進状→公文所（ツ 144）
3/21 本位田・増祐書状（ゆ 58）
3/21 本位田・増祐注進状（し 149）
3/21 国節料紙送進状（教 1721）
9
3/20 猪熊聖
3/ 晦
下向？
4/22 夫丸料足借状（サ 133）
？東寺書下案（「私案文」）（サ 371）
4/26 東寺書下案→上使上総（サ 134）
4/26 東寺書下案→上使上総（サ 288, 289）
4/26 東寺書下案→三職（サ 135）
人夫と了蔵
5
5/2 到来
了蔵
6/3 本位田・増祐注進状→公文所（サ 136）
6/3 三職注進状→公文所（サ 137）
6/3 本位田・増祐注進状→公文所（サ 138）
5
了蔵
6/8 夜に罷上
7/14 上総増祐注進状→公文所（サ 141）
6/9 室町幕府奉行人奉書案（サ 301）
6/14 備中守護奉行人奉書案（サ 139）
6/29 守護奉行人書状（サ 306）
7/7 守護奉行人事書案（サ 140）
7/11 守護奉行人書状（サ 307）
7/16 三職注進状→公文所（サ 142）
7/16 宮田・福本書状→公文所（サ 143）
7/16 福本盛吉書状→御公文殿（フ 138）
本位田と百姓二人
9
7/25
8/12 本位田・節岡連署請文（え 38）
本位田
8/13 東寺書下案（サ 321）
8/13 東寺書下案（サ 372）
13

8/26 罷付 ← 13

9/21 本位田注進状→公文所（サ 146）
9/21 本位田・三職注進状→公文所（サ 147）
9/21 三職注進状→御公文所殿（サ 148）
9/21 政所屋見捜物請取　定央（サ 338）
9/21 寛正五年算用状（阿刀文書）

上使増祐 → 10 → 10/2 到来

10/10 東寺書下案（サ 150）

10/22 年貢送進状→公文所（サ 151）

人夫 → 10 → 11/3 到来

11/9 東寺書下案（未完）（サ 153）
11/9? 東寺書下案（サ 154）

人夫

11/24 本位田家盛注進状→公文所（サ 156）
11/24 三職注進状→公文殿（サ 157）
11/24 年貢算用状　本位田→公文殿（サ 159）

11/24 年貢送進状本位田→公文殿（サ 159）

人夫 → 9 → 12/3 京着

本位田在庄

12/9 東寺書下案→本位田（サ 160）
12/9 東寺書下案→三職（サ 161）

12/19 年貢銭送進状→公文所（サ 369）

人夫 → 9 → 12/28 京着

寛正６年（1465）

1/ ? 東寺書下案（サ 370）

1/23 公事物送進状（教 1719）

人夫 → 9 → 2/2 京着

人夫

2/3 東寺書下案（サ 373）
2/3 東寺書下案（サ 381）

2/22 下着 ← 6 ← 2/16 下向　上使乗幸

3/22 上使乗幸書状→公文所（ゆ 59）

人夫 → 7 → 3/ 晦日上洛

4/21 賀藤尚行書状→本位田（え 42）
5/10 中田等証状案→御政所（教 1735）
5/17 清友名宛行状案→宗末（え 43）

乗幸在庄

5/21 年貢未進徴符　本位田（教 1736）
5/26 段銭使入足注文（教 1737）
5/28 年貢納分注文　乗幸（サ 163）
5/- 政所屋家具注文　本位田・三職（サ 164）
5/- 上使遣足注文　本位田・長栄（サ 297-1）
5/- 年貢未進徴符　本位田（教 1738）
5/- 年貢未進徴符　本位田（教 1739）
5/- 年貢未進徴符　本位田（教 1740）
5/- 中田方年貢未進注進状　長栄（教 1741）

12 → 6/10 上洛　本位田・上使・人夫

6/27 年貢・太刀代銭注進状　増祐（教 1742）
6//? 質方注文　乗幸・家盛（サ 376）

7/22 内談入足注文　増祐（教 1743）
7/25 祐成代官職請文（サ 165）

8/18 高瀬・中奥百姓等申状→御上使（サ 325）

9/11 室町幕府奉行人奉書（高山寺古文書）

10/16 三職注進状→中殿（ツ 257）

祐成下人助八 → 9 → 10/25

10/22 三職注進状（ゆ 68）

神代人夫 → 9 → 11/2 到来

人夫 → 12/2 京着

人夫 ← 12/4 東寺書下案

人夫 → 12/25 今日人夫京着

寛正７年（＝文正元　1466）

1/22 金子衡氏注進状→中殿（サ 269）
1/22 年貢銭送進状　衡氏→中殿（サ 270）

人夫 → 9 → 2/2 若菜の夫丸京着

人夫

2/7 東寺書下案増祐→三職（サ 166-1）
? 東寺書下案（前後欠）（サ 166-2）

2/9 以後に祐成下向

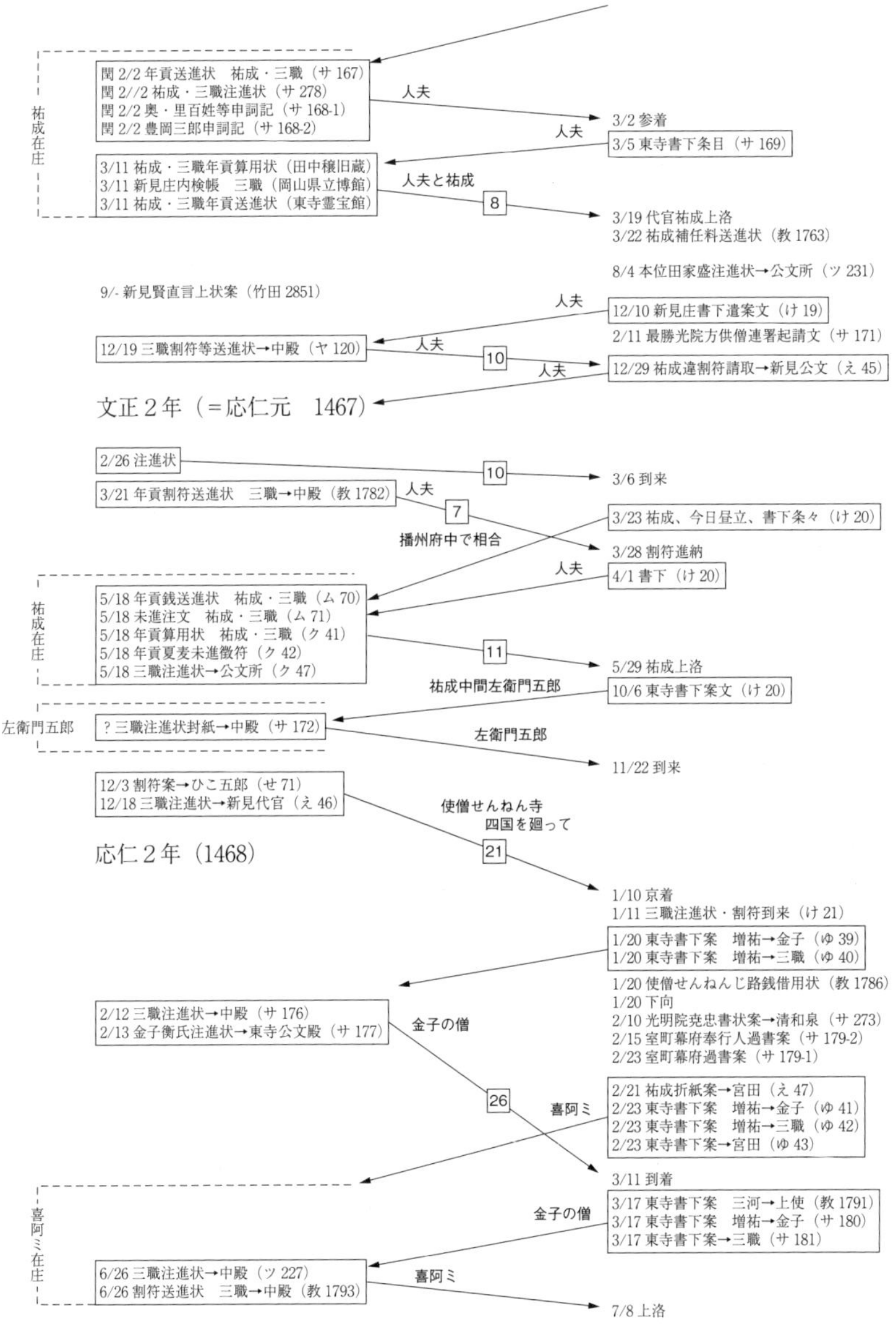

祐成在庄
閏 2/2 年貢送進状　祐成・三職（サ 167）
閏 2//2 祐成・三職注進状（サ 278）
閏 2/2 奥・里百姓等申詞記（サ 168-1）
閏 2/2 豊岡三郎申詞記（サ 168-2）
人夫
3/2 参着
人夫
3/5 東寺書下条目（サ 169）
3/11 祐成・三職年貢算用状（田中穣旧蔵）
3/11 新見庄内検帳　三職（岡山県立博館）
3/11 祐成・三職年貢送進状（東寺霊宝館）
人夫と祐成
8
3/19 代官祐成上洛
3/22 祐成補任料送進状（教 1763）
8/4 本位田家盛注進状→公文所（ツ 231）
9/- 新見賢直言上状案（竹田 2851）
人夫
12/10 新見庄書下遣案文（け 19）
2/11 最勝光院方供僧連署起請文（サ 171）
12/19 三職割符等送進状→中殿（ヤ 120）
人夫
10
人夫
12/29 祐成違割符請取→新見公文（え 45）
文正 2 年（＝応仁元　1467）
2/26 注進状
10
3/6 到来
3/21 年貢割符送進状　三職→中殿（教 1782）
人夫
7
3/23 祐成、今日昼立、書下条々（け 20）
播州府中で相合
3/28 割符進納
人夫
4/1 書下（け 20）
祐成在庄
5/18 年貢銭送進状　祐成・三職（ム 70）
5/18 未進注文　祐成・三職（ム 71）
5/18 年貢算用状　祐成・三職（ク 41）
5/18 年貢夏麦未進徴符（ク 42）
5/18 三職注進状→公文所（ク 47）
11
5/29 祐成上洛
祐成中間左衛門五郎
10/6 東寺書下案文（け 20）
左衛門五郎
? 三職注進状封紙→中殿（サ 172）
左衛門五郎
11/22 到来
12/3 割符案→ひこ五郎（せ 71）
12/18 三職注進状→新見代官（え 46）
使僧せんねん寺
四国を廻って
21
応仁 2 年（1468）
1/10 京着
1/11 三職注進状・割符到来（け 21）
1/20 東寺書下案　増祐→金子（ゆ 39）
1/20 東寺書下案　増祐→三職（ゆ 40）
1/20 使僧せんねんじ路銭借用状（教 1786）
1/20 下向
2/10 光明院尭忠書状案→清和泉（サ 273）
2/15 室町幕府奉行人過書案（サ 179-2）
2/23 室町幕府過書案（サ 179-1）
2/12 三職注進状→中殿（サ 176）
2/13 金子衡氏注進状→東寺公文殿（サ 177）
金子の僧
26
喜阿ミ
2/21 祐成折紙案→宮田（え 47）
2/23 東寺書下案　増祐→金子（ゆ 41）
2/23 東寺書下案　増祐→三職（ゆ 42）
2/23 東寺書下案→宮田（ゆ 43）
3/11 到着
喜阿ミ在庄
金子の僧
3/17 東寺書下案　三河→上使（教 1791）
3/17 東寺書下案　増祐→金子（サ 180）
3/17 東寺書下案→三職（サ 181）
6/26 三職注進状→中殿（ツ 227）
6/26 割符送進状　三職→中殿（教 1793）
喜阿ミ
7/8 上洛

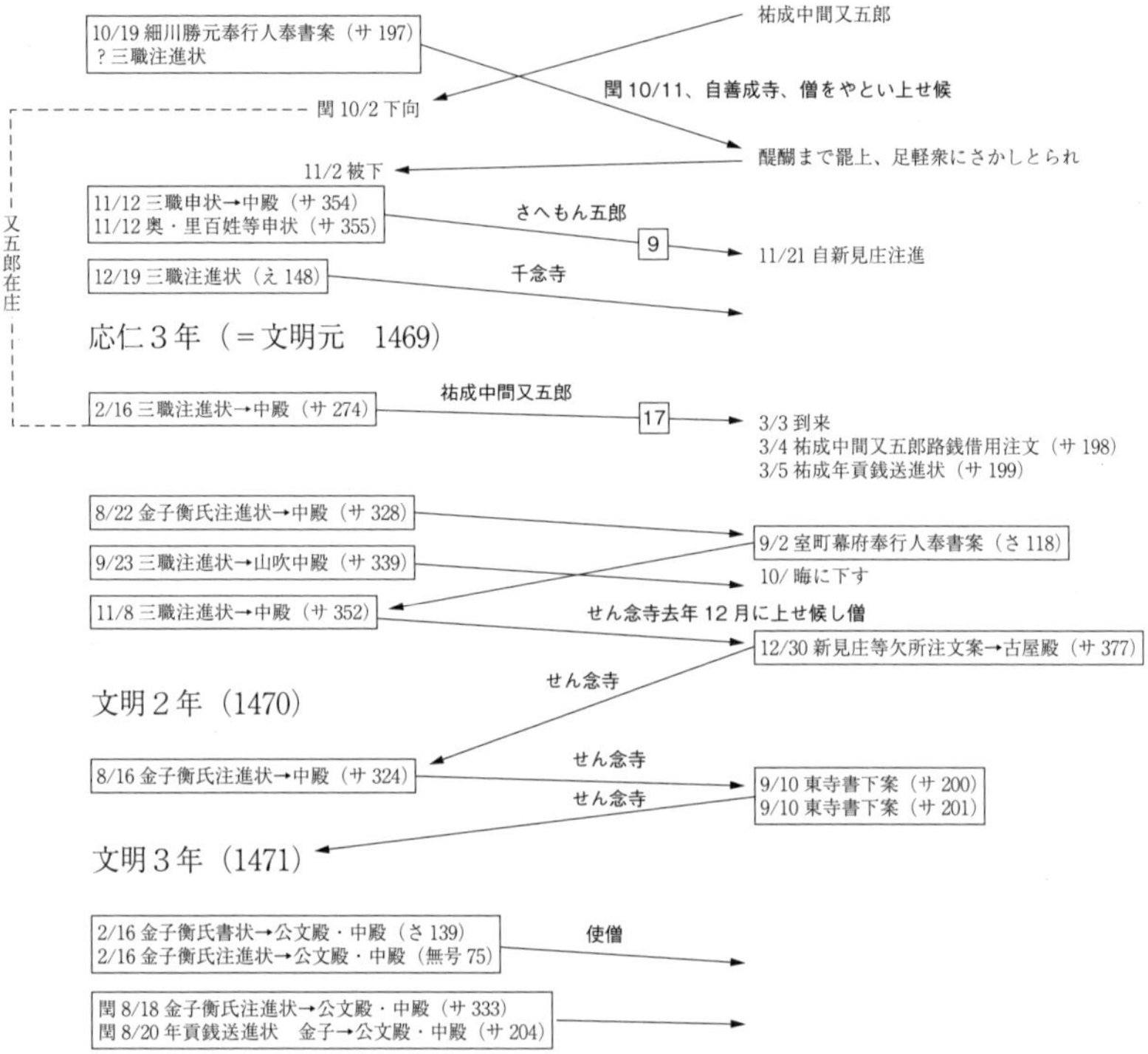

〔付記〕□の中の数字は、「いなか—京」の移動に要した日数、教は教王護国寺文書の略、それ以外は東寺百合文書の番号である。この一覧表作成にあたっては、『岡山県史　家わけ史料』（岡山県史編纂委員会編、1986年）と、辰田芳雄『中世東寺領荘園の支配と在地』（校倉書房、2003年）で紹介翻刻された史料に拠った。

二、直務の開始と使者

使者に直接尋ねる

さて、この寛正二年七月二十六日付の百姓等申状には、安富氏の代官をすでに備中国中から追放したので、新見庄には東寺から直接に寺の人間を代官として下してほしいと書かれていた。百姓等は、武家代官の支配ではなく、東寺の「直務」を求めたのである。「直務」というのは、庄園支配の実務を守護方の勢力などに請け負わせず庄園領主が直接に庄務を行うことで、「直務」ということばは室町時代の初め頃から頻繁に史料に出てくるようになる。この百姓等申状はすぐに東寺の最勝光院方供僧等の評定の場に披露された。供僧等は評議の結果、この申状に書かれている内容や在地の情勢など詳しい事情について、まずはこれを持参した使者によくよく尋ねてみようということになった。供僧等の前に召し出された使者は、

安富方代官既退出仕畢、仍於先代官、不可永用之由、神水仕者也、忩被下直務御代官、可応所務、(4)

と語った。「神水」とは、互いに誓約する内容を書き記し連署した起請文を焼いて、その灰を神水に浮かべて呑み交わして心を一つにすることである。百姓等の中に強固な意志が生み出され、すでに安富方代官を追い出すという行動に出ていることを知って、東寺では、早速百姓等に宛てて書下を書いた(5)（書下の正文は新見庄に下されたのだから、東寺に残されているのは書下案ということになる。しかし、以下の文中では「案」を省略して書下と表現することにする）。その東寺書下には、

只今注進之旨、為事実者、幸御百姓等中連判之状、沙汰置之由、聞召及之間、急可進彼状也、就其可有御了簡候、

随而御一献料之事、早々可有運上、委細者、此使者仁被仰含候、定而於庄下、可被申哉之由、被仰出候也、

とあり、まずは百姓等が一味神水して書いた連判起請文をすぐに進上すること、また直務を幕府に申請するには多額の一献料が必要なのでそれも早く運上するように、という二点が強調されている。最後のところには、委細を使者に仰せ含めてあるから、きっと庄家にもどって詳しく語るだろうと記されている。

百姓等申状を持参した使者は、文書に書かれた内容を供僧等の前で口頭で述べる役割があった。文字だけでは伝わらない在地の事情も、尋ねられれば声のことばでもって答えることができた。百姓等申状を受け取った東寺側は、使者と直接ことばのやりとりを重ねることによって、文書に書かれていること以上の詳細な事態を把握できる。使者の存在意義は、この打てば響く応答性にあった。また書下をもらって新見庄に帰れば、直接に東寺側から言い含められた内容を庄民等に語る役目もあった。使者は、決して単なる文書の運び手ではなかったのである。

逃げ帰った使僧

東寺の指示を受けて、新見庄ではすぐに名主百姓等申状并連署起請文(6)が準備され、さらに八月十六日付の新見国衙百姓等書状(7)と三職注進状(8)が書かれ、これら合わせて三通の文書を使僧が八月廿二日に京都の東寺まで届けた。これを受け取ると、すぐに東寺は室町幕府に対して、代官安富智安の解任と東寺による直務を求める雑掌申状(9)を出した。それには、

彼庄代官安富筑後入道智安、背請文旨、自嘉吉元年至寛正元年之年貢弐千弐百余貫無沙汰仕之条、言語道断之次第也、(中略)於田舎者、又懸無理非分之課役、令譴責地下人於之間、百姓等既退幅仕、於彼智安者、永不可用于代官之由、於当庄惣社八幡宮宝前、両度服神水、堅令同心、速可令直納之由、近日度々致愁訴処也、

と記されている。幕府の有力者細川氏の重臣である安富氏を新見庄代官の地位から追うのは、長期にわたる年貢未進という事実だけでなく、在地の百姓等の強い意志と行動によるものだという点を東寺は強調している。東寺のこの訴えは幕府に受け入れられ、九月二日の室町幕府奉行人奉書で安富智安の罷免と東寺の直務が認められることになった。

一方、八月二十二日に上洛した使僧は、それ以来、延々と京都に足止めされていたのだが、九月十五日の朝になって姿を消した。田舎に持ち帰るべき東寺からの返事があまりに遅れているので、待ち切れずに勝手に帰ってしまったのだという。(10)長く待たされて準備してきた路銭が底をついてしまったのである。

この直後に書かれた東寺書下(11)は、代官安富の改替が正式に幕府から認められたので近日新代官が下向する旨を新見庄名主沙汰人中に伝えたものであるが、その中で、この使僧の行動について、

使者僧、不承御返事、逃下之条、言語道断之次第候哉、

と厳しく非難している。この書下の端裏書には「新見庄へ書下案文　使了蔵」とあって、返事を持ち帰るべき使僧が待ちきれずに田舎に帰ってしまったため、急遽、東寺の下部の了蔵という者が使者となって、これを新見庄まで届けることになったことがわかる。思いがけず新見庄に下ることになった了蔵(12)は、九月二十四日に新見庄に下着し、翌年九月五日に上洛するまで約一年もの長い期間在庄することになる。前掲の表には、左端の部分に、在庄した者の名と在庄期間を示した。

弓矢の事

京都の東寺では、寛正二年十月十一日に評定がなされ、上使として乗観祐成と乗円祐深の二人が新見庄に下ることが決まった。祐成と祐深は、十月十三日付の東寺書下(13)を持参して新見庄に下っている。ところが、彼らが新見庄に着

いたのは十月二十二日である。通常は東寺から新見庄までは七日前後で到着するはずだから、下向に要した九日という日数は少し長い。その理由は、到着後の十月二十七日に出された祐成・祐深連署注進状で明らかとなる。

備前光《(三)》石弓矢事候間、閑路通候間、下着及遅々候、就さ様之儀、矢野庄にて御公用銭一貫三百文借用申候、(14)

二人の上使は、山陽道の宿である備前三石で「弓矢の事」に出くわしたため「閑路」に回り道をし、東寺領の播磨国矢野庄で一貫三百文の借銭をして、やっとのことで新見庄に到着したという。「弓矢の事」が具体的には記されていないが、武力衝突が起こればその近辺の通路は塞がれ人馬の往来が妨げられる。それに巻き込まれた二人の上使の一行は、九日間という時間をかけて新見庄にたどり着いた。

到着後、二人の上使はしばらく新見庄の内外の状況について情報収集に努め、十一月十五日の注進状で詳細な現地報告をしている。そこには、

国方并国衙より管領様御成敗有ハ、新見庄へ打入へきよし風聞有之、但山路切ふさき、弓矢取へき分也、三職地下人等の一そくうちよらハ、甲の四五百もあるへし、御代官たにも、大将有ハ、野の末、山奥までも御共申、さゝゑは、おそらくハ三ケ国よりせむるとも、落ましきよし申、地下の気色、在所の有様、さありつへしき歟、(15)

と在地の様子が記されている。たとえ管領細川勝元の命令で新見庄内に攻め込まれても、三職地下人が弓矢を取り山路を切り塞いで防戦すれば、たとえ三か国から攻撃されても落ちないという。応仁の乱の前夜、下向途中でも下着後においても東寺の上使は武力をはらんだ在地社会の現実に直面することになる。

互いの花押を確定

直務をスタートさせた東寺には、解決すべき問題が三つあった。一つは、庄官である三職から出される三職連署注

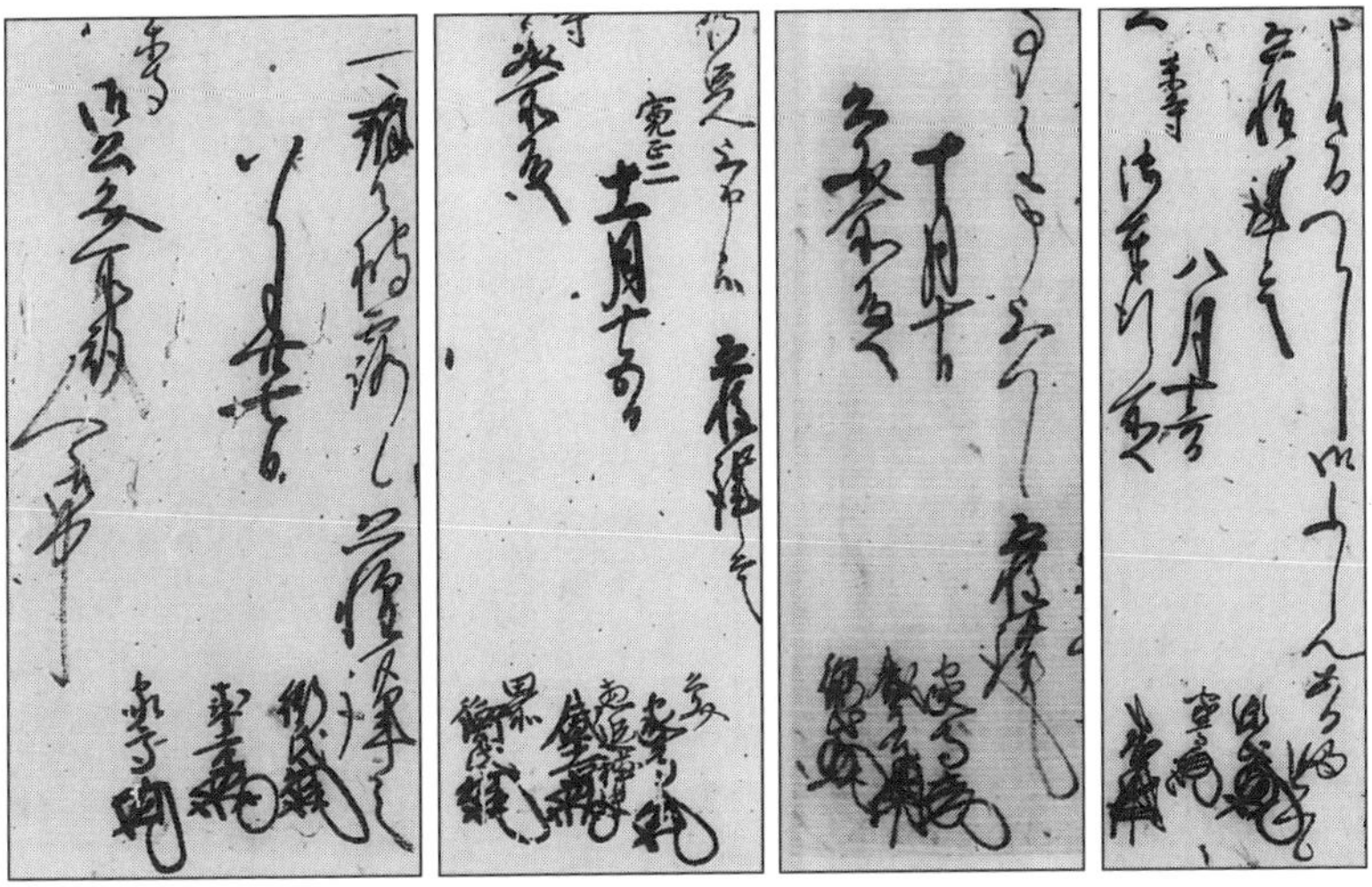

寛正4年8月27日（「東百」え函36）

寛正2年11月15日（「東百」え函29）

祐成・祐深注進状同年同月同日（「東百」え函28）に「今度の判、本の判にて候」とある

寛正2年10月10日（「東百」サ函85）

寛正2年8月16日 作判仕り……（「東百」え函116）

図1　三職注進状の「花押」の比較（寛正２年11月15日以前と以後）

進状と東寺から出される東寺書下にすえる花押を互いに確定し合うこと、二つ目は、年貢公事物徴収のための基本的な帳面を見つけ出すこと、三つ目が、いなかと京を結ぶ情報伝達の安定した態勢を整えることである。

まず、互いの花押を確定するようすをみていきたい。先にあげた十一月十五日の上使連署注進状に、

> 三職申候之処、此間まてハ三人安富方被官にて候間、捨命てこそ、御本所様申て候、（中略）此間注進状、安富方風聞をおそれ、作判申候つる、今度の判、本の判にて候、[16]

という三職の言い分が記されている。田所金子衡氏・公文宮田家高・惣追捕使福本盛吉の三人は、つい先頃まで安富氏の被官であったが、命を捨てる覚悟で彼に背きその代官を追い出して、本所の直務を求めた。これまで出

した注進状は、安富方への風聞を恐れて偽りの花押を使っていたが、今回出した注進状からは本当の花押を用いるとのことであった。「作判」「本の判」を使い分けたという三職の言い分どおり、一番右端の八月十六日・右から二番目の十月十日の三職連署注進状と十一月十五日から後の花押（左側の二つ）を比べてみると明らかに違っている（図1の写真参照）。寛正二年十一月十五日以後は、ずっと三職注進状の花押は同じで、これこそが三人の「本の判」だったわけである。

他方、東寺の方でも、窓口を事務方である「公文所」への一本化をはかり、「於向後者、注進状等、直公文所へ、可被付進之候(18)」と指示し、

御書下事、公文所殿御判形にて候ハすハ、承引申ましきよし、（中略）国よりの注進之事も、三職判形候ハす者、一切御披露あるましく候(19)、

向後、御年貢運送御請取并御書下等判形事、只今被定下候、自今以後事、以此判形、可被為正候、京都御儀、以今度三職判形、可被本候(20)、

自京都、請取書下等判形事、両判只今被定下候、後々若偽別判形者、不可有承引候者也(21)、

このように、いなかの庄園と京都の本所との情報交換を開始するにあたって、東寺公文所と新見庄三職は互いの判形を確定しあい、他の異なるルートから伝わった情報が誤って機能することのないように配慮している。

東寺書下のできるまで

使者たちが残りの路銭を心配しながら待ちつづけた東寺書下は、最勝光院方供僧等の評定による決定をうけて、公文所の惣公文と最勝光院方公文が連署して下すものである。「被仰出候也、仍状如件」と結ばれ、寺家の意をうけた

まわって出される奉書形式の文書である。

たとえば、直務代官祐清が下向する時に開かれた最勝光院方評定引付には、

一、祐清上人新見庄下向治定、御返事披露了、
一、地下所務帳被申出間事、去年、自地下進上分、可令写之云々、仍於後、漸々可有興行云々、
一、去年々貢・公事物未進間之事、先了蔵、為未進催促、可被留置之、仍祐清相共可被催促云々、仍公方様御成、
十月延引之間、八月中ニ去年分悉令究済之、了蔵可持参之由、堅可申付云々、
一、蝋燭ラウ事、根本地下公事物内也、今度可有催促云々、此外、為御成用意、ラウ鍋一、可被取進之由、可申
付云々、[22]

と衆議の内容が記されている。その時の東寺書下には、

（端裏書）
「新見庄代官下向之時書下案　寛正三 七 廿三」
当庄御代官入部候、目出存候、仍御年貢并御公事物等、無不法懈怠、可致其沙汰候、
一、了蔵事、雖可被召上候、先立如仰下候、来八月　公方様、当寺御成必定候、仍去年々貢并公事物麦等、悉
当御代官相共、厳密令催促、来月上旬中、必々可申寺納候、其時了蔵、可上洛候、三職并庄家、努々不可存緩
怠候、尚々堅可申旨候、委細御代官可被仰候哉、
一、今度、就　公方様御成之大儀、任諸庄園之例、可被仰子細候、重而可被仰下候、御代官内々可被申候哉、
一、公事蝋事、先規進納事候処、一向無其沙汰候間、有催促可寺納候、
条々、被仰下候趣、雖為一事、不被存疎略之儀、来月上旬中、必々可有運送候、

（中略）

七月　日　　　公文

　　　　　　　公文

（奥裏書）

「新見庄三職御中」(23)

と記されている。公方御成が十月に延引になったことは評定の場で披露されたにもかかわらず、東寺書下では「八月　公方様御成必定」とあり、年貢・公事物納入を促すためにその事実が伏せられている。明らかに領主側のかけひきである。その点の違いはあるものの評定の内容と書下の記事は一致している。

供僧等の評定による議決が、公文に伝えられる経緯を追ってみると、同じ寛正三年の引付に、

一、自新見庄人夫一人、昨夕参着候、仍弐拾貫文、以割符運送之、又料紙九束、同進上之、仍割符、来年正月十日裏付也、除足等事、衆儀之通、載一紙、渡公文之了、彼人夫被下、仍書下等、衆儀之趣、可申付之云々、(24)

とあって、衆儀の内容を一紙に載せ公文に渡し、書下として人夫に下す旨が記されている。

この一紙がどのようなものか確かなことは不明だが、寛正四年の評定引付に、

一、自新見庄、夫丸到来、祐清并三職状、両年寛正二 寛正三算用状等、披露之、年貢銭拾五貫文、蝋一斤運上之、但十五貫文之内、弐貫五百文ハ福本・宮田補任酒肴料、且沙汰之、又弐貫五百文与蝋者、算用状外云々、已上大概披露之、重而以内談、可有其沙汰之由、衆儀畢、(25)

と懸案事項は内談をもって決めることになった。この時夫丸が届けた祐清并三職状の包紙が残っている。

（包紙上書）

「新見庄注進状等　寛正四後六朔」

この包紙の裏には、次のように書かれている。

一、三職年貢等、堅可致催促事、
一、段銭間事、
一、人夫事、領納申、可然、夫銭可為二百疋事、
一、両職任料事、（異筆）「無沙汰不可然候、」
一、夏麦沽脚事、（異筆）「減直曲事也、可然様、可有其沙汰候、」
一、西院番役事、（異筆）「既補別人也、依御左右遅也、」
　　以上（異筆）「祐清状分明也、」
一、請文事、同以前請文可被下候、
一、弐貫五百文ト蝋ト算用外事、（異筆）「存知也、」
一、違割符事、（異筆）「堅致催促、早々可有運送、上使ニ可申付候也、」
一、納帳筆者誤事、
一、六貫余、早々可進事、（異筆）「尤々々」
一、去年分紙事、（異筆）「無沙汰不可然也、」
一、算用状沙汰趣、不足也、又廿貫文相違事、
一、扇事、
一、大豆未進分事、三石八斗一升五合也、（異筆）「一石三斗五升一合相違、」(26)

供僧等は新見庄から届いた注進状包紙の裏を利用して、議事内容の箇条書きと「不可然候」「尤々々」などの意見をそこに書き付けている。公文に渡される一紙とは、このようなものではなかっただろうか。

東寺書下には、惣公文と最勝光院方公文が連署している。応仁二年（一四六八）三月十七日の書下には、

此状、公文所の判形にて候んする処ニ、一大事の御用候て、御使ニ出京候之間、我らか方より申候、三職并金子方への状と同筆にて候へハ、更々ふしんあるましく候、(27)

とわざわざ、公文所（惣公文）は一大事の寺家御使として出京し留守であるため、ここには彼の判形がすえられていないが、三職や金子宛のこれまでの書下と筆跡が同じだから不審に思わないようにと最勝光院方公文が注記している。これは、通常の書下が惣公文と最勝光院方公文の連署で出されたことを示しており、一方の判形だけで出されるのは例外的なことだったのである。

古帳の差出

次に二つ目の問題、年貢公事物徴収のための基本的な帳面を見つけ出すことについて、寛正二年十一月十五日付で、上使祐成・祐深連署注進状、三職連署注進状など計五通の文書が書かれている。その一つである年貢等注文には、

注進　東寺領備中国新見庄領家御方御年貢等之事

合

一現米七十七石器物大小有之、但、此内地下除少事有之、

一現銭百四十貫文

一大豆十四石

一夏麦十五石先納由申
一漆　五升
一紙　十束
一栗　一斗

已上公文方ヨリ出ル帳面分、永享十年八月日付古帳也、

右、注進如件、

寛正二年十一月十五日

公文　家高（花押）
追補使　盛吉（花押）
田所　衡氏（花押）
上使　祐深（花押）
上使　祐成（花押）(28)

これは、最後の「已上」の下に割注で記されているとおり、文書管理を担う庄官である公文宮田家高のもとに保管されていた永享十年（一四三八）八月の「古帳」の抄録である。この「古帳」の詳細な内容については、寛正二年十月日に三職の注進したものが東寺に残っている(29)。

永享十年といえば、寛正二年から数えて二十年以上も前の帳面である。これらの古帳の写しが、この時になって初めて東寺に進上されたということは、代官安富氏の支配していた時期に新見庄の所務の実態がどうであったか、庄園内の名ごとにどれほどの年貢が納入されていたか、公事物にはどのような物があるのか、その全体像について庄園領

主の東寺はまったく把握していなかったことを示している。

東寺は直務を開始するにあたって、新見庄から「指出」として提出されたこの「古帳」に全面的に依拠して庄園の所務を行うよりほかにすべがなかった。ただ、寛正三年二月五日になって、田所職補任を求めて金子衡氏が上洛したのを機に書かれた新見庄所務不審条々事書案には、

寛正三年二月五日

新見庄御不審条々

一、去年々貢未進公事物事、田所御尋候処、罷下早々取立可進云々、

一、当年々貢事、毎月京上人夫之時、催促次第進上云々、仍月別之員数ハ不定也云々、

一、白米并蕎麦事、田所御尋候処、中比マテ船ニテ御年貢運上之時、粮物ニ納之候、悉令山崩テ渡海無之、然此近年者、号徳政、一向不其沙汰云々、仍漸々可有御沙汰云々、田所等三職不可存等閑候云々、

一、御年貢等去年指出永享十年与明徳二年古帳ト多少相違分之由、同御不審之処、是又漸々可有御沙汰云々、

一、長日人夫事、御不審候処、於当庄自根本無之、如安富方無理ニ、月京上夫留置云々、于今地下之多歎此事云々、

一、市公事、彼申之市ニハ目代ト申者奉行ニ候、只今三連進候歟、御輿行候者、三職等涯分可致奉公云々、

一、小豆并鳥事、一向不存知云々(30)、

とあり、その四条目で、東寺が新見庄を直接支配していた明徳二年（一三九一）の「古帳」とこの永享十年の「古帳」の記載には齟齬があったため、東寺はそれを問題にして、不審条々として田所の金子衡氏に問いただした旨が記されている。しかし、明徳二年といえば、永享十年からもさらに四十年以上前のことになる。その「古帳」をもとに問いただしても、田所金子が返答できるはずもなく、「是又、漸々可有御沙汰」とするしかなかった。そもそも、これま

で長く武家代官に任せ切って、庄支配の実態をつかんでいない東寺にとって、現地の公文が出した「指出」を全面的に否定することなどできなかった。実質的な庄園の所務は、三職のはたらきに拠りながら進められたのである。

了蔵の助言

了蔵は、寛正二年（一四六一）九月二十四日に新見庄に下着して以来、翌年に直務代官祐清が到着するのを待って上洛するまで、ほぼ一年間という長い時間を新見庄で過ごした。祐成・祐深の二人の上使が上洛してしまってからは、三職とともに現地で所務を担う存在として重視されるようになる。(31) その間、三職や百姓等とも密接に関わり、在地の状況についても認識を深めた。了蔵は東寺内で門指を職掌とする下部で、他の東寺領庄園に定使として下ることもあった。(32) 新見庄に滞在中は東寺公文所に宛てて何通も書状を出しており、(33) 上洛時には未進年貢算用状作成にも三職とともに関わっているなど、(34) 下部とはいえ文字も書くことができ、庄園の所務にも通じた者であった。

直務代官祐清と了蔵とは、ちょうど入れ替わるような関係になり、二人が新見庄政所に一緒に滞在したのは二十日くらいである。その間の了蔵に対する印象を、祐清は次のように書き送っている。

了蔵、此間、地下人ニかたらわされ候て、色々事申候て、我らをも申おとすやうニ申候、催促をもきふうなめされ候そなと申候へ共、罷下候より覚悟仕候、縦一命失候共、御年貢無沙汰百姓等ニおいてハ、名をも召放、罪科可仕候、(35)

地下人等に籠絡されてしまって、「年貢催促もあまり厳しくしないほうがいいですよ」などと、まるで脅すように自分に語る、と祐清は了蔵に対して批判的である。自分は下向してきた時から覚悟の上で、年貢を無沙汰するような百姓等には名を召し放ち厳しく罪科するつもりだと、強い決意を述べている。しかし、一年にも及ぶ新見庄での生活で了蔵が得た認識は、新たに代官として入部してきた若い祐清が耳を傾けるに足る内容を含んでいたのではないだろうか。しかし、祐清はそうはしなかった。翌年に起きた祐清殺害事件は、ここでの情報交換不足や認識のズレに一つの原因があったように思われる。

京上人夫の問題

第三の課題、いなか—京の情報伝達を安定的に維持することは、つまるところ京上人夫の問題に帰着する。先にあげた新見庄所務不審条々事書案の二条目で、田所金子衡氏は「今年の年貢につきましては、毎月の京上人夫の時に進上いたします。ただ月別の人数などは定まっておりません」と返答し、五条目では「長日人夫は元々当庄ではないのですが、安富方の時は無理に月京上夫を留め置かれて長日人夫のように使われておりました。地下人も大変この点について嘆いておりました」と強く主張した。これが功を奏したのか、以後のやりとりでは長夫は問題とされなかったが、京上人夫については地下と東寺のあいだに対立があった。

寛正三年（一四六二）二月、京都に上った夫丸は了蔵注進状などと共に「料足弐貫文并紙弐束」を進上した。月京上夫として一年に十二人の夫を出すのが当然だとして、供僧等は今回上ってきた夫がいったい何月分の夫なのかはっきりさせよと了蔵に伝えた(36)。

今月夫丸之事申候へハ、四き八人の人夫を上せ申へく候間、春一人やすむへく候間、来月に立申へく候由、御百姓等申候、いかゝ御百姓中へ申へく候哉(37)、

御百姓等の言うのには「四季八人の人夫を上洛させるので春には一人休むことになりますから、次に夫を立てるのは四月です」と、了蔵は返事をしている。四季それぞれに二人ずつ計八人の京上人夫という百姓等のこの主張は、直

務代官祐清が下向して以後も一貫して変わらない。寛正三年十一月一日の祐清注進状には、

　京上夫事、十二人分を堅申付候ヘハ、八人を以、御免候て御扶持候へと申候、我ら承引不仕候、尚々堅可被仰下候(38)、

とあり、十二人分を要求する領主側に対し、百姓等は四季八人を主張して譲らない。この問題に一応の決着がついたのは翌寛正四年（一四六三）のことで、二月二十六日の金子衡氏書状に、

　一、夫之事、いにしへ寺家御ちきむの時ハ、四き八人、上せ申候と、かたく御百姓等申候へ共、あまりに〳〵度々仰下され候間、せいを出候て、御代官相ともニ、月毎の夫、上せ申候と申て候間、御百姓等、せめていかやうなる礼銭なんとハ、いか程も上せ申へく候、末代の夫、大儀のよし申候つれとも、やう〳〵申候て、月あての夫、上せ申候、すいふん、いけん申たる心中にて候(39)、

と記されている。「月毎の夫は末代にも及ぶ大事だから承知するわけにはいかない。当座の礼銭ですむなら、いか程でも出すので」と渋る百姓等を金子が説得し、ようやく月宛の京上人夫を出すことを了承させた。三月三日の評定引付には、

　一、自当年、月別十二人々夫、可進之由、地下領状申了、仍正・三・五・七・九・十一、六人は現夫可進之、残六人ハ以夫銭、可進之、於京都、雇人夫可被召仕之由、可加下知候旨、衆儀治定了(40)、

と寛正四年から月別十二人の人夫を上す態勢を地下が了承したので、正・三・五・七・九・十一月は現夫、残り六か月分は夫銭を納入させ、京都で人を雇って召し使うとの方針を示した。「夫銭」は一月二貫文とする東寺と一貫五百文を主張する百姓側で対立したが東寺側が了承し、ここに京上人夫問題は決着した。

　当庄人《京上》夫役事、毎月一人宛、仍毎年十二人必可進之由、三職并百姓等請乞畢、然六ヶ月者、以現夫可京進之、残

六ヶ月者、以夫銭二貫文宛、堅可沙汰之由、下知之処、又領状申者也、但一ヶ月分可為一貫五百文云々、爰当年寛正四両月分三貫文運送之間、遂評議、支配之法式被定置之、則支配之間、為向後気徹（軌轍）、彼支配状召置之処也、

一、六ヶ月現夫・六ヶ月夫銭事、依其年、可不定者歟、

寛正四年十一月十三日記之、

年預法印堯忠（花押）(41)

と最勝光院方供僧の年預堯忠が花押をすえ、京上人夫役と夫銭支配の法式を定めた。

夫元の名

ただし、最初にあげた使僧の場合と同じように、京上人夫も逃げ帰ってしまうことがあった。その理由は路銭が尽きてしまうからである。

新見庄から数通の書状を持参し(42)寛正四年（一四六三）閏六月一日に京着した夫丸は、同時に年貢銭十五貫文と蝋一斤を運上してきた(43)。ところが、この夫は東寺からの返事をもらわないまま、新見庄に帰ってしまった。

此夫、御返事給候ハて罷下、地下ニかくれ居候所を、今月廿三日、当庄之市にて見合候て、子細を尋候へハ、御返事遅御出候間、路銭ニつまり候て、罷下候よし申候、言語道断之曲事ニ候、則夫元を堅罪科仕候、然間、其夫をやかて、以後ためと存候て、おいのほせ申候、御念比ニ御被下候者、可畏入候(44)、

代官祐清の書状に、このように書かれているとおり、閏六月二十三日に新見庄の市場に隠れているところを祐清に見つかり事情を聞かれた。「東寺からの御返事があまりに遅く出されるので、それを待っていては帰りの路銭に詰ま

ってしまいます。だから帰ってきました」と夫丸は答えた。祐清は即刻、その夫を出した「夫元の名」を厳しく罰し、さらに今後の見せしめにと、その夫を京都へと追い上げた。

京上人夫は名を単位に名主の責任で立てられるもので、往還の路銭も「夫元の名」から夫に与えられた。それゆえ、路銭に詰まってしまって人夫が逃げ帰ってくると、その責めは「夫元の名」に及ぶ。

同じ事件を、三職連署注進状では次のように説明している。

今度、夫丸御返事も給候ハて、罷下候、けつく、路次にて、いれい仕候とて、今月廿三日ニ是へ罷付候、さ候間、大事之進上物共之御返事も給候ハぬと、御代官、かたく夫立て候名主を御せつかん候間、聽御返事を給下候て、進上申へくと申候て、其夫をやかて上せ申候、御返事をも御ねんころに早々御下候ハヽ、目出候、何成とも、遠国より上候夫之事にて候間、可然様ニ御返事をも御申候て、早々ニ御志手候ハヽ、御百姓等畏入申へく候、[45]

上洛した夫丸が東寺からの返事をもらわないまま下向した点については、大事な年貢・公事物など進上物が無事にとどいたかどうか確認する意味でも東寺からの返事が何より大切だと、三職も代官祐清と同様の認識を示す。しかし、夫丸の行動については、両者の見方は違う。この夫は新見に戻ってくる途中で「いれい（違例）」があった、つまり道中で体調不良があったか路次に異変があったか、ともかく尋常でない事態が起こったので閏六月二十三日にたどり着いたのであり、早く帰庄していながら市場に隠れていたわけではないと弁明した。さらに、御代官が「夫元の名」を厳しく折檻され、急いで返事をもらってくるようにと同じ夫を京都に追い上した。何分にも遠国から上っていく夫のことなので早く御返事を渡してやってほしいと、東寺側の迅速な対応を懇願している。「早々」を二度もくりかえしているところに、逃げ帰る夫の責任がすべて「夫元の名」にあるわけではないことを暗に訴えたい、三職や百姓等の気持がこめられている。

夫を出さぬ正分名

寛正七年（一四六六＝文正元年）閏二月二十三日、代官祐成并三職連署注進状に、

一、とよおか三郎か正分名に、京夫ふさた仕候、おく里御百姓等申候分、といおか申候分、別帋ニ注進申候、物
御百姓等ハ、正分名ニさたせよと申候、といおかハ、かたくさいそくあらハ、うすへきよし申候、不日うせ候
ハヽ、正分名あるヽ事もあるへく候、さやうに仰られ候てハ、京夫之ひつかけ大事之御事にて候、本のふさた
と申、むかい候ハんする人夫之事と申、一定御返事を仰下され候へく候、正分名之事ハ御公事多き名にて候、
さやうニ申候ても、夫あしかけ候てハいかゝにて候哉、可然用ニ御返事御下あるへく候、[46]

とある。正分名（上分名とも称される）である節岡名の豊岡三郎が京上人夫を出さなかったため、惣御百姓等と対立した。惣御百姓等は京上夫を正分名にも負担させよと主張し、豊岡は厳しく要求されるなら逐電するとまで言い切って譲らない。もし豊岡がいなくなれば公事を多く出している正分名が荒れてしまうことになる。けれども、「夫元の名」は全体の負担とした態勢を崩す前例になるという点で、豊岡の京上夫無沙汰は認めるわけにいかない。在庄中の代官祐成も三職も判断を下しかねるとして、東寺に裁定を委ねることになった。

双方の言い分は、次のように「別帋ニ注進」されている。

（端裏書）
「御百姓中　言上」
新見庄奥・里御百姓等一同言上申分之事
右、とよ岡名之事、安富方時ハ闕所之地にて候を、御直務時、もとのことく御百姓中注進申候、仍闕所の時ハ、
夫をせぬ事ハ勿論にて候、兎角申上候て、此名をもとのことく御闕所候へく候哉、御直務はしめにハ、一年ニ八

人ニ、夫ニ申上候、その後十二人ニなり候時、とよ岡ニさしハけて候、何事をも御百姓中、諸役仕へきよし、故とよ岡やくそく仕候間、御百姓中として闕所の事をは申さす候、更々無理のニ申ハけたる事にてハなきよし申上候、仍言上如件、

寛正七年閏二月　日(47)

（端裏書）
「とよ岡　言上」

新見庄とよ岡三郎言上申分之事

右、上分名より人夫立申事ハ、限本よりなき事にて候、安富方時ハ闕所の地のよし、御百姓中申候、九世事候、闕所なきいせんより、夫をせぬ名にて候、もとより御直務のはしめにハ申さす候て、とよ岡うしなわれ申刻より、中かけ候、無理事候、御百姓中申上候旨ニ任候て、はしめて仰付られ候て、遂〔逐〕電仕候へく候、一代ハ末代にて候よし申上候、仍言上如件、

寛正七年閏二月　日(48)

この両通は「上分名　目安二通」と書いた包紙で包まれている。新見庄現地で双方の言い分（申詞）を聞いて文字に記し、東寺に送ってきたものである(49)。御百姓等は豊岡の節岡名は安富方の時は闕所になっており夫を負担しなかったが、直務が始まった時に元のように申告した。最初は四季八人の夫だったが十二人になったので、何事も御百姓中として諸役を務めると約束していたので豊岡にも「夫元の名」を振り分けた。それを無沙汰するようでは元どおり闕所名にされても仕方ないのではないかと主張した。豊岡三郎は、節岡名は上分名で、闕所になる以前から夫を出さない名だった。直務になった当座は夫負担について何も言わなかったのに、豊岡成敗後(50)に無理を言いかけてくる。自分

一代がこのような非分を承知したら末代にまで及ぶので、逐電してでも拒むつもりだ。そう言上した。

正分名は、本来は他の名よりも公事を多く負担し、そのかわり夫役は免除されるという、百姓名より一段上に位置づけられる特権的な名だった。それが安富時の闕所や直務開始などの経緯を経て、「何事をも御百姓中、諸役仕へき」と横並びの諸役負担を惣御百姓等が求めるようになった。

この庄内の対立に対して、東寺の下した返事は次のような単純なものである。

一、正分名人夫役事、豊岡三郎申事、更以無其謂候、堅厳密申伏、可致其沙汰候、若令難渋者、如以前、可被行闕所候(51)、

「申伏」とあって、ねじ伏せてでも承知させよという強硬な意志が読みとれる。「一代は末代」との覚悟で臨んだ豊岡三郎の行動は不明だが、この年から翌文正二年（＝応仁元年）の年貢未進について、

一、正分名御年貢無沙汰、言語道断事、同堅可申旨候(52)、

とあるので、豊岡の抵抗は続いていたのかもしれない。

三、応仁の乱中の情報伝達

代官は下向せず

東寺の直務支配に伴う情報伝達システムは、こうしてさまざまな軋轢を生みながらも築きあげられ、文正二年（一四六七＝応仁元年）の「若菜の夫」まで、京上人夫は新見庄から注進状や年貢・公事物を京都の東寺まで届け、東寺書下をいなかに持ち帰るという往還をくりかえした。ところが応仁の乱が起こると状況は一変する。最初にあげた一

覧表に明らかなように、これ以後の路次状況は夫の京上を許さない事態となり、いなか―京の情報伝達のしくみは大きく揺らぎ、その頻度が極端に少なくなる。

文正二年（＝応仁元年）正月に起きた両畠山氏の戦闘の後、対立は一旦小康状態を保つ。その三月二十三日の昼頃、新見庄直務代官祐成は東寺書下を持って出発した。播州の府中で、ちょうど年貢の割符七と三職連署送進状を届けるため京都に向かっていた「若菜の夫」と出会う。この夫が持参していた送進状の宛先は、「山吹中殿」つまり当の代官祐成であった。(53)

中世の史料を読んでいると、道中で使者が出会って状況の変化を知らされ途中から引き返して来たなどと書かれていることがある。そうそう偶然ということがあるとは思えないので、おそらく互いに使者が通るルートというものは、それぞれにあらかじめ決められていて、何か途中で知らせたいことが起きたような場合にもすれ違ってしまうことのないように配慮されていたと考えられる。また、双方が出会うためには、互いに見知っていることが必要である。この場合でも、下向する祐成の一行と京都に向かう「若菜の夫」とが互いの顔を認知できなければ、播磨府中で出会っても、そのまま通り過ぎてしまうはずである。東寺の直務が幕府によって認められた直後に祐成は上使として新見庄に下向し、また直務代官の祐清が殺害されて以後に自身が直務代官となって新見庄に下っていたから、祐成の顔は新見庄の百姓等もよく見知っていたのである。

播磨の府中で出会って、祐成の一行はそのまま備中の新見庄へ向かい、「若菜の夫」の方は京都を目指して山陽道を上り三月二十八日に東寺に着いた。彼は祐成の留守は承知していたので、おそらく公文所の方に送進状を届けたものと思われる。東寺で四月一日に開かれた供僧等の評定の場では、割符の進納が報告され、庄家への「書下」と「受取」を持たせて人夫を下向させるようにと衆議で決定された。(54)祐成は、在庄期間中に三職の協力を得て年貢収取に努め、二〇貫八一〇文の年貢銭送進状をはじめ合計四通の算用状や未進注文を三職と連署して五月十八日にまとめあげた。[55] これを持って、祐成は五月二十九日に京着する。

五月二十六日に応仁の乱が本格的に始まり、京都は両軍による戦闘が激しさを増していた。祐成の上洛は、京都に結集してくる軍勢の動きを身近に感じながらギリギリの時点でなされたのである。「最勝光院方評定引付」六月二日条には、

一、新見庄代官乗観（祐成）、去月廿九日上洛、其子細等令披露之了、仍去年年貢弐拾貫余、運上趣、披露了、[56]

と記されている。応仁元年分の年貢収取の時期を迎えると、供僧等は再び祐成に対して新見庄に下向するよう求めた。九月九日が所務始めなので、代官自身が現地に下向し年貢収納を直接指揮すべきだというのである。[57] しかし、この頃いよいよ戦乱は激しさを増して、軍勢の大規模な移動や合戦が頻発し京都を取り巻く情勢は日に日に厳しく、路次の往来も困難を極めた。祐成は、自分自身が新見庄に下ることはできないので、代わりの人を下すことにしたいと返事をした。これが八月四日のことである。そしてそれから二か月が過ぎた十月六日になって、やっと祐成は、明日七日に新見庄に人を遣わすことになったので現地に持たせる「書下」を頂戴したいと供僧等に申し入れている。[58] 自分の代わりに現地に下る人間を、戦乱が続く中ではなかなか見つけ出せなかった。結局この時、祐成に代わって新見庄に下ったのは左衛門五郎という祐成の中間であった。[59]

四国をまわって

十二月十八日の三職注進状には、

其後、何事共御座候哉と無御心本令存候、さ候間、国之儀も事外物そうに候、乍去、当庄之事ハ、かつ〳〵御年

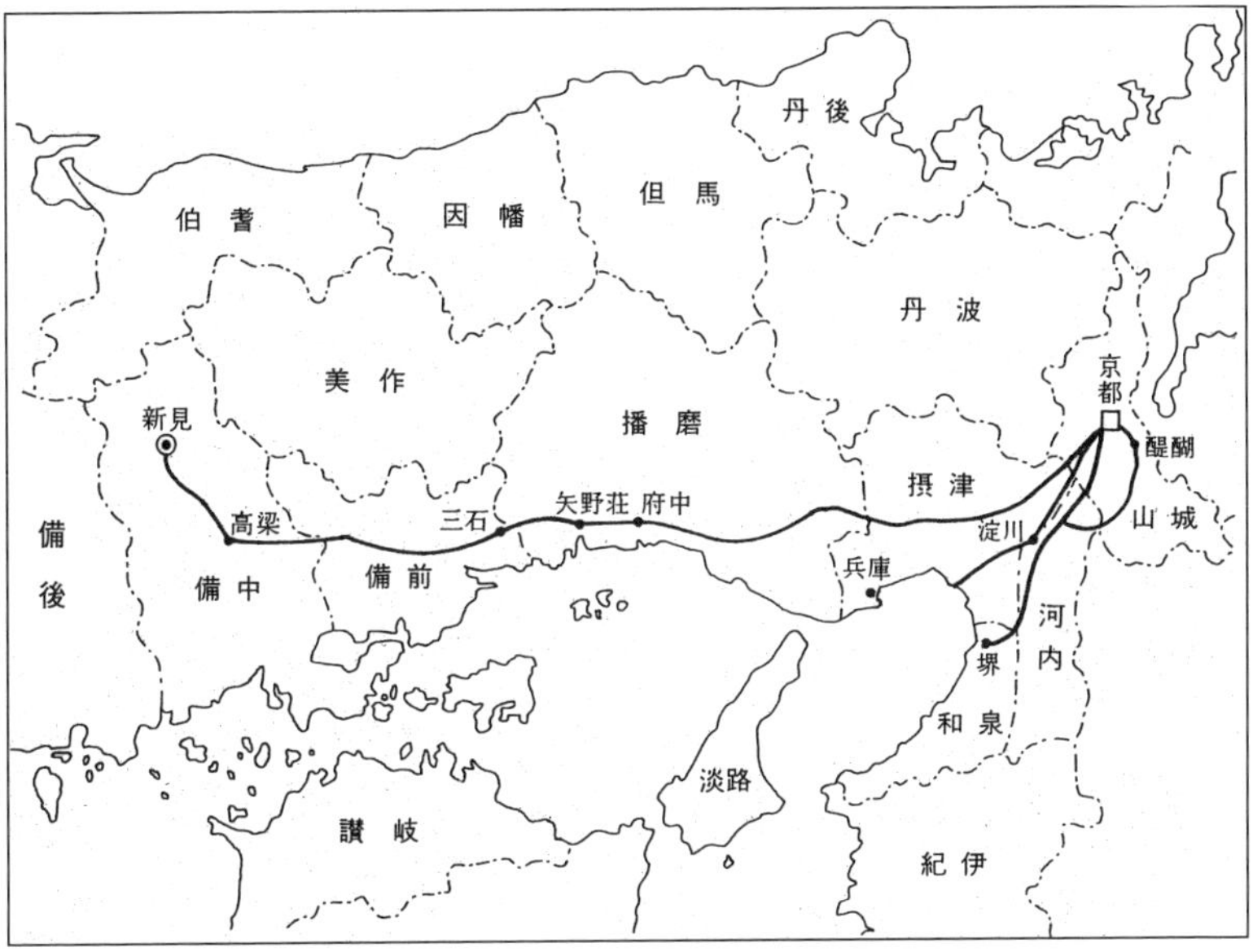

図2　京都・新見庄間の径路

貢も納候、御目出候、(中略)
一、米方百俵計納候、
一、銭方廿貫文計納候、委細ハ此僧申さるへく候、
(中略)
一、米方はいまたうらす候、
一、代方分ニさいふの二ツも上せ申へく候へ共、さいふのこたへ、いまゝてうけ給ハす候、(中略)此さいふよくこたへ候て、御意にもあい候ハヽ、御返事ニうけ給候て、明春ハ上せ申へく候、米をもうり上せ申へく候哉、
一、割符壱ツ、御年貢はつを分進上申候、[60]

とあり、年貢米は納入されているが売却していない。割符も上せるつもりだがまだ以前の割符がうまく銭に換えられたとの連絡もないので、まずは割符一つと年貢初穂をためしに送ることにするからと、三職等は慎重な対応をしている。また夫ではなく雇われた使僧が京都に上った。

これが東寺に届いたのは、年が明けた応仁二年（一

四六八）正月十日であり、通常の三倍近い二十一日を要している。正月十九日の評定引付には、

一、自新見庄使僧、金子扶持仕者也、然ニ今度廻四国、経遠路罷上之間、少粉骨分お被下者可然之由、公文申之間、廿疋可与之由下知事[61]、

とあって、この使者は田所金子に従って動いている僧で、京都に上ってくる通常のルートが通行不可能だったため、四国まで迂回して上洛したという。各地から上洛してくる大軍やそれを阻止する軍勢などで、山陽道も瀬戸内海も通行が困難となっていた。その苦労に報いるため最勝光院方公文上総増祐は供僧等に粉骨分を要請し、この使僧に二百文の銭を与えることが決まった。

ところが、この粉骨分を誰が出すかで大問題になった。新見庄代官祐成は、この頃は代官職返上かという事態に陥っており、今これを負担することなどできないという。なんとか寺家として出してもらうわけにはいかないかと公文が供僧等に懇望するが、供僧等の評定では、先例にないことだからできない相談だという。しかし、路銭がなくては使僧は新見庄に帰ることもできない。そこで、公文増祐が二百文の銭をこの使僧に貸すかたちにし、使僧から借状を取っておいて、それを後から国で催促するようにすればいいではないか、ということになった。

（端裏書）
「新見ヨリ使僧路銭借状　応仁二 正 廿」

年始になれ〳〵しく申事にて候へとも、せんねんしゐ御料足弐百文御かし候ハヽ、ゐつき（悦喜）可申候。ゐ中にて返弁可申候。くれ〳〵たのミ入存候。恐々謹言。

正月廿日　（花押）

かつさとのへ[62]

と使僧千念寺は借状を書いた。

誰もが堅く辞退

応仁の乱中、東寺から新見庄に下る使者の決定は難航した。この戦乱の続く中を、危険な路次をくぐり抜けて新見庄に下るという命がけの役目を引き受ける者は、なかなか見つからない。応仁元年十月に、代官祐成の中間左衛門五郎が往復して以後は、しばらくは誰も新見庄に下っていない。応仁二年（一四六八）の正月末から二月頃の「最勝光院方評定引付」の記事には、

同（正月）廿四日

一、新見庄上使事、了蔵ニ及両度雖申付、又堅辞退申（中略）

同廿七日

一、新見庄御使事、了蔵重辞退申之間、（中略）万一依不慮儀、久敷在庄仕者、妻子等少分可有扶持也、次了蔵事、別而粉骨分ヲモ可給之也、無相違可罷下之由、重可申付候（中略）

同卅日

一、新見庄使者之事、了蔵重堅辞申之由、委細致披露之処、此上者無力、可被下別人仍道祐ニ可申付云々、（中略）

二月四日

一、新見庄江之使事、道仲并道祐仁申付之処、二人共ニ堅辞退申之由、致披露之処、雇喜阿ミお、可下之由衆議畢、就其、今時分定可辞退歟、仍粉骨分等、別而被思召計之由、可申含云々、(63)

とあって、「堅く辞退」の文字ばかりがならんでいる。これまで何度か新見庄に下ったことのある了蔵に命じたが、

了蔵はこれを拒んだ。不慮の事態が起こって在庄が長引くようなことがあっても、京都に残っている妻子には援助をするし、了蔵自身にも特別に粉骨分を与える。しかし、こうした好条件を加えても了蔵は固辞した。同じ門指仲間の道祐・道仲に命じたが、これも堅く辞退するばかりで、寺内の下部たちには引き受け手がいない。そこで、以前にも新見庄に下ったことのある喜阿弥を雇って下向させようということになった。もちろん、こうした時節だから彼もきっと断るに違いない。そこで、粉骨分を特別に奮発して与えるからと説得してみることにしようと、供僧等は衆議した。

二月七日、喜阿弥が承知したことが評定の場に披露された。路銭五十疋と出発にあたっての廿疋と合わせて七十疋が喜阿弥に下される。粉骨分は、使者としての役目を終え京都に戻ってきてから与えられることになった。ともかく、こうしてやっと使者の問題に見通しがついた。

海道の「過所」

二月九日、喜阿弥から備中に下るために海道の「過所」を入手してもらえないかと申し出があった。東寺は早速、室町幕府の奉行人で東寺奉行である清和泉守に相談した。その結果、得たのが次のような「過所」である。

　東寺領備中国新見庄下向三人荷物在之、諸関渡上下無其煩、可勘過之由、所被仰下也、仍下知如件、

　　応仁弐年二月廿三日[64]

この時期の備中国守護は細川勝久である。喜阿弥の一行が備中国の新見庄まで下る時に、途中でその通行を阻もうとする者たちに出くわしても、それが細川方・東軍方の勢力であればこの「過所」は大きな効力を発揮するはずである。だから、新見庄まで、できるだけ東軍方が掌握している地域と通路を選びながら下って行けば、なんとか新見庄まで無事にたどり着けるのではないか。それが、この時期に「過所」を得たいと喜阿弥が願った理由である。

ところで、東寺文書中にはもう一つ、同時期の次のような「過所案」が残されている。

細河右京亮（ママ）被官備中国下向五人荷物在之、諸関渡上下無其煩、可勘過之由、所被仰下也、仍下知如件、

応仁弐年二月十五日

飯尾　肥前守三善朝臣　判

清　和泉守清原真人　判

松田　丹後前司平朝臣　判（65）

これは、細川勝元の被官五人が備中国に下向するので、妨害せずに通過させるようにという室町幕府の「過所」である。この「過所案」も東寺に残っているということは、喜阿弥の一行が備中国まで下向していく際に、この細川勝元の被官五人と同道したことを示している。こうして喜阿弥は、無事に新見庄までたどり着けるよう、でき得る限りのてだてを尽くしたうえで、東寺の「書下」や「書状」など四通を持って出発した。

同年八月から九月にかけても、下向する使者を誰にするかは大問題であった。その時に要請を受けた乗幸は、この乱中に上使として新見庄に下るには三つの条件が満たされねばならないと主張している。

一、下部一人、可召具、（中略）

二、過書ヲ可召給、（中略）

三、東陣へ罷出、備中辺へ罷下物アラハ、可同道、（66）

このように、喜阿弥が下向した時のやり方が、それ以後も乱中に使者が下向する時の条件として踏襲されている。

ただしこの時はその条件が満たされなかったので乗幸は下向せず、祐成中間の又五郎が新見庄に下っている。

京都物忩、国も物忩

応仁二年の東寺書下には、「世間物忩の時分」「天下物忩の時分」という表現が目立つ。応仁の乱が起こって、京都はどこも大変な事態に陥っていた。また三職注進状[67]や又代官金子衡氏注進状[68]にも、「京都物忩ニ付候て、以外国もふつそうニせひなく候」と書かれている。国では、

細川殿御領内郡十か郷候、去年七月より地下大寄合共仕候、色々大林方けいりやくおまわされ候しか共、かなハす候、十月一日之日、さぬきへ渡海仕られ候、それも我らかいふん引おこし申て候、さ候処ニ、安富殿如元御安堵の由候て、年内長町かもん方を代官ニ被入へきにて、先使入候へハ、やかて〳〵大寄合、内郡こと〳〵く寄合候て、安富殿御事、ふつと御代官ニ叶ふましき由申候、当年も、はや正月十一日より寄合共仕候、せひ共ニ内郡へハ入立申ましく候と申候て、事外候[69]、

と新見庄に隣接する広い範囲にわたって国一揆が蜂起し、安富方の勢力を内郡十か郷には入れないと大寄合し、応仁二年は正月早々から大騒動であった。

そのうえ備中北部のこの地域は、「備後・はうき・みまさか三ケ国さかいめ」に位置しており、応仁の乱が始まると東西両軍が対立する境界の地となり、まさに戦乱の最前線に置かれてしまった。細川方だけでなく山名方からも軍勢が打ち入ってくるとの風聞が絶えない。応仁の乱中に置かれたこのような立場によって、この地域における「国の物忩」は倍加された。こうした事態のなかで、境目の地となったこの地域は、細川・山名のどちらの側にも与しないという道を選んだ。

しかし、応仁の乱が展開する中で、東西両軍の対立はいやおうなくこの地に及んでくる。細川勝元を中心とする東軍方は、自軍に将軍を取り込んでいるという立場を活かして、東軍方に協力しない寺社本所領の所領を御料所にする

というやり方で、自分たちの味方に付く寺社本所勢力を確保し拡大しようとしていた。しかし、応仁二年八月頃には、西軍方の畠山義就が山城国守護として成敗をすると宣言し、山城国内の諸庄園に半済を課し、大きく勢力を張り始めた。東寺は、その動きに押されて西軍方の寺内への駐留を拒めないような状況に追い込まれた(70)。そのため東寺は西軍方に与したと思われても仕方のないような状況におかれる。このような東寺に対して、東軍方はこれを「敵方同意」と断定し、東寺の寺領を没収して御料所にし、備中守護の被官をその代官に任じて入部させ支配させようと動き出す。

応仁二年閏十月八日に、秋庭備中守の子息寺町方から三職のところに、備中守護細川勝久の奉書によって自分が新見庄を給わったと通告してきた。そのうえ三職のそれぞれに一通ずつ、次のような管領細川勝元奉行人奉書が付けられた。

　東寺事、為敵方同意候上者、寺領備中国新見庄事、被成御料所、於御代官者、被仰付寺町又三郎訖、有自然之儀者、可被合力又三郎代之由候也、仍執達如件、

　　応仁二

　　　十月十九日　　　　　　家理 在判

　如此、我ら三人を一人ニ一通ツヽ被下候、為御心へ申上候、案文うつし進上申候(71)、

この東寺に残された案文の奥書には、三職の各人宛にこの奉書が下されたので、書き写して東寺に進上する旨が注記されている。東軍方は寺町代官の新見庄の入部について、三職の合力を求めてきた。もちろん三職は「地下めいわく此事候(72)」と、これに応じるつもりはさらさらなく、この奉書を書き写して送り付け、東寺に「敵方同意」とみなされている現実を知らせたのである。たとえ御料所だと宣言しても、実際にその所領に代官を入部させ所務を実行できなければ、その地域を押さえたことにならない。応仁の乱中に東西両軍から出される文書には、このような実質を伴

わないものも多かった。現地の所務に直接たずさわり在地の百姓等の中軸にいる庄官の合力を得てはじめて、実際にその地域を掌握することができる。また当然のことながら、惣百姓等の合意がなければ三職たち庄官は動けない。

翌文明元年（一四六九）九月二十三日の三職連署注進状によれば、

　去年、御屋形様より御奉書とて、寺町又三郎殿より、はや三度まて付られ候、（中略）今月八日ニ又御奉書被付候、代官十一日ニうち入へき由、被申候つれとも、我ら承引不仕候間、いまゝては不被入候、（中略）同今月廿一日ニ、おく里村おとこかす一人も不残罷出候て、御八幡にて大よりあい仕候て、東寺より外ハ地頭ニもち申ましく候と、大かねおつき、土一きお引ならし候間、いまゝては不被入候、[73]

と東軍方の圧力に屈せず、土一揆を引きならす在地の力を示した。

京都の醍醐から引き返す

応仁の乱が起こって以後、東寺では新見庄に下る使者を確保することが困難になった。寺官の中間か喜阿弥のような寺外の聖を雇って下向させるしかなかった。いなかの方でも、これまでのように百姓を京上夫として上洛させることはできなくなる。最初にあげた一覧表を見ても明らかなように、乱中に新見庄から京都に送られたのは、ほとんどが使僧である。

　先月十一日ニ、自善成寺、僧をやとい申て、上せ申て候へハ、今月二日ニ被下候、□□□《其ゆわ》れを申候ハ、京ハ大こまて罷上候処ニ、あしか□□□□《るのしゆ》には、□まて、さかしとられ候、中〳〵進上申候状こと〳〵く被取候、さやう候も、ろさいおも仕候て、寺家へ参り付へき心中候つれとも、たゝもとおり候ハゝ、いのちをたつへきよし申候間、むたいに罷下候とて、今月二日付られ候、言々《ママ》道断之子細と我ら申候へとも、中〳〵申すかいなく候、[74]

応仁二年閏十月十一日に、善成寺から僧侶を雇って使僧として京都の東寺に送ったが、京都の醍醐まで上って行ったところで、足軽衆に包囲され、持っていた物を探り取られ、進上すべき注進状まで悉く取られてしまった。なんとしても寺家に行きたいと思ったが、どうしても通るというなら命を奪ってしまうぞと足軽衆に脅され、仕方なく引き返してきた。十一月二日に新見庄に帰って来たという使僧の話を聞き、あれこれ言っても仕方ないが、それにしても言語道断だと、三職は戦乱の中で掠奪に走る足軽の行為を嘆いた。通常、新見庄から東寺に行くのには、西国街道を通って桂川を渡り東寺へと京都西側からのルートをたどる。それがこの時は、京都の東側の醍醐の方にまでぐるりと迂回して、そこから京都に入ろうとした。少しでも安全なルートをと選びながら道をたどって行くと、結局はこのように大廻りすることになってしまったのであろう。しかし、せっかく遠回りをした醍醐のあたりで足軽衆に出会い、身ぐるみを剥がれ、命をも奪われかねないような危険な目にあって引き返さざるをえなかったのである。戦乱の中を往還する使者には、その場その場における的確な判断力が求められた。また、緊迫した路次を通り抜けるためには、俗人よりは僧侶が、しかも中間などの供を連れた僧侶よりも単独で行動する下層の僧の方が、人目を引かずに通行できたのである。

おわりに

以上、応仁の乱前夜から応仁の乱の時期まで、備中国新見庄と京都の東寺とのあいだに結ばれた情報伝達のありさまを見てきた。

注進状と書下が、使者の手によって、いなかと京のあいだを何度も行き来した。最初にあげた情報交換一覧表のようなものを作ろうと思い立ったのは、東寺文書に残されている新見庄関係史料を読み、文書あり記録あり帳面ありと多彩なそのありさまを追いかけているうちに、いつ、どのような注進状が、どんな使者によって、いなかを出発したか、それが京都の東寺に到着したのがいつで、さらに供僧等の評定を経て東寺書下が作成され、使者がそれを持ち帰るまで、ほとんど詳細な日付までもたどることができることに驚き、整理のためにも、これを表示してみようと考えついたからである。これほど詳しく、また文書の内容も互いに対応する姿そのままに、何年にもわたって追える素材というと、他に例がないのではないだろうか。本当に希有なことだと思う。

直務が実現すると、東寺と新見庄とのあいだを頻繁に使者が行き交い、文書による情報交換が始まった。その際、互いに寺家側と庄園側で、どこを窓口にして文書を交わすか、誰に宛てて文書を出すのかを互いに確定し、さらにそれぞれが文書にすえる花押の形を認識しあっている。文書を運ぶ使者は、文字で表現された文書の内容を口頭で詳細に語って、相手方の理解を深めるのが主要な役割であった。しかも、届けた文書への返事をもらって帰ってくるのが原則である。その中には、あまりに長く待たされたため返事をもらわずに帰ってしまった使者もいるが、その行為は言語同断と非難されている。徳政を企てる土一揆の動きや、その他「弓矢の事」に影響されて、通路不通という事態に遭うこともないわけではないが、まだ戦乱が日常化していなかった寛正年間には、東寺から新見庄に至る道中を多くの使者が行き来した。それに要した時間は、ほぼ七日前後である。

ところが、応仁の乱が始まると事態は一変する。京都といなかのあいだの伝達頻度が戦乱の開始とともに極度に減り、またそれに要する時間が長くなる。各地で激化する戦闘は、通路を塞ぎ、人々の往来を妨げる。使者として文書を届ける者も、その身の安全を確保するため、東西両軍の勢力圏のあり方や具体的な戦闘行為の有無などについて、十分な情報を得なければならない。そのため、迂回し遠回りをして目的地にたどり着くこともあるし、途中で軍勢や足軽に阻まれて引き返さざるをえないこともある。一覧表に明らかなように、新見庄から京都までじつに多くの使者が動いているが、応仁の乱が始まると、実際に戦乱の中を往反した使者には使僧が多い。たとえば田所の金子衡氏は、応仁の乱中に千念寺を使僧として何度も往還させているが、

委細ハ此僧申さるへく候、去年十二月ニ上せ申候僧にて候、他所ニ被居候とも、さかしく路次おも可被通候と存候て、はやう〳〵ニやとい申候、取分金子近付之僧にて候、何事も御心安くおほせ下さるへく候、[75]

と東寺の祐成に伝えている。「さかしく路地」を通り抜けて東寺まで行き着けるかどうかが使僧の条件であり、たとえ彼が他所に居住する者であっても、何度でも雇って用を果たさせる必要がある。戦乱時の情報伝達には、「賢しく路次を通る」ことのできる使者をどのように確保するかが重要な課題であった。

応仁の乱という戦乱が始まって、今まで存在したもののうち、いったい何が失われたのか、と考えてみると、まず、いなかと京を結んでいた京上夫の往還が途絶えた。彼がたずさえていた文書に「京都物忩」「国も事の外に物忩」とあって、双方に共有された世界が、その緊密なつながりを失った。それは、いなかの人々の日常をどう変えたのか。新たに何が生み出されたのか。わたしたちは、応仁の乱がもった意味について、もっと具体的に細部にまでこだわって考えてみる必要があるのではないだろうか。

注

（1）寛正二年七月二十六日　備中国新見庄百姓等申状（「東百」え函一〇四、『岡山県史』九五七）
（2）「最勝光院方評定引付」長禄二年四月三日・四日条（「東百」け函八、『岡山県史』八一九）
（3）寛正二年九月二日　室町幕府奉行人連署奉書（「東百」ホ函五二、『岡山県史』四一）
（4）「最勝光院方評定引付」寛正二年八月三日・同日条（「東百」け函一二、『岡山県史』八二二）、黒川直則「武家代官排斥の

闘争―備中国新見庄」（稲垣泰彦編『庄園の世界』東京大学出版会、一九七三年）が当該期の新見庄の実態をみごとに描いている。また使者の役割について山田邦明『戦国のコミュニケーション―情報と通信』（吉川弘文館、二〇〇五年）参照。

(5)（寛正二年）八月三日　東寺書下案（「東百」え函一一二、『岡山県史』九六〇）

(6)新見庄名主百姓等申状并連署起請文（「東百」え函一二三、『岡山県史』八九六）

(7)（寛正二年）八月十六日　新見国衙百姓等書状（「東百」ツ函二三六、『岡山県史』一四二一）

(8)（寛正二年）八月十六日　新見庄三職連署注進状（「東百」え函一一六、『岡山県史』九六三）

(9)寛正二年八月　日　東寺雑掌申状案（「東百」サ函八二、『岡山県史』三四三）

(10)「最勝光院方評定引付」寛正二年九月十五日条（「東百」け函一二、『岡山県史』八一二）

(11)（寛正二年九月）東寺書下案（「東百」え函一五七、『岡山県史』九八五）

(12)辰田芳雄「中世後期の庄支配と在地動向―東寺領備中国新見庄の直務支配への一視点」（『岡山朝日研究紀要』十六、一九九五年、のち『中世東寺領庄園の支配と在地』校倉書房、二〇〇三年に再録）に了蔵の活動などが詳しく論じられている。

(13)（寛正二年）十月十三日　東寺書下案（「東百」え函一二六、『岡山県史』八九九）

(14)（寛正二年）十月二十七日　上使祐成・祐深連署注進状（「東百」え函一二七、『岡山県史』九〇〇）

(15)寛正二年十一月十五日　上使祐成・祐深連署注進状（「東百」え函一二八、『岡山県史』九〇一）

(16)（寛正二年）十月二十七日　上使祐成・祐深連署注進状、前掲注（14）

(17)（寛正二年）八月十六日　三職連署注進状（「東百」え函一一六、『岡山県史』九六三）、（寛正二年）十月十日　三職連署注進状（「東百」サ函八五、『岡山県史』三四五）

(18)前掲注（13）の追而書にあり。

(19)寛正二年十一月十五日　三職連署注進状（「東百」え函一二九、『岡山県史』九〇二）

(20)寛正二年十一月朔日　東寺書下案（「東百」え函三〇、『岡山県史』九〇三）

(21)（寛正二年十一月朔日）東寺書下案（「東百」え函一五九、『岡山県史』九八六）

(22)「最勝光院方評定引付」寛正三年七月十八日条（「東百」け函一三、『岡山県史』八一三）
(23)寛正三年七月　日　東寺書下案（「東百」ゆ函二八、『岡山県史』一一〇五）
(24)「最勝光院方評定引付」寛正三年十二月二十七日条
(25)「最勝光院方評定引付」寛正四年閏六月朔日条（「東百」け函一四、『岡山県史』八二四）
(26)（寛正四年）新見庄々務事書案（『教王護国寺文書』一七一一）
(27)応仁二年三月十七日　東寺書下案（『教王護国寺文書』一七九一）
(28)寛正二年十一月十五日（「東百」サ函八九、『岡山県史』三四九）、この間の古帳をめぐる経緯については、湯浅治久「室町―戦国時代の地域社会と〈公方・地下〉」（『歴史学研究』六六四、一九九四年、のち『中世後期の地域と在地領主』吉川弘文館、二〇〇二年に再録）参照。
(29)寛正二年十月　日　新見庄領家方年貢公事物等注文案（「東百」ク函四〇、『岡山県史』二三一）
(30)寛正三年二月五日　新見庄所務不審条々事書案（「東百」サ函一九五―（一）、『岡山県史』三五五）
(31)寛正三年六月二十日　三職連署注進状（「東百」サ函一〇三、『岡山県史』三六二）に「了蔵同道仕候て、地下色々さいそく仕候」とあり、百姓等への年貢催促のため三職に同道し、庄内を歩いていることがわかる。
(32)「鎮守八幡宮供僧評定引付」文明元年十月十六日条（「東百」ね函一二）に、「此間了蔵定使上久世被下置処」とあり、応仁の乱中に西岡の上久世庄に定使として下っている。
(33)了蔵の書状は、寛正二年十月十日（「東百」サ函八六、『岡山県史』三四六）、寛正三年正月二十二日（「東百」ゆ函二〇、『岡山県史』一〇九九）、二月二十三日（「東百」サ函九九、『岡山県史』三五八）、三月十二日（「東百」え函三二、『岡山県史』九〇五）、四月十八日（「東百」ゆ函六〇、『岡山県史』一一三五）、五月十八日（「東百」サ函一〇一、『岡山県史』三六〇）
(34)寛正三年九月五日　新見庄未進年貢算用状（『教王護国寺文書』一六九六）には了蔵が署判を加えている。
(35)寛正三年八月二十五日　代官祐清注進状（「東百」ト函一一六、『岡山県史』四九）
(36)「最勝光院方評定引付」寛正三年三月三日条（「東百」け函一三、『岡山県史』八一三）

(37)（寛正三年）三月十二日　了蔵書状（「東百」え函三一、『岡山県史』九〇五）
(38)（寛正三年）十一月一日　代官祐清注進状（「東百」ゆ函七〇、『岡山県史』一一四三）
(39)（寛正四年）二月二十六日　金子衡氏書状（「東百」ゆ函三三、『岡山県史』一一一〇）
(40)「最勝光院方評定引付」寛正四年三月三日条（「東百」け函一四、『岡山県史』八二四）
(41)寛正四年十一月十三日　年預堯忠新見庄人夫支配法式置文（「東百」オ函一七一—（一）、『岡山県史』一八九）
(42)（寛正四年）六月二十一日　代官祐清書状（「東百」ツ函二二五、『岡山県史』一三八）、六月二十一日　福本盛吉・宮田家高連署書状（「東百」ゆ函三四、『岡山県史』一一一一）、六月二十二日　三職連署請文（「東百」ツ函二二六、『岡山県史』一三九）、六月二十二日　金子衡氏書状（「東百」ゆ函三五、『岡山県史』一一一二）
(43)「最勝光院方評定引付」寛正四年閏六月朔日条（「東百」け函一四、『岡山県史』一一一〇）
(44)（寛正四年）閏六月二十五日　代官祐清書状（「東百」ゆ函三六、『岡山県史』一一一三）
(45)（寛正四年）閏六月二十六日　三職連署注進状（「東百」ゆ函三七、『岡山県史』一一一四）
(46)（文正元年）閏二月二十二日　代官祐成并三職連署注進状（「東百」サ函二七八、『岡山県史』五二五）
(47)寛正七年閏二月　日　新見庄奥・里百姓等申詞記（「東百」サ函一六八—（一）、『岡山県史』四二一）
(48)寛正七年閏二月　日　豊岡三郎申詞記（「東百」サ函一六八—（二）、『岡山県史』四二二）
(49)これらは「言上状案」と文書名がつけられているが、おそらく新見庄現地で代官と三職が双方の言い分を聞き、それを文字に記した「申詞記」であると思われる。京都の東寺で言い分を主張しあう裁定の場を開くべきところを、現地で双方の言い分を書き留めて、東寺に送ったのである。
(50)「とよ岡うしなわれ申候刻」とあるのは、直務代官祐清殺害事件にも深く関わる事件で、節岡正分名主豊岡が代官祐清から上意として成敗されたことを指している。豊岡成敗をめぐっては渡辺太祐「新見庄祐清殺害事件と豊岡成敗」（『日本歴史』七一八、二〇〇八年）が詳しく論じている。
(51)文正元年三月五日　東寺書下条目（「東百」サ函一六九、『岡山県史』四二三）

(52)「最勝光院方評定引付」文正二年十月六日条（「東百」け函二〇、『岡山県史』八二八）
(53)文正二年三月二十一日　新見庄年貢割符送進状（『教王護国寺文書』一七八二）
(54)「最勝光院方評定引付」文正二年四月一日条（「東百」け函二〇、『岡山県史』八二八）
(55)応仁元年五月十八日の年貢銭送進状・未進注文・年貢算用状・年貢夏麦等未進徴符（「東百」ム函七〇・七一、ク函四一・四二、『岡山県史』一六四・一六五・二二二・二二三）
(56)「最勝光院方評定引付」文正二年六月二日条（「東百」け函二〇、『岡山県史』八二八）
(57)「同前」文正二年七月二十九日条（同前）
(58)「同前」文正二年十月六日条（同前）
(59)（応仁元年）十二月十八日　三職連署注進状（「東百」え函四六、『岡山県史』九一六）に、「京都之儀おも、うけ給候ハん為ニ、人を上せ申候ハんとて用意仕候処ニ、左衛門五郎方御下候」とあり、京都の様子を聞くため人を上せようと用意していたところに、左衛門五郎が下ってきたと記されている。
(60)（応仁元年）十二月十八日　三職連署注進状（「東百」え函四六、『岡山県史』九一六）
(61)「最勝光院方評定引付」応仁二年正月十九日条（「東百」け函二一、『岡山県史』八二九）
(62)（応仁二年）正月十日　新見庄使僧借状（『教王護国寺文書』一七八六）
(63)「最勝光院方評定引付」応仁二年正月二十四・二十七・三十日条・二月四日条（「東百」け函二一、『岡山県史』八二九）
(64)応仁二年二月二十三日　室町幕府過所案（「東百」サ函一七九―（一）、『岡山県史』四二九）。この過所の正文は喜阿弥に渡されたから、東寺に残されているのは案文である。
(65)応仁二年二月十五日　室町幕府奉行人連署過所案（「東百」サ函一七九―（二）、『岡山県史』四三〇）
(66)「最勝光院方評定引付」応仁二年九月十一日条（「東百」け函二一、『岡山県史』八二九）
(67)（応仁二年）二月十二日　三職連署注進状（「東百」サ函一七六、『岡山県史』四二七）
(68)（応仁二年）二月十三日　又代官金子衡氏注進状（「東百」サ函一七七、『岡山県史』四二八）

(69) 同前
(70) 本書第五章参照
(71) 応仁二年十月十九日　管領細川勝元奉行人奉書案（「東百」サ函一九七、『岡山県史』四三三）
(72)（応仁二年）十一月十二日　三職連署注進状（「東百」サ函三五四、『岡山県史』五七八）
(73)（文明元年）九月二十三日　三職連署注進状（「東百」サ函三三九、『岡山県史』五六四）
(74)（応仁二年）十一月十二日　三職連署注進状（「東百」サ函三五四、『岡山県史』五七八）
(75)（文明元年）十一月八日　三職連署注進状（「東百」サ函三五二、『岡山県史』五七六）

初出一覧

序　章　応仁の乱をめぐって（新稿）

第一章　応仁の乱と山科七郷

「応仁の乱と在地社会」（網野善彦他編『講座日本荘園史　4　荘園の解体』吉川弘文館　一九九九年）と、「〈コメント〉対面と口頭の世界」（西川正雄他編『歴史におけるデモクラシーと集会』（専修大学出版局　二〇〇三年）を合わせて改稿。

第二章　山城国西岡の「応仁の乱」

「山城国西岡の「応仁の乱」」（佐藤和彦編『相剋の中世』東京堂出版　二〇〇〇年）

〔付〕　西軍管領の下知状

「応仁の乱　西軍の下知状」（上島有・大山喬平・黒川直則編『東寺百合文書を読む』思文閣出版　一九九八年）

第三章　応仁の「大乱」と在地の武力

「応仁の「大乱」と在地の武力」（歴史学研究会編『戦争と平和の中近世史』青木書店　二〇〇一年）

第四章　経覚の描いた「応仁の乱」（新稿）

第五章　戦場の中の東寺境内

「戦場の中の東寺境内」（蔵持重裕編『中世の紛争と地域社会』岩田書院　二〇〇九年）

第六章　いなか—京の情報伝達と応仁の乱

「戦乱の中の情報伝達」（有光友学編著『日本の時代史　12　戦国の地域国家』吉川弘文館　二〇〇三年）に、以後の考察分を追加して全面的に改稿。

あとがき

つい先頃、親しい友人が、ある写真家の次のようなことばを教えてくれた。

ボクは相反する二つの生き物をからだの中に住みつかせていたようです。一人は、目に見えないものばかりを射落とそうとねらう「イメージの狩人」、もう一人は目に見えるものだけしか信用できない「スクラップの拾い屋」です。

（高梨豊「「拾い屋」と「狩人」の葛藤」『カメラ毎日』一九六六年）

これは、飯沢耕太郎『写真家とことば』（集英社新書　二〇〇三年）で取り上げられているとのこと。

考えてみれば、本書の各章にまとめた文章も、わたしの中の「拾い屋」と「狩人」とが、時に協力し、時に対立しながら生み出したものだ。「拾い屋」が見落としてしまったものも数多くあるだろうが、なにより、わたしの中の「狩人」は、森のはずれの小さな場所で狩りをすることが多くて、その獲物も極めて少ない。序章で取り上げた先学たちの大きな仕事を目の当たりにすると、本書の内容はいかにも乏しい。けれども、中心ではなく周縁の、在地の地下人たちの動きに焦点をしぼった本書が、応仁の乱という戦乱の時代の社会のあり方やその後の時代の流れの一端でも写し出すことができているなら、それは望外の幸せと言わねばならない。

思い起こせば、最初に同成社の加治恵氏から催促のお電話をもらってから、すでに数年が過ぎている。遅々として進まないわたしのペースに根気よくつきあってくださって、なんとか原稿をまとめることができた。全体の構成から図版の手配まですべてにご尽力いただいて、やっと本書ができあがった。心からお礼を申し上げたい。

二〇一一年八月

思いもかけなかった大震災の年の夏の終わりに

酒井　紀美

応仁《おうにん》の乱《らん》と在地社会《ざいちしゃかい》

■著者略歴■

酒井　紀美（さかい　きみ）

1947年　大阪市に生まれる
1971年　大阪市立大学文学部史学科卒業
1973年　大阪市立大学大学院文学研究科修士課程修了
1976年　大阪市立大学大学院文学研究科博士課程単位修得退学
1976年　大阪府立渋谷高等学校教諭
1984年　東京大学史料編纂所非常勤職員
1994年～　立教大学・東京学芸大学・相模女子大学・成蹊大学・慶応大学・放送大学の非常勤講師
2000年　博士（大阪市立大学・文学）
2004年　茨城大学教育学部教授　現在にいたる

〔主要著書〕

『中世のうわさ』（吉川弘文館、1997年）、『日本中世の在地社会』（吉川弘文館、1999年）、『夢語り・夢解きの中世』（朝日新聞社、2001年）、『夢から探る中世』（角川書店、2005年）

2011年11月5日発行

著　者　酒井紀美
発行者　山脇洋亮
印　刷　㈱平河工業社
製　本　協栄製本㈱

発行所　東京都千代田区飯田橋 4-4-8
（〒102-0072）東京中央ビル　**(株)同成社**
TEL 03-3239-1467　振替 00140-0-20618

ISBN978-4-88621-584-0 C3321

同成社中世史選書

①日本荘園史の研究　阿部　猛著・三二八頁・七八七五円
②荘園の歴史地理的世界　中野栄夫著・四一〇頁・九四五〇円
③五山と中世の社会　竹田和夫著・二八〇頁・六三〇〇円
④中世の支配と民衆　阿部　猛編・三〇六頁・七三五〇円
⑤香取文書と中世の東国　鈴木哲雄著・三七〇頁・六三〇〇円
⑥日本中近世移行論　池　享著・三三〇頁・七三五〇円
⑦戦国期の流通と地域社会　鈴木敦子著・三三八頁・八四〇〇円
⑧中世後期の在地社会と荘園制　福嶋紀子著・三二二頁・七三五〇円
⑨紀伊国桛田荘　海津一朗編・二八八頁・六八二五円
⑩中世社会史への道標　阿部　猛著・三三六頁・七八七五円
⑪初期鎌倉政権の政治史　木村茂光著・二四二頁・五九八五円